KB260087

네티즌과 함께가는 우언산책

김 영 옮겨씀

국립중앙도서관 출판시도서목록(CIP)

(네티즌과 함께가는)우언산책
김영 옮겨씀. -- 서울 : 한울, 2003
　　p. ;　　cm

ISBN 89-460-3103-4 03710

827-KDC4
895.17-DDC21　　　　　　　　　　CIP2003000351

글머리에

우언(寓言)이란 말은 우화(寓話)보다 우리에게 생소하다. 우화라고 하면 우리는 먼저 이솝우화를 떠올리며, 동물들이 등장해서 재미나는 이야기를 펼치면서 교훈을 전달하는 짧은 산문을 연상한다. 그런데 우언은 장자(莊子) 이래 동아시아 한문문화권(漢文文化圈)에서 끊임없이 창작되었지만, 그것이 한문으로 되어 있어 일반 대중들에게는 제대로 알려지지 않았다. 그러나 우언은 작가가 메시지를 직설적인 방식으로 전달하지 않고, 고사(故事)나 짧은 이야기를 통해 우의적(寓意的)인 표현 기법으로 교훈과 재미를 전달한다는 면에서 문학성 짙은 갈래라 할 수 있다. 오늘날 같이 물질만능주의와 효율성, 경쟁과 속도지상주의가 지배하는 세상에서 하루하루를 쫓기며 살아가는 우리 현대인들에게, 재미나는 이야기를 통해 삶의 여유와 지혜를 가져다줄 수 있는 우언 작품들은 목마를 때 마시는 샘물과 같을 것이다.

필자는 이러한 생각을 가지고 동아시아의 우언 중에서, 우선 작품이 가장 풍부하게 남아 있는 중국우언에 주목하였다. 마침 연구년을 맞아 2000년 한 해 동안 북경대학에서 연구할 기회를 갖게 되어, 그곳에서 일주일에 한번 도가철학을 전공하는 대학원생들과 『장자』를 강독하는 한편, 선진(先秦)시대와 당송(唐宋)의 우언을 번역하였다. 귀국 후에도 『중국역대우언분류대관』과 『고대중국우언대계』를 꾸준히 번역

하는 한편, 그 가운데 문학적 완성도가 높은 작품을 골라 '자락서당'
에 1년 동안 연재를 하였다. 번역을 하는 과정에서 북경대학 체류시에
는 남연 박사생이, 귀국 후에는 최옥산 박사생이 나의 서투른 작업을 훌
륭히 도와주었다. '자락서당'에 연재할 동안에는 윤병언 선생을 비롯
한 여러 동학들이 다채롭고 재미있는 댓글을 달아주어 작업을 꾸준히
즐겁게 진행할 수 있었다.

중국우언의 명편과 댓글을 함께 옮겨 엮은 이 책은 '자락서당' 학
인들과 함께 우언의 오솔길을 산책하면서, 진솔하고 자유롭게 나눈 대
화를 기록한 것이다. 이 자리를 빌려 번역작업을 도와준 두 중국인 박사
생과 처음부터 끝까지 이 우언산책에 같이 동행해준 자락서당의 여러
학인들께 진심으로 고맙다는 말을 전해드린다. 아무쪼록 이 조그만 책
이 스스로 즐거워하는 자락의 경계를 너머, 늘 바쁘게 살아가는 우리 이
웃들에게 약간의 여유와 즐거움을 줄 수 있다면 다행이겠다.

2003년 새봄을 맞으며
인하대 서호관 211호에서
김 영

【일러두기】

1. 이 책에 실린 우언은 尙和主編, 『中國歷代寓言分類大觀』(上海 文匯出版
   社, 2000)을 중심으로 郭慶藩撰, 『莊子集釋』(中華書局, 1997), 劉卓英, 『唐
   宋寓言註釋』(北京圖書館出版社, 1997), 仇春霖編, 『古代中國寓言大系』(山
   西敎育出版社, 1994) 등을 참고하여 우리 현대인들에게 재미와 지혜를 줄
   수 있는 작품들을 골라 옮겼다.

2. 위의 책들은 모두 한문 고문과 백화문으로 되어 있는데, 고문의 원전은 대
   체로 간결하고 축약되어 있는 반면 백화문은 현대인들의 감각에 맞게 쓰여
   져 있어 여기에서는 백화문을 중심으로 번역하였다. 그러나 전체 이야기의
   전개는 고문의 문맥을 중시하였고, 표현이 불분명한 경우는 한문원전과 주
   석서를 참고하였다.

3. 독자들의 다양한 상상력의 실마리를 제공하고 창조적 글쓰기를 기대하는 마
   음에서 우언 번역문과 함께 '자락서당(www.zarakseodang.com)' 동학들의
   댓글을 달았다. 댓글에 참여한 학인들은 다음과 같다.

   강효석, 고양숙, 김명애, 김연, 김영, 김혜자, 백지수, 서은숙,
   윤병언, 이경숙, 이수석, 장익섭, 정재선, 조지형, 조진민

차례

우언으로 말하는 까닭

나의 말 속에 우언(寓言)은 열 가운데 아홉이고, 중언(重言 : 남들이 소중히 여기는 말을 인용해서 하는 말)은 열 가운데 일곱이며, 치언(卮言 : 이치에 닿지 않는 말)은 날마다 생겨나 시비를 초월한다. 열 가운데 아홉의 우언은 다른 사물을 빌려 도를 말한다. 아버지가 제 자식의 중매인이 되지 않음은 아버지가 자식을 칭찬하는 일이 아버지가 아닌 남이 칭찬함만 못하기 때문과 마찬가지이다. 우언을 쓰는 것은 내 잘못이 아니고, 이렇게 하지 않으면 믿지 않는 사람들 때문이다. 사람들은 자기 입장과 같으면 따르고 다르면 반대하며, 자기 생각과 같으면 옳다 하고 다르면 잘못이라 한다. 그래서 다른 일을 들어서 말한다.

『장자(莊子)』「우언(寓言)」

성숙한 삶

자기를 갈고 다듬으며 남을 사랑하는 것은 모든 종교와 사상의 공통된 생각이다. 우리 동양의 전통사상은 한결같이 뜻을 참되게 하고 마음을 바로잡는 수신(修身)을 하고 난 뒤에 세상을 바로잡을 것을 강조했다. 고도의 도덕적 수련과 실력 양성 없이 섣불리 일을 벌였다가 낭패를 보는 경우가 얼마나 많은가. 첫째 마당에서는 이렇게 자아 성찰이나 내면적 성숙과 관련된 우언을 펼쳐본다.

1. 올빼미가 동쪽으로 이사하려는 까닭은

올빼미가 비둘기를 만났다. 비둘기가 올빼미에게 물었다.

"너, 지금 어디로 가니?"

올빼미가 말했다.

"동쪽으로 이사를 하려고 해."

"왜 이사하려고 하는데?"

"마을 사람들이 내 울음소리를 싫어해서 동쪽으로 이사하려는 거야."

"네가 우는 소리를 고쳐야지. 네 울음소리를 고치지 않고 동쪽으로 이사하면, 동쪽 마을 사람들인들 너의 울음소리를 좋아하겠니."

－한(漢)나라 유향(劉向)의 『설원(說苑)』

ID	reply
 공주	학원 선생님들이 저 보고도 그렇게 말씀하셨어요. 네가 공주병을 고쳐야지. 만약 네 공주병을 고치지 않고 학교로 가면, 학교 사람인들 너의 공주병을 좋아하겠느냐... --;;
 만무방	전에 윗분이 "절이 싫으면 중이 떠나야지"하시더군요. 그래서 "중 없는 절은 문닫아야지요. 주인이 집을 두고 어딜 떠납니까. 도둑 떼의 소굴이 될까 봐 못 떠납니다"했지요. 한동안 미운 털 박혀서 고생했어요.
 제비꽃	불쌍한 부엉이! 타고난 음성이 그런 것을 어찌하랴. 문제는 그의 노래를 판단하는 사람들에게 있는 것을. 동쪽이든 서쪽이든 어디서나 네 본성대로 노래하렴. 누군가 좋아하는 사람도 있을지니.
 숙경낭자	남들이 내 울음소리를 싫어한다고 해도 듣기 좋은 소리로만 울 수는 없을 겁니다. 그렇다고 우는 것을 포기하거나 그 기능을 거세할 수도 없잖아요? 그러므로 말하노니 떠나지 말고 있는 자리에서 울고 싶을 때 울어라. 남 눈치 보지 말고...
 하상공	근본적인 해결책이 없이는 안 되죠! 바꿔!~ 바꿔, 바꿔!

comment

2. 소 도둑

소를 훔친 사람이 목에 칼을 쓰고 있었는데, 그를 아는 사람이 물었다.

"자네가 무슨 죄를 지었나?"

소 도둑이 대답하였다.

"정말 재수도 없지. 며칠 전 길을 가고 있는데, 길에 새끼줄이 하나 있길래 나중에 쓸 데가 있을 것 같아 주웠지."

그가 다시 물었다.

"그래, 새끼줄을 주웠다고 이렇게 엄한 죄를 주든가?"

소 도둑이 대답했다.

"글쎄 내가 새끼줄을 줍고 보니, 그 끝에 송아지가 한 마리 매어 있지 않겠나."

-명(明)나라 취월자(醉月子)의 『정선아소(精選雅笑)』

ID	reply
숙경낭자	이런 소 도둑 같은 사람들이 세상에는 많지요. 나날이 핑계는 늘고 술 권하는 사회가 되어갑니다.
만무방	쯧쯧... 얼치기로다. 얼른 팔아서 돈세탁을 해야지. 요즘 차 도둑들은 순식간에 분해해서 꿀꺼덕 삼켜버린다는데...
여사모	내 눈엔 티, 남의 눈에는 대들보. 내가 하면 로맨스, 남이 하면 불륜. 똑같은 일에 서로 다른 잣대를 내밀지요..
sun	새끼줄 끝에 송아지, 송아지 꼬랑지 끝에 쇠고랑. 그럼 쇠고랑 끝에는 무엇일까요? 잔머리겠지요...

comment ___________________________

3.성급한 사람

옛날 정(鄭)나라에 성미가 급한 사람이 있었다.

그 사람은 성미가 어찌나 급한지 활을 쏘다가 활이 과녁에 적중하지 않으면 과녁을 부수고, 바둑을 두다가 지면 바둑알을 깨물어버렸다.

어떤 사람이 그를 타일렀다.

"화살이 맞지 않고 바둑에 지는 것은 과녁과 바둑알의 잘못 때문이 아닌데, 자네는 어찌 그 원인을 자기 자신에게서 찾으려고 하지 않는가."

이 충고를 무시하던 그는 결국 조급병이 들어 죽고 말았다.

–명(明)나라 유기(劉基)의 『욱리자(郁离子)』

ID	reply
불초	저는 활이 과녁에 적중하지 않으면 활로 저를 쏘고, 칼이 가죽을 자르지 못하면 제 몸을 베었으니, 잘한 짓이라 할 수 있겠는지요.
머슴	전 활이 과녁에 적중하지 않으면 옆에 놀던 사람의 핑계를 대고, 바둑에서 지면 옆에서 훈수 두던 사람을 탓하니, 이를 어쩌면 좋겠습니까?
제비꽃	성질이 느긋한 저는 활을 쏘기 전에 활과 과녁을 철저히 점검하지요. 그것의 문제점을 발견할 때까지요. 그리고는 활쏘기를 포기합니다.^^;;
늘푸른	저는 말이죠, '화살이 맞지 않으면 다음에 화살을 잘 만들어서 다시 쏘면 되지 뭐', 바둑에서 지면 '그래 지난번엔 내가 이겼으니 질 때도 있어야지'라고 생각하니, 현대인이 이래도 되는 겁니까?
숙경낭자	과녁을 맞추지 못하는 사람이 있어야 명궁이 빛나고, 바둑에 지는 사람이 있어야 이기는 사람을 기쁘게 한다고 자위합니다. 매우 비겁하고 소심하지요.

comment

4. 게으른 아내

　어떤 아내가 너무 게을러서, 밥짓고 빨래하는 모든 살림을 남편이 도맡아 하였다. 그녀는 손만 내밀면 옷이 입혀지고 입만 벌리면 밥이 오는 줄 알고 살았다.

　하루는 남편이 먼 곳으로 여행을 떠나게 되었는데, 대략 닷새가 지나야 돌아올 수 있을 것 같았다. 남편은 자기 아내가 하도 게을러 밥을 짓지 않아 굶어 죽을까 봐 큰 떡을 하나 구워 아내의 목에 걸어놓고, 그것을 닷새 동안의 양식으로 삼게 했다. 남편은 그제야 안심을 하고 여행을 떠났다.

　그런데 남편이 돌아와보니 아내는 굶어 죽은 지 이미 사흘이나 지나 있었다. 남편이 깜짝 놀라 방 안을 자세히 살펴보니, 목에 걸어 놓았던 떡은 입 가까이 있는 것만 뜯어 먹고, 나머지는 고스란히 그대로 있었다.

–청(淸)나라　정세작(程世爵)의 『소림광기(笑林廣記)』

ID	reply
공주	그래서 우리 집에서는 먹다 만 큰 떡을 모아서 가끔 뻥튀기를 해먹는답니다.
숙경낭자	이런 남편 어디 없나? 어디 본 사람 있으면 좀 알려주세요.
제비꽃	나도 게으른 아내가 되고 싶다!
머슴	그런 아내라도 있었으면...흑흑..--;
불초	게으른 아내는 남편을 부지런하게 하고, 부지런한 아내는 남편을 게으르게 한다.

comment [　　　　　　　　　　]

5. 잘생겼다고 한 까닭

제(齊)나라의 재상 추기(鄒忌)는 키가 여덟 척이 넘고 얼굴도 잘생겼다. 어느 날 아침, 추기가 의복을 입고 모자를 쓰고 거울을 보면서 한참 단장을 한 다음에 아내에게 물었다.

"당신이 보기에, 나와 저기 성 북쪽에 살고 있는 서공(徐公) 중에 누가 더 잘생겼소?"

그의 아내가 대답했다.

"당신이 훨씬 잘생겼지요. 서공을 어찌 당신과 비교할 수 있겠어요?"

성 북쪽에 살고 있는 서공은 제나라에서 미남으로 알려진 사람이었다. 그래서 추기는 아내의 말을 믿지 않고, 이번에는 그의 작은 부인에게 가서 물었다.

"당신이 보기에는 나와 성 북쪽의 서공을 비교할 때 누가 더 잘생긴 것 같소?"

작은 부인이 대답했다.

"서공이 어찌 당신보다 잘생겼다고 할 수 있겠습니까?"

다음 날 손님 한 사람이 방문하였다. 추기는 그와 한참 얘기를 나누다가 그에게 또 물었다.

"나와 서공을 비교한다면 누가 더 잘생겼다고 생각하시오?"

손님이 대답했다.

"서공이 당신보다 잘생겼다고 할 수가 없소."

또 하루가 지난 뒤 서공이 친히 추기의 집에 찾아왔다. 추기는 서공의 얼굴과 자태를 자세히 살펴본 뒤 거울에 자기의 모습을 다시 한번 비춰 보았다. 자기는 서공과 비교할 수 없음을 절실하게 느꼈다.

그날 저녁 추기는 침상에 누워 곰곰이 생각하다가 이렇게 중얼거렸다.

"아내가 나를 잘생겼다고 한 것은 나를 편애해서 그런 것이고, 작은 마누라가 나를 잘생겼다고 한 것은 내가 화를 낼까 두려워서 그런 것이며, 손님이 나를 잘생겼다고 한 것은 나에게 부탁할 것이 있어서 그런 것이지, 내가 정말 서공보다 잘생겨서 그런 것이 아닐 거야!"

– 『전국책(戰國策)』 「제일(齊一)」

ID	reply
 불초	"여보, 장동건이 나보다 잘생겼소?" "천만에 말씀!" "여보게, 친구. 내가 배용준보다 못한가?" "무슨 말이야, 자네가 훨씬 낫지." 보통 그러지요. 저는 빈말인 줄 알면서도 기분이 좋던데요. 사실, 저도 열등감 많죠. 콤플렉스도. 그런데 왜 물어볼까요? 가만 생각해보면, 그런 문답(친교적 언어활동?)을 통해 행복을 만들어가는 것 아닌가. 그러다 보면 자신감도 생기고, 우의도 돈독해지고 말이죠.
 혼자가는 먼집	비교의 거울에 자신을 비춰보는 일. 그건 불행이란 지명이 쓰인 이정표만 있는 길.
 서공	한국에서 국제행사를 치를 때면 방송에서 세계의 반응을 억지 춘향으로 보도하죠. 남들의 이목에 무척 신경을 쓰는 것이 유별난 열등감 때문은 아닌지. 다행히 신세대들은 자신 있게 세계시민이 되고 있는 것 같아요.
 제비꽃	"제비꽃은 제비꽃답게!" 바로 저의 모토입니다. 제비꽃은 장미와 자신을 비교하여 비관하지 않으며, 호박꽃 앞에서 우쭐하지 않지요. 생긴 그대로의 자신을 사랑하는 사람만이 다른 사람을 있는 그대로 사랑할 수 있지 않을까요?

comment

6. 가난한 스님과 돈 많은 스님

사천성(四川省) 부근에 스님 두 분이 살았는데, 한 분은 가난하고 다른 한 분은 부자였다. 어느 날 가난한 스님이 돈 많은 스님에게 말했다.

"남해(南海)에 가려고 하는데, 자네는 안 가려나?"

돈 많은 스님이 말했다.

"그래, 자네는 그곳까지 어떻게 가려는가?"

가난한 스님이

"나는 물병 하나와 밥그릇 하나면 충분하다네."

라고 말하자, 돈 많은 스님이 말했다.

"나도 몇 년 전부터 배 한 척을 사서 남해로 가려고 하였지만 아직까지 소원을 이루지 못하고 있다네. 그런데 자네가 과연 물병과 발우 하나만 가지고서 갈 수 있을 것 같은가?"

일 년이 지나 가난한 스님이 남해에서 돌아와 돈 많은 중에게 이 사실을 알려주었다. 돈 많은 스님은 그 말을 듣고 매우 부끄러워하였다. 서촉(西蜀)에서 남해까지 몇천 리인지 모르지만 돈 많은 스님은 떠나지도 못했고, 오히려 가난한 스님이 쉽게 다녀올 수 있었다.

－청(淸)나라 팽단숙(彭端淑)의 『백학당시문집(白鶴堂詩文集)』

ID	reply
 sun	가진 게 너무 무거워서 날지 못하는 사람들이 많지요. 저도 그렇습니다. 지금부터라도 버리는 연습을 해야겠습니다.
 불초	길 떠나기가 힘드신 분들. 두려워 말고 산행에 오케이 하십시오. 떠남이 가볍지 않고는 돌아오기도 어렵습니다.
 여사모	그대여, 무소유의 자유를 아는가? 소유하면 할수록 구속은 더해지는 것.

comment

7. 보물 찾기

송(宋)나라의 사마(司馬) 씨가 보물을 가지고 있었는데, 그가 죄를 짓고 국외로 도망을 쳤다. 그러자 송나라 왕은 사람을 보내 사마 씨가 보물을 어디에 숨겼는지 알아오게 했다. 그러자 사마 씨는 이렇게 말했다.

"나는 그것을 연못 속에 던져버렸소."

욕심 많은 송나라 왕은 연못의 물을 모두 퍼내게 하고 그 보물을 찾았으나, 보물은 나오지 않았다. 결국 연못의 고기들만 모두 죽여버린 꼴이 되었다.

— 『여씨춘추(呂氏春秋)』「필기(必己)」

ID	reply
 숙경낭자	그러면 그 보물은 어디로 갔을까요? 그토록 소중한 보물이라면 사마 씨가 들고 가지 두고 갔을까요? 그것도 모르고 무모하게 연못의 물을 모두 퍼내 애꿎은 물고기들만 생죽음을 시켰으니…
 자락	한 사람의 욕심 때문에 괜히 살아 있는 물고기까지 죽고 말았군요.
 불초	보물관련 사마 씨 게이트가 의혹에 묻혀버렸군요.
 머슴	어허… 미끼를 잘못 던졌군요… 그 보물을 주면 그 죄를 사면해주고 귀국해서 살 수 있게 해주겠다는 미끼를 던지면 보물도 얻고 죄인도 잡고… 꿩 먹고 알 먹고… 도랑 치고 가재 잡고… 마당 쓸고 돈 줍고… 쌍피 먹고 조커 뽑고… 뽕도 따고 님도 보고…
 하상공	윗사람의 잘못된 판단과 명령은 부하들과 주변 것들을 너무 힘들게 만듭니다.
 sun	차라리 바다에 던져버렸다고 말할 일이지. 설마 바닷물을 다 퍼낼 수야 있을라구요.

comment

8. 웅덩이의 붕어

장주(莊周)가 집이 가난하여 감하후(監河侯)에게 곡식을 빌리러 갔다. 감하후가 말했다.

"좋소. 내가 머지 않아 백성들에게서 세금을 거둘 것이니, 그때 삼백 냥을 빌려주면 되겠소?"

장주는 화난 얼굴로 대답했다.

"제가 어제 이리로 오는 도중에 살려달라고 외치는 소리를 들었습니다. 고개를 돌려보니 수레바퀴 자국에 붕어가 한 마리 있었지요. 그래서 제가 '붕어야, 무슨 일이냐?'고 묻자, 붕어가 이렇게 말하더군요. '나는 동해 용왕의 신하라오. 어서 물을 좀 구하여 나 좀 살려주시오.' 그래서 제가, '좋다. 내가 지금 남쪽에 있는 오월(吳越)의 왕에게 가는데, 그들이 서강(西江)의 물을 끌어다 너에게 대어주게 하면 되겠느냐?'라고 했더니, 붕어는 얼굴이 붉으락푸르락해지면서 말했습니다. '나는 물이 없어 위급한 상황에 처해 있고, 지금 몸을 담글 만한 곳조차 없소. 나는 지금 당장 한 말이나 한 되의 물만 있으면 살아날 수 있소. 그런데 당신이 그렇게 말하다니, 차라리 건어물전에 가서 나를 찾는 게 나을 거요!'"

─『장자(莊子)』「외물(外物)」

ID	reply
 숙경낭자	옳은 말씀! 당장의 물 한 모금이 나중 물 한 동이보다 훨씬 귀중하지요. 주머니의 돈을 만지작거리며 '내가 지금 베푸는 잔돈이 이 사람의 살아가려는 의지를 허약하게 하는 건 아닐까?' 고민하는 위선자(나를 포함)가 생각납니다.
 늘푸른	사람들은 서강의 물을 옮겨서 붕어를 살릴 생각만 하고 살지요. 그러나 그런 사람은 한두 사람이면 족하지요. 한 되의 물을 줄 수 있는 작은 나눔을 실천할 수 있는 사람이 많은 세상이 좋은 세상일 거예요.
 혼자가는 먼집	"앞으론 건어물전을 지날 때 말린 붕어의 얼굴을 두리번거리며 찾게 될 것 같다. 지하철의 종착역 부근에, 변두리의 허름한 거리에, 한 컵의 물이 없어 건어물이 된 사람들의 얼굴이 밟히는 듯하다"고 쓰려니 제 맘이 좀 켕기네요.

comment [   ]

9. 도요새와 조개의 다툼

조개 하나가 햇볕을 쬐기 위해 입을 크게 벌리고 있을 때, 도요새 한 마리가 날아와 부리로 조개 속살을 쪼아먹으려 하였다. 그러자 조개는 황급히 입술을 다물어 도요새 주둥이를 꽉 깨물었다.

도요새가 말했다.

"오늘 비가 오지 않고 내일도 비가 오지 않으면 너는 말라죽을 거야."

그러자 조개가 도요새에게 말했다.

"오늘 내가 너를 놓아주지 않고 내일도 너를 놓아주지 않으면 너도 결국 죽고 말거다."

둘이서 이렇게 한치도 양보하지 않고 싸우고 있을 때, 어부가 지나가다 이 광경을 보고는 그 둘을 함께 잡아가버렸다.

―『전국책(戰國策)』「연이(燕二)」

ID	reply
 숙경낭자	어부지리…그것으로 얻는 소득은 기쁨이 될지 모르지만 왠지 그 말이 주는 어감은 씁쓸하군요.
 제비꽃	이 어부지리 우언고사에서 새로운 사실들을 알았어요. 어부지리의 배경이 조개와 도요새의 싸움이었다는 것. 조개껍질이 때로 공격과 방어의 무기가 될 수 있다는 것. 그래서 새가 조개를 먹기 위해 상당한 위험을 감수한다는 것. 바닷가에 나가면 가끔 이런 광경을 만날 수 있을까요? 실제론 어부더러 냉큼 집어들고 가라고 그렇게 다투고 있진 않을 것 같은데요.
 불초	어리석은 자를 일깨우려는 지식인의 의지는 죽음을 무릅쓰기도 하지만, 이렇게 우언을 만들어냅니다. 설총이 화왕계(花王戒)를 지었듯이 말입니다. 모름지기 우언을 새겨 읽어 격몽요결(擊蒙要訣)로 삼을 일입니다.
 여사모	상생의 길이 분명히 있음에도 서로 죽이고 있다. 문제는 서로 믿느냐 못 믿느냐 하는 데 있는 것은 아닐까?
 공주	나도 가끔은 어부가 되고 싶은데, 운이 없는 건지 머리가 나쁜 건지 ^^;;

comment [   ]

10. 눈에 보이는 것

옛날 제(齊)나라에 어떤 사람이 금을 몹시 갖고 싶어했다.

어느 날 아침, 그는 옷을 차려입고 모자를 쓰고 시장에 있는 금은방으로 갔다. 그리고는 금을 보자마자 손을 내밀어 금덩이를 훔쳐 도망갔다.

순라군이 곧바로 그를 붙잡아 물어보았다.

"보는 사람들이 이렇게 많은데, 그대는 어떻게 손을 내밀어 금을 훔칠 생각을 했는가?"

그러자 그 사람이 대답했다.

"제가 금을 훔치려 할 때는 사람들은 안 보이고, 금만 보였지요."

－「열자(列子)」「설부(說符)」

ID	reply
숙경낭자	정말 황금 앞에 눈 먼 사나이 이야기로군요. 얼마나 금이 갖고 싶었으면 그 많은 사람들 앞에서 금을 훔칠 생각을 했을까? 만약 그가 성공했다면 그 이야기가 우언에 오르지도 않았겠죠?
제비꽃	'전경화 현상'이라고 하죠? 배고픈 자에겐 눈앞에 빵만 크게 부각되고, 사랑에 빠진 자에겐 그/그녀를 제외한 나머지는 배경으로 보이는 것. 문제는 한 가지에 고착되어 전경과 배경의 교체가 유연하게 이루어지지 않는 거지요. 가엾은 사람…
머슴	흠…그래서 사람들이 연애를 하면 그렇게 닭살 돋게 하는군요…^^;;
만무방	'황금에 눈이 어 두 워 "사랑밖엔 난 몰 라 "모기가 물어뜯어도 나무아미타불…' '내 소원은 오로지 조국의 완전한 자주독립이요'. 집착이냐, 집념이냐. 용기냐, 만용이냐. 그것이 문제로다.
자락	집착이 생기면 다른 것에는 눈이 멀어지는 법인가.

comment [   ]

11. 욕심 많은 촉왕

촉(蜀)나라의 왕이 탐욕스럽다는 말을 듣고, 진(秦)나라 혜왕이 그를 토벌하기로 했다. 그러나 촉나라의 산과 골짜기는 험하고 깊어서 말과 전차가 다닐 수가 없었다. 그래서 혜왕은 돌로 소 한 마리를 조각하게 한 뒤 매일 많은 금덩이를 소 뒤에 갖다 놓고는, 이 금똥을 누는 소 조각상을 촉나라 왕에게 보낼 것이라는 소문을 퍼뜨리게 했다. 촉왕은 소문을 듣고 조급해진 나머지 이 소 조각상을 빨리 손에 넣으려고 산을 뚫고 도랑을 메워 길을 냈다. 그리고는 건장한 장정 다섯 명을 보내 돌로 만든 소를 가져오게 했다. 이렇게 해서 길이 닦이자 진나라 군대는 이 소 조각상을 뒤따라 촉나라에 쳐들어가 욕심 많은 촉왕을 죽여버렸다.

-북제(北齊) 유주(劉晝)의 『유자(劉子)』「탐수(貪愛)」

ID	reply
 만무방	트로이 목마와 유사하군요. 모든 일이 다 그렇지요. 탐욕스럽게 억지로 가지려 하면 얻을 수가 없는 법. 유혹의 비결이란 게 늦춰주면서 기다리면 제 발로 찾아들더란 말씀.
 숙경낭자	탐욕이 자신과 나라를 망쳤군요. 탐욕은 눈과 귀를 멀게 합니다. 항상 잊지 말아야 할 금언.
 sun	무서워라, 선심 뒤엔 항상 흉계가 감춰져 있다는 사실! 단순한 사람들의 머리 꼭대기에 앉아서 짐짓 호의를 가장하여 그를 수중에 넣고 결국은 꿀떡 삼켜버리는, 혜왕과 같은 지략가들이 저는 무섭습니다.
 머슴	내가 노력하여 얻은 것이 아니면 내 것은 아무 것도 없는 것인데... 내 것이 아닌 것을 탐하면 반드시 화를 입는다...

comment

12. 동쪽에서 먹고 서쪽에서 자다

　제(齊)나라의 한 아가씨에게 총각 둘이 동시에 청혼을 했다. 동쪽에 사는 총각은 못생겼지만 돈이 많고, 서쪽에 사는 총각은 잘생겼지만 매우 가난했다. 그래서 아가씨의 부모는 마음을 정하지 못하고, 자기 딸에게 물어본 뒤 누구에게 시집보낼지를 결정하기로 했다.

　"만약 수줍어서 입을 떼기가 어려우면 한쪽 팔을 걷어라. 그러면 우리는 네 뜻을 따르겠다."

　그랬더니 딸이 두 팔을 다 걷는 것이 아닌가. 부모들이 어리둥절해서 그 까닭을 물어보자, 딸이 말했다.

　"밥은 동쪽에서 먹고, 잠은 서쪽에서 자면 되지 않을까요?"

-동한시대(東漢時代) 응소(應劭)의 『풍속통(風俗通)』

ID	reply
만무방	동가식 서가숙의 출처가 이것입니까? ^_^
sun	양손에 떡을 들고 있군요. 어떡하나? 버리려고 하는 떡이 더 커 보이는 것을... 선택의 어려움, 행복한 고민!
숙경낭자	말은 옳지만, 세상일이 제나라 처녀의 말처럼 입맛대로 될지는 모르겠네요.
머슴	부부의 인연은 무엇으로 맺는가... 돈인가... 외모인가... 진정한 사랑이 없는 부부는 어떤 의미로 존재할 수 있을까.... 진정한 사랑을 찾아 오늘도 한 마리의 하이에나가 되렵니다... 이상 돈 많고 잘생긴 총각의 미혼의 변이었습니다. ^^;
자락	중국 한족 아가씨의 욕심, 정말 만만치 않아요.

comment [   ]

13. 술 좋아하는 성성이

　성성이는 술을 제일 좋아하는 동물이다. 어느 큰 산자락에 사는 사람이 술상을 차려놓고, 크고 작은 술잔을 놓아두었다. 또한 짚신도 서로 연결해서 길가에 놓아두었다. 성성이가 그것을 보고 자기를 속여 잡으려고 한다는 것을 눈치채고, 그것을 설치한 사람과 그 조상의 이름까지 일일이 들먹이며 욕을 퍼부었다. 그러나 금세 어떤 성성이가 말했다.

　"술맛이 어떤지 조금만 마셔보는 게 어때? 많이만 안 마시면 되지 뭐."

　이렇게 말하면서 작은 잔을 들어 술을 마시고는 욕지거리를 하면서 지나갔다. 조금 뒤에는 좀더 큰 술잔에 술을 따라 마셨다. 이렇게 몇 차례 술 마시는 것을 참지 못하고 큰 술잔을 들고 실컷 마시다가, 이것이 어떤 결과를 가져올지 까맣게 잊어버렸다. 취해서 두 눈을 껌벅거리고 즐겁게 떠들면서 길가에 놓아둔 짚신도 신어보았다.

　그 사람이 기다렸다는 듯이 달려오자 성성이들은 서로 밟히고 걸려 넘어져, 한 마리도 도망가지 못하고 모두 붙잡혔다. 뒤에 온 성성이들도 모두 이런 식으로 잡히고 말았다.

－명(明)나라　유원경(劉元卿)의 『현혁편·비유록(賢弈編·譬喻錄)』

ID	reply
 머슴	난 술이 좋다. 사람들이 그걸 알고 술로 날 유혹한다. 그러면 난 그것이 덫인 줄 알면서도 기쁜 마음으로 넘어간다. 술에 대한 탐욕일까? 술을 매개로 하는 인간에 대한 탐욕일까?
 숙경낭자	지나친 술은 패가망신의 지름길. 순간의 쾌락에 저 죽을 줄 모르는 어리석은 자여, 유혹의 달콤함이여!
 늘푸른	술로 소를 훔친 사람이 누군가, 술로 소를 도둑맞은 사람은 누군가? 그런데 내게는 술 사라는 사람만 있고 권하는 사람은 없어 그를 슬퍼하노라. 도둑맞을 소라도 머릿속에 키워봐야겠다.

comment ____

14. 놀부 심보

어떤 형제가 논 한 뙈기를 같이 경작했다. 가을이 되어 벼가 익자 형제는 어떻게 분배할 것인가를 상의했다.

형이 동생에게 말했다.

"나는 벼의 위 절반을 가질 테니, 너는 아래 절반을 가져라."

동생은 분배가 불공평하다고 섭섭해했다. 그러자 형이 말했다.

"섭섭하게 생각지 말아라. 내년에는 네가 위 절반을 가지고 내가 아래 절반을 가지면 되지 않느냐."

다음 해에 동생이 무슨 곡식을 파종할까를 물으니, 형이 말했다.

"올해는 토란을 심자!"

－명(明)나라 부백재주인(浮白齋主人)의 『소림(笑林)』

ID	reply
숙경낭자	정말 나쁜 형이군요. 우리나라 놀부는 노골적으로 나쁜데 중국의 놀부는 야비하기까지 합니다. 동생을 속여 자신의 잇속만을 노리다니요. 우리나라 놀부는 흥부가 잘살게 되었을 때 동생의 재산을 빼앗아오지 않았지만, 중국의 놀부라면 동생의 재산을 계략을 써서 빼앗을 것 같다는 생각이 드는군요.
sun	술을 만들면서 "내가 물을 댈 테니, 나머지만 네가 대라"던 술 동업자 생각이 나네요. 이런 친구들 어떻게 시원스럽게 물먹일 수 있는 방법 없을까요?
만무방	착한 동생이 토란줄기를 붙잡고 낙심해 있을 때, 한국의 채소 바이어가 다가가 말하기를, "지금 한국에서 육개장에 넣을 토란줄기가 품귀니, 좋은 값에 모두 넘기시오." 돈 워리, 비 해피~.
머슴	진정 가족보다 소중한 것이 재산이란 말입니까. 슬픈 이야기로군요. 문득 우리 형들에게 안부전화나 해야겠다는 생각이 듭니다. 그리곤 뜬금없이 고맙다는 말 한 마디 전하고 싶군요…
자락	한국의 '의 좋은 형제'와 중국의 '의 나쁜 형제', 대비가 되는군요.

comment

15. 누가 도둑인가

    어떤 도둑이 남의 집에 물건을 훔치러 들어갔다. 그런데 그 집이 아주 가난해서 쓸 만한 것이라고는 보이지 않고 침상머리에 쌀독이 하나 있을 뿐이었다. 도둑은 쌀을 가져가 밥이라도 해먹어야겠다고 생각했다. 그래서 옷을 벗어 방바닥에 펴놓고, 쌀을 담아 가져가기로 했다.

    그때 잠을 자던 남편이 깨서 보니 도둑이 쌀을 퍼내는 것이 달빛 사이로 보이는 게 아닌가. 남편은 살며시 손을 뻗어 방바닥에 놓인 옷을 이불 속에 숨겼다. 도둑이 몸을 돌아보니 자기 옷이 보이지 않는 게 아닌가. 때마침 잠을 깬 아내가 무슨 소리를 듣고 남편에게 걱정이 되어 물었다.

    "방에서 달그락거리는 소리 못 들었어요? 혹시 도둑이 든 게 아닐까요?"

    남편이 안심시키며 말했다.

    "내가 깬 지 오래되었지만 도둑 같은 것은 보지 못했소."

    이 소리를 들은 도둑은 고함을 지르며 말했다.

    "아니, 방바닥에 벗어놓은 내 옷을 방금 도둑맞았는데, 어떻게 도둑이 없다고 말할 수 있소?"

-청(淸)나라 석금생(石金生)의 『소득호(笑得好)』

ID	reply
 자락	독일의 '가진 것이라곤 의자 하나밖에 없 는'가난한 집에 도둑이 들어 사방을 뒤지다가 그만 의자를 넘어뜨렸다. 도둑이 놀라 급히 문을 열고 도망가자, 그 주인이 하는 말, "바람 들어오네. 문 닫고 가게."
 제비꽃	가난한 사람이 누리는 자유로움이란, 달빛 밝은 밤에 문을 열어놓고도 두 발 뻗고 잘 수 있다는 것. 게다가 운 좋게 도둑이라도 들면 그에게서 쓸 만한 옷가지라도 훔칠 수 있으니 밑져봐야 본전이지. 어여쁜 달빛 소나타!
 머슴	너무나 가난한 주인을 불쌍히 여겨 솥단지에 돈을 넣고 떠나던 우리나라 도둑이 그리워집니다.

comment

16. 호랑이 가죽

어떤 사람이 호랑이에게 물렸다. 그 사람의 아들이 아버지를 구하기 위해 칼을 들고 쫓아가서 호랑이를 죽이려고 했다.

그때 호랑이의 입에 물린 아버지가 말했다.

"아들아, 아들아! 네가 이 호랑이를 칼로 죽이더라도 발을 찔러서 가죽은 다치지 않게 해라. 그래야 비싼 값을 받을 수 있단다."

－청(淸)나라 석금생(石金生)의 『소득호(笑得好)』

ID	reply
 불초	형제가 길을 가다 황금을 주워 둘이 나눠 가졌대요. 이윽고 강을 건너는 중에 동생은 제 금덩이를 강물에 던져버렸대요. 반쪽 황금에 대한 탐욕으로 우애가 상하게 될 것을 우려해서라는 이유로요. 그 말을 들은 형도 기꺼이 황금을 강물에 던졌다고 하는 우언이 한문 교과서에 실려 있더군요. 호피보기를 돌 같이 하라.
 제비꽃	호랑이에게 물려가도 정신만 차리면 산다 하였으니, 그 황급한 순간에도 침착함과 냉정함을 잃지 않는 아버지를 보고 아들도 당황하지 않고 일촉즉발의 위기를 지혜롭게 넘기지 않았을까요?
 머슴	발을 찔러 호랑이를 죽일 수 있을까요? 아버지의 목숨이 위태로운 급박한 상황에서 아버지의 말씀을 어기고 서둘러 호랑이를 난도질하여 아버지의 목숨을 구하는 것이 옳을까요, 아니면 가죽을 보호하기 위해 조심스레 칼질하다 아버지의 목숨을 잃게 하는 것이 옳을까요?.... 여차하다 자신의 목숨까지 잃을 수 있는데... 그리하면 두 번의 불효가 아닐까 합니다....^^
 범생	사람은 죽어서 이름을 남기고 호랑이는 가죽을 남긴다?

comment [   ]

17. 남의 떡

묵자(墨子)가 노(魯)나라 양문군(陽文君)에게 말했다.

"어떤 사람이 소와 양을 많이 기르고 있어서, 요리사가 해준 고기 요리를 늘 배불리 먹을 수 있었습니다. 그런데 다른 사람이 떡을 만드는 것을 보고 욕심이 생겨서 떡을 좀 달라고 했답니다. 이것은 이목(耳目)의 욕망이 충족되지 않아서이겠습니까, 아니면 탐욕 때문이겠습니까?"

양문군이 말했다.

"그야 탐욕 때문이겠지요."

묵자가 말했다.

"지금 초(楚)나라 안의 넓은 황무지는 아직 다 개간되지 않았고, 산림과 못을 관리하는 사람이 수천 명이 넘으며, 재화도 다 쓸 수 없을 정도로 많습니다. 그런데도 초나라는 송(宋)나라와 정(鄭)나라 같은 소국의 땅을 넘보며 손에 넣으려고 하고 있으니, 남의 떡을 탐내는 사람과 무엇이 다르다고 할 수 있겠습니까?"

－『묵자(墨子)』「경주(耕株)」

ID	reply
불초	문명한 현대에도 부국강병을 상책으로 삼는 나라가 많지요. 평화수호니 전쟁 억지력 운운하며… 탐욕이겠지요. 다국적기업 활동은 이목의 욕망을 좇는 행위일까요?
머슴	사람은 작은 변화라도 그것을 기대하게 마련입니다. 그리고 육식만을 할 수는 없으니 고기만 먹다가 떡도 가끔 먹어줘야 하는 것이 당연하지 않을까요?
숙경낭자	욕망에 제한이 있다면, 오늘 우리가 배우는 역사책의 몇 쪽만 겨우 기록되어 있겠지요. 욕망은 인간을 행복하게도 하고 비참하게도 하는 야누스의 얼굴이라고 생각합니다.
청량처사	'지족(知足)'은 정치가에게는 있을 수 없는 덕목일 겝니다. 만일 족함을 안다면 더 이상 민주사회의 정치가일 수 없을 것입니다. 이는 왕정이 아닌 민주시대 정치사에서 비극의 출발점입니다. 과국소민(寡國小民)의 세상에서 남면(南面)의 정치, 무위지치(無爲之治)를 행할 지도자는 과연 현실일 수 있을까요?

comment [   ]

18. 정직하고 효성스런 사람

초(楚)나라에 정직하고 효성스런 사람이 있었다. 그의 아버지가 이웃 집의 양을 훔치자, 이 정직한 사람은 관가에 고발했다. 관가에서 그의 아버지를 사형에 처하려고 하자, 이 효성스러운 사람은 아버지를 대신하여 자기가 처벌받겠다고 청했다.

형을 집행하려고 할 때 그가 관리에게 말했다.

"아버지가 양을 훔쳤을 때 제가 고발한 것은 나라의 국법을 지키려는 충성심에서였고, 아버지가 벌을 받게 되자 제가 대신한 것은 효심에서였습니다. 만약 저 같이 충성스럽고 또 효성스러운 사람을 죽인다면 이 나라에 벌받지 않을 사람이 어디 있겠습니까?"

이 말이 초나라 왕에게까지 전해지자 초왕은 그를 살려주었다.

– 『여씨춘추(呂氏春秋)』 「당무(當務)」

ID	reply
엄지	정직하고 효성스런 사람이 곧 지혜로운 사람이라는 사례… 우리 삶에서 갈등과 딜레마에 빠지는 경우가 적지 않은데 이런 지혜를 발휘할 수 있다면 얼마나 좋을까요?
머슴	자신의 아버지의 잘못을 들추어 고발한다… 늙으신 아버지가 험악한 일을 겪게끔 하고 나서 자신이 대신 처벌을 받고자 한다… 그리곤 자신은 뛰어난 화술로 모든 상황을 반전시켜 나라에는 충신, 부모에게는 효자가 된다… 어째, 이 사람은 정직하지도 효성스럽지도 않은 것 같군요.
늘푸른	가장 단순하게 판단하고 행동하는 아들이네요. 순간마다 최선을 다하지만 여러 상황이 나열되면 주관 없이 행동했다는 걸 느끼고 자신이 누군지 모를 사람이네요.
영맨	콩 심은 데 콩 나고 팥 심은 데 팥 난다지요. 이토록 정직한 자식의 부모가 도둑질을 한다는 이야기 자체가 어불성설입니다만, 우언이란 것이 아이러니한 이야기로부터 교훈을 얻고자 하는 것이고 보면 현재 우리의 가치관에 대한 냉정한 비판을 요구하는 것이겠지요.

comment

19. 약속

위(魏)나라 문후(文侯)가 산림을 관리하는 관원들과 사냥하는 날짜를 약속했다. 사냥을 하기 한 그날, 문후는 신하들과 술을 마시며 기분 좋게 놀고 있었다. 밖에는 비가 끊이지 않고 내렸다. 연회중 문후가 몸을 일으켜 나가려고 하자 주위 사람들이 의아해하며 여쭈었다.

"오늘 술자리가 흥겹고 밖에 비까지 내리는데, 왕께서는 어디로 가시려는지요?"

문후가 정색을 하면서 말했다.

"내가 오늘 산림을 맡고 있는 관원들과 함께 사냥을 하기로 약속을 하였네. 지금 비록 술자리가 흥겨우나 어찌 이미 약속한 시간을 어겨 믿음을 저버릴 수 있겠는가?"

문후는 큰비를 무릅쓰고 약속을 지키기 위해 사냥을 하고 돌아왔다. 문후가 이렇게 신용을 중히 여기자, 위나라는 점점 강대해져갔다.

- 『전국책(戰國策)』「위일(魏一)」

ID	reply
 불초	공직자는 모름지기 약속을 잘 지켜야겠죠. 살기 좋은 나라로 꼽히는 싱가포르, 스위스, 북유럽의 여러 나라들이 그런 면에서 철저하고 그것이 사회윤리로 강력하게 작용한다고 해요. 우리들의 의리중시 성향은 불투명과 의혹의 원천이죠. 원칙이냐 의리냐, 과도기의 한국사회는 이 딜레마를 극복하는 것이 관건인 것 같군요.
 범생	하루에도 수없이 많은 약속을 하며 살아가지요. 학생들과, 자신과, 친구들과, 가족들과… 그렇지만 그 많은 약속을 제대로 지키는 경우는 많지 않은 것 같군요. 특히 자신과의 약속은 더욱더. 나이를 먹을수록 자신의 위치가 높을수록 말은 무게 있게 해야 하고, 한 번 한 약속은 꼭 지켜야 함을 생각하게 하는군요. 참 내가 이러고 있을 때가 아닌데…
 늘푸른	원칙을 지킨다는 것과 융통성 있는 일 처리 사이에서 갈등할 때가 많다. 사람들은 곧잘 내가 약속을 지키면 원칙을 지키기 위함이고 내가 약속을 어기면 융통성을 발휘했다고 말한다. 나는 고지식한 '스콜라'라는 말을 듣더라도 약속은 꼭 지키련다. 올해는 지키지 못할 약속은 거절할 수 있는 결단력을 키워야지.

comment

20. 미친 짓

무마자(巫馬子)가 묵자(墨子)에게 말했다.

"자네가 살아가는 것을 보면, 다른 사람이 보지 않는데도 가서 남을 도와주고, 귀신이 없는데도 그들을 위해 복을 빌어주고 있다네. 자네의 그런 행동은 미친 짓이 아닌가."

묵자가 말했다.

"지금 여기 자네에게 가신 두 명이 있다고 치세. 한 명은 자네가 볼 때는 일을 하다가 자네가 보지 않으면 게으름을 피고, 다른 한 명은 자네가 있으나 없으나 한결같이 일을 한다면, 자네는 두 사람 중 어떤 가신을 중히 여기겠는가?"

무마자가 말했다.

"그야 물론 한결같이 일하는 가신이겠지."

그러자 묵자가 말했다.

"그렇다면 자네가 미친 것이 아닌가."

-『묵자(墨子)』「경주(耕株)」

ID	reply
 자락	자기와 가까운 사람을 사랑하지 않고, 익명의 다수를 두루 사랑하는 묵자의 행동이 당시에도 정신나간 미친 짓으로 여겨졌던 모양이지요. 요즘 같이 영악한 세상에 묵자가 다시 산다면 역시 천치, 바보, 등신 등 온갖 욕을 다 듣지 않을까요? 그런데 우리가 좋아하는 성인들은 한결같이 제 잇속은 조금도 챙길 줄 모르는 '아름다운 바보'가 아니었던가요?
 혼자가는 먼집	눈앞에 드러나는 이득에 연연하지 않고, 다수의 논리에 휘둘리지 않고, 한결같이 자신의 길을 걸으면서 꼿꼿함을 잃지 않는 사람들의 시선이 어디를 향하고 있는지, 저도 그곳을 바라보고 싶습니다.
 숙경낭자	남을 위한 헌신과 선행이 가까운 사람들에게 바보짓으로 여겨지는 건 고금동서가 다르지 않겠지요. 그래도 꼿꼿이 남의 눈치 보지 않고 양심에 따라 움직이는 묵자가 중히 여겨집니다. 남이 보지 않는다고 하나 어둠 속에서도 보는 눈은 늘 있다고 믿으니까요.

comment

21. 누에와 거미

거미가 누에에게 말했다.

"누에야. 너는 온종일 뽕잎을 먹고, 늙도록 입으로 얼기설기 흰 실을 토해내면서 제 몸을 감고 있구나. 양잠하는 부녀자가 끓는 물에 너를 집어넣고 긴 실을 뽑아내면 네 삶은 끝나는 것이잖니? 그러니 바보가 아닌가?"

누에가 거미에게 말했다.

"거미야. 내가 죽기는 하지만 내가 토한 실은 광채 나는 비단이 되어 황제의 용포나 관리의 관복을 만드는 데 쓰인단다. 내가 없으면 이 모든 옷을 어떻게 만들 수 있겠니? 그런데 너는 배가 고프면 먹이를 찾으려고 거미줄을 치고 앉아 기다리다가 모기나 벌레, 벌과 나비들이 날아들면 잡아먹잖니? 너는 재주가 있다지만, 그것이 얼마나 잔인한 것인가?"

-명(明)나라 강영과(江盈科)의 『설도소설(雪濤小說)』

ID	reply
 만무방	누에는 고치뿐만이 아니고 번데기나 누에가루가 다 유용하다니 고래처럼 버릴 게 하나도 없지요. 서양에서는 거미가 익충이어서 스파이더맨이 생겨났을까? 거미가 1년간 잡아먹는 모기의 숫자가 인간의 총수를 넘어선다는 보고가 있던데. 살충제 마구 뿌리고, 하천을 오염시켜 천적인 거미와 송사리를 다 죽여놓고는 모기가 극성이라고 고향을 등지는 모습이 환경다큐에 나온 적이 있었죠? 자연과 함께 사는 지혜가 아쉬워요.
 머슴	누에의 실과 거미의 실... 누에의 실이 더 유용한 것은 인간의 관점이고... 곤충의 관점에서는 거미의 실이 얼마나 유용한가... 또한 거미의 실은 인간에게 해를 끼치는 해충들을 잡아주니... 어찌 보면 인간에게도 유용한 실인데...
 혼자가는 먼집	누에와 거미의 공통점은 자신의 꽁무니에서 실을 뽑아 집을 짓는다는 것. 누에는 제 몸을 가두는 집을 짓고, 거미는 하늘에 그물을 친다. 시간이 흘러 징그러운 누에는 노란 나비가 되어 자유로이 하늘을 날고, 거미는 여전히 시꺼먼 자신의 몰골이 부끄러워 숨어 있다가 어느 날 그물에 걸린 그 나비를 뜯어먹는다.
 자락	사람의 유형을 나눌 때 또 하나 첨가해야겠네요. 누에형 인간과 거미형 인간을.

comment [   ]

22. 유랑예인

송(宋)나라의 어떤 유랑예인이 왕에게 자기의 기예를 한 번 봐줄 것을 청했다. 왕은 그를 접견한 뒤 공연을 보았다. 그는 자기 몸보다 배나 큰 곤봉을 다리 사이에 끼우고 달리며, 두 손으로 일곱 자루의 검을 휘두르는데, 다섯 자루의 검이 공중에 떠 있기도 하였다. 왕은 그 재주를 보고 놀라움을 금치 못하여 그에게 많은 금은과 옷감을 상으로 내렸다.

이런 일이 있었다는 소문을 들은 다른 유랑예인도 송나라 왕에게 가서 자기의 기예를 봐달라고 청했다. 그러자 이번에는 송나라 왕이,

"며칠 전 유랑예인이 공연한 매우 특별한 잡기는 비록 그것이 별 쓸모가 없기는 하였지만, 내가 마침 한가해서 한번 보고 상을 내려주었다. 그런데 이 사람은 지난번의 일을 듣고서 나에게 상을 받으려는 의도로 공연하려는 것이 아닌가."

라고 화를 내면서 이 유랑예인을 잡아들이게 하고는 몇 달 지난 뒤에야 풀어주게 하였다.

－『열자(列子)』「설부(說符)」

ID	reply
만무방	순수와 비순수의 차이는 하늘과 땅 사이. 순수를 가장한 경우라면 시운의 덕을 보았다고 해야 할까?
sun	유랑예인들을 대하는 송왕의 일관성 없는 태도는 예술에 대한 천시에서 비롯하는 것 같습니다. 하나 같이 평생을 목숨 걸고 연마한 연희일 텐데, 심심풀이가 되었다고 하여 상을 주었다가 기분이 내키지 않는다고 벌을 주게 되면 어느 장단에 춤을 추라는 건가요. 왕의 태도 여하에 따라 예술이 융성할 수도 있고 쇠퇴할 수도 있다는 생각이 드는군요.
자락	송나라 왕의 변덕스러움도 문제이지만, 똑같은 레퍼토리로 관중을 우습게 보는 유랑예인도 문제가 아닐까요? 관중은 늘 '새 것, 아름다운 것'을 원하거든요. 그래서 예술가에게는 치열한 예술혼이 필요하잖아요.
숙경낭자	저라도 이런 예술가는 사절했을 겁니다. 왕에게 상을 받기 위해서가 아니라 민중들을 위로하기 위해 공연했다면 아마도 왕에게 진짜 큰 상을 받을 수 있지 않았을지...

comment [   ]

올바른 가르침

인격과 학문을 겸비한 스승을 만나는 것은 인생의 큰 행복 가운데 하나이다. 배우려는 이에 대한 스승의 따뜻한 관심과 풍부한 식견은 학생들의 지적 발전과 인간적 성숙을 가져올 것이다. 그러나 살아가면서 어디 이런 올바른 가르침을 주는 스승을 만나기가 쉬운가. 우리가 인류의 역사 속에서 그리고 책 속에서 그런 훌륭한 인물을 만날 수 있는 것은 정말 다행이다. 우언에 나오는 스승상은 어떠할까.

1. 청개구리와 수탉

 금자(禽子)가 스승인 묵자(墨子)에게 물었다.

 "선생님, 말을 많이 하는 것도 좋을 때가 있습니까?"

 묵자는 다음과 같이 대답했다.

 "두꺼비와 청개구리는 밤낮을 그치지 않고 우느라 입술이 마르지만, 누가 그들의 소리를 들으려 하느냐? 그러나 새벽을 알리는 수탉은 날이 밝아올 때에 소리를 몇 번 지르지 않지만 그것으로 세상을 일깨운다. 그러니 말을 많이 하는 것이 능사가 아니라 적절한 때에 적절한 말을 하는 것이 중요하지 않겠느냐."

－『묵자(墨子)』「부록(附錄)」

ID	reply
숙경낭자	적절한 때에 적절한 말하기. 알고는 있으되 실천하기는 쉽지 않구나! 날마다 적절한 말하기에 대해 생각합니다. 생각 없이 내뱉은 내 말에 누군가 상처 입은 짐승처럼 어긋나게 대할 때 정말 곤혹스럽고 삶이 두렵습니다.
머슴	그럼… '침묵은 금이다'라는 말은 '침묵은 은이다' 쯤으로 바꾸어야겠군요. 적절할 때 적절한 말이 금이니까요.
늘푸른	어릴 땐 제일 하기 쉬운 게 말인 줄 알았다. 갈수록 말하기가 어렵다. 그래도 말은 나이에 비례해서 늘어난다. 그래서 실수가 많은 '어리버리'다.
여사모	수탉이 울면 아침이 오고 암탉이 울면 알을 낳는다. 수탉이 울지 않아도 아침은 오지만 암탉이 울지 않으면 다음 세대는 없다.
혼자가는 먼집	개심사 다녀오는 길. 건너편에 말 많은 두꺼비 두 마리, 그리고 청개구리 한 마리가 내 옆자리에 앉아 있었다. 막히는 차 안에서 전등은 꺼져 있어 달리 할 일을 찾을 수도 없는데, 상념을 깨뜨리며 귓속을 파고드는 그들의 수다에 나는 미치는 줄 알았다. "세상의 모든 위대한 사람은 과묵했다"는 헤세의 말이 떠올랐다.

comment

2. 증자의 가르침

증자(曾子)의 아내가 시장에 가는데 아이가 뒤에서 울며 따라왔다. 그러자 증자의 아내가 아이를 달래면서 말했다.

"집에 돌아가 있어라. 내가 갔다 와서 돼지를 잡아줄게."

증자의 아내가 시장에서 막 돌아오자 증자는 곧 돼지를 잡으려고 했다. 그때 그의 아내가 말했다.

"내가 아까 아이에게 한 말은 농담이었는데, 정말로 돼지를 잡다니오?"

이에 증자는 다음과 같이 말했다.

"아이와 어떻게 이런 농담을 할 수 있단 말이오. 아이들은 사리를 잘 분별할 줄 모르기 때문에 부모를 따라 배우고 부모의 가르침대로 실행하는 법이오. 지금 당신이 이 아이를 속인다면, 바로 이 아이에게 사람 속이는 것을 가르치는 것 아니겠소. 어머니가 아이를 속이면 아이도 그 어머니를 믿지 않게 될 것이니, 이것은 결코 아이를 교육시키는 방법이 아니오."

말을 마치자 증자는 돼지를 삶아 아이에게 주었다.

-『한비자(韓非子)』「외저설(外儲說)」

ID	reply
 불초	황금 만 냥을 불여일교(不如一敎)로 여기며 자식을 훈도하는 부모 정말 보기 어렵습니다. 남산골 딸깍발이 같은 꼬장꼬장한 선비들이 교단에 많지 않습니다. 세상이 어지러운 근본이 멀리 있지 않은 듯하옵니다.
 숙경낭자	자기가 한 말에 책임을 지라. 지킬 수 없는 말은 하지 말라. 그동안 나는 얼마나 헛말과 거짓말과 그럴듯한 말로 세상을 속여왔던가! 세상이 잘못된 것이 모두 나 때문인 것을……
 제비꽃	저는 아이들을 사탕으로 현혹하는 일이 잦은데, 때로 사탕값이 만만치 않아 속이 쓰리기도 합니다. 아이들에게 '~하면, 그 대신 ~해주겠다'고 어르는 일은 좋은 건가요, 나쁜 건가요? 또 돼지를 잡아주겠다는 식의 과잉보상 약속도 문제지만, 진짜로 돼지를 잡는 것은 좀 지나치지 않나요?

comment [   ]

3. 아첨

남이 아첨하는 소리를 듣기 좋아하는 사람을 속담에 "고깔모자 쓰기를 좋아한다"고 한다.

경성의 조정에서 관리 노릇을 하던 사람이 외지로 나가 벼슬살이를 하게 되었다. 그는 먼저 은사께 찾아가 고별인사를 드렸는데, 그때 은사는 다음과 같이 당부를 했다.

"외지에서 관직 생활하기란 쉬운 일이 아니라네. 마땅히 언행에 신중을 기하게."

제자인 관리가 말했다.

"저는 이미 백 가지의 아첨거리를 준비해두었습니다. 사람을 만날 때마다 하나씩 꺼내 주면 별 어려움이 없을 것입니다."

은사는 성을 내며 말했다.

"우리들은 모두 정직하고 사심이 없는 사람들로 자부하고 있는데, 어떻게 그럴 수가 있는가?"

그러자 관리가 말했다.

"이 세상에서 선생님처럼 아첨을 좋아하지 않는 사람이 몇 명이나 되겠습니까!"

그러자 은사가 고개를 끄덕이며 말했다.

"자네 말도 일리는 있네."

그런 대화를 나눈 뒤 제자는 다른 이들에게 이렇게 말했다.

"나의 백 가지 아첨거리가 이제 아흔아홉 가지밖에 남지 않았구만."

－청(清)나라 유월(俞樾)의 『유월잡찬(俞樾雜纂)』

ID	reply
 숙경낭자	저도 아첨을 좋아합니다. 그러나 아첨에도 요령과 눈치가 있어야겠지요. 아첨 같지 않게 아첨해서 남의 기분을 살려주는 것, 그렇다고 전혀 거짓말도 아니고 불순한 동기가 있는 것도 아니니 나쁘다고만 할 수 있겠습니까? 저는 아직 아첨의 기술을 제대로 터득하지 못하여 가끔 티가 나는 것이 단점인데 부단히 노력해서 고수의 단계에 들어가야겠습니다. 저한테 아첨 좀 많이 해주세요. 기쁘게 접수하겠습니다.
 sun	숙경낭자는 참 솔직도 하셔요. 가을하늘 같은 무구함이죠. 그리고 모든 일에 최선을 다하시잖아요. 스스로는 독하다고 말하시지만 책상 앞에 13시간을 내리 앉아 있을 수 있는 그 끈기 혹은 오기는 어디에서 나오는 것인지요?
 공주	sun님 또한 나무랄 데가 어디 있습니까? 듣기로는 수려한 자태를 지니셨다고 하는데다 풍부한 정서와 해박한 지식, 게다가 휴머니즘까지... 부러울 따름입니다.
 제비꽃	훈장님, 우리 훈장님! 저만큼에서 빙그레 웃으시며, 우언으로 미욱한 학동들을 깨우쳐주시는 멋진 우리 훈장님... 화이팅^^!!
 엄지	화려한 아첨의 난무로군요. 이래도 되는 건지... 자락서당의 품위가 자못 의심스러워지는군요. 민망, 민망...
제비꽃	진정한 맘으로 드리는 사랑의 말이 아첨으로 매도되는 상황도 가슴아픈 일인 줄 예전엔 미처 몰랐습니다. !-!

comment [   ]

4. 선생님 모시기

어떤 사람이 선생님을 초빙해 자기의 아이를 가르치려고 했다.

선생님이 집에 오자 주인이 말했다.

"우리 집은 매우 가난해서 선생님께 실례가 많을 것이니, 양해해주시길 바랍니다."

선생님이 대답했다.

"주인장께서는 너무 예의가 바르십니다. 그렇지만 저는 그런 문제로 따지지 않습니다."

주인이 말하기를

"소박한 음식으로 선생님을 대접해도 괜찮겠습니까?"

라고 하자, 선생님이

"괜찮습니다."

라고 했다.

주인이 다시 말하기를

"집안의 아녀자들이 자질구레한 물건을 사고 싶다면, 선생님께서 좀 참으시고 한번 다녀오실 수 있겠습니까?"

라고 하자, 그 선생님은 이번에도

"괜찮습니다."

라고 말했다.

그러자 주인은 신이 나서 말했다.

"이렇게 동의해주시니 정말 훌륭하십니다!"

이때 선생님이 말했다.

"저도 한 마디 할 테니 너무 놀라지 마십시오."

주인이 물었다.
"무슨 말씀이신지요?"
그러자 선생님이 대답했다.
"부끄럽게도 저는 어려서부터 공부를 제대로 못했습니다."
주인이 말했다.
"선생님께서는 너무 겸손하시군요."
이에 선생님이 이렇게 말했다.
"당신을 속이려는 것이 아니라, 저는 실제로 큰 대(大)자도 모릅니다."

-청(淸)나라 유월(俞樾)의 『일소(一笑)』

ID	reply
 늘푸른	자식을 믿고 맡겨도 될 만큼 참 지혜로운 선생님입니다. 이런 경우를 저도 여러 번 당했지요. 그럴 때 황당함이란! 이렇게 지혜를 갖고 대하면 상대방을 가르칠 수도 있는 것을.
 제비꽃	선생님이 아니라 머슴을 구하는 주인장이었네요?
 수석	모든 일에서 원칙을 무시하고 작은 것이라 하여 양보하게 되면, 큰 일에서도 원칙을 고수할 수 없다는 지혜를 알려주는 것 같습니다. 심리학에서 로볼테크닉이라 하더군요. 처음에 아주 받기 쉬운 공을 던지고 나중에는 정말이지 받기 어려운 공을 던졌을 때, 인간의 심리는 그 어려운 부탁도 처음의 작은 부탁을 허용했기에 들어줄 수밖에 없다는 사실. 살아가면서 체득한 지혜랍니다.^^
 엄지	"내가 아는 것은, 내가 아무 것도 모른다는 사실뿐이다"라는 말은 소크라테스의 말이던가요? 선생님의 말씀에 주인이 어떻게 대답했을까 궁금하네요. "내 자식놈을 책 속에 가둬두기보다 지혜의 바다에서 마음껏 헤엄치게 해주시오...?" 어쩜 세상은 머릿속의 죽은 지식보다 마음으로 교감하고 함께 체험하는 진정한 앎을 목말라하는지도 모른다는 생각이 드는군요.

comment

5. 제후의 새 기르기

옛날에 바다새 한 마리가 노(魯)나라 도성 밖 교외에 내려앉자, 노나라 제후가 그 새를 신령스럽게 여겨 노나라 묘당에 모셔두었다. 그리고 그 새에게 술을 갖다주고 정중하게 구소(九韶)라는 고전음악을 연주하면서 소와 양과 돼지를 잡아 큰 잔칫상을 차려주었다.

이렇게 했지만 그 바다새는 머리가 어지럽고 슬퍼져서 고기 한 조각도 먹지 못하고 술 한 모금도 마시지 못한 채 사흘을 견디다가 죽고 말았다.

노나라 제후는 새를 자기 방식대로 기른 것이지 진정으로 새에게 맞는 방법으로 기른 것이 아니었다.

- 『장자(莊子)』「지락(至樂)」

ID	reply
 공주	그 새도 참 너무하네요. 한 조각의 고기를 먹어줄 수도 있고, 한 모금의 술로 목을 축일 수도 있었건만 조금도 양보하지 않다니요... 양보하며 살길을 찾는 것은 어떨까요?
 숙경낭자	나는 내가 만든 세계의 법이요, 척도요, 독선이요, 오만입니다. 거의 모든 인간이 빠지게 되지만 또한 빠져나오기는 쉽지 않은 독선의 그물에서 나를 건져 내 뜻대로 흐드러지게 살게 하소서.
 혼자가는 먼집	새 기르는 법은 하늘만이 알고 있다. '걍 내버려 둘 것!'
 손바닥	나도 나의 붕어빵들에게 제후처럼 하고 있다. ㅋㅋ (한 마리가 아니라 두 마리다.) 불쌍한 나의 새들이여, 너의 날개를 활짝 펴 날기를 바라면서도 그냥 묶어두려고만 하다니. 아이들을 다르게 키우려거든 나를 용서하지 말아라. 용서하는 날이 바로 나와 똑같아지는 날이 되니까
 머슴	저는 신령한 새도 아니고 한 조각의 고기도 한 모금의 술도 마시지 못하는 그냥 평범한 바다새에 불과합니다.

comment [   ]

6. 지음(知音)

거문고를 타는 악사가 시내에서 거문고를 뜯으니까 시중의 사람들이 비파(琵琶) 3현의 연주로 알고 많이들 와서 듣다가, 거문고 소리가 담박한 것을 알고서는 별로 좋지 않은 표정을 지으면서 점점 자리를 떴다.

그런데 유독 한 사람이 그곳을 떠나지 않자 거문고를 연주하는 악사가 신이 나서 말했다.

"됐다. 아직도 한 사람의 지음(知音)이 있으니, 모두가 나의 정성을 저버린 것이 아니구나!"

그러자 그 사람이 말했다.

"만약 거문고를 놓은 탁자가 우리 집 것이 아니라면 나도 일찍 떠났을 것이오. 내가 기다리는 것은 탁자를 가져가기 위해서라오."

－청(淸)나라 석성금(石成金)의 『소득호(笑得好)』

ID	reply
 제비꽃	단 한 사람의 지음(知音)을 얻기가 이렇게 힘들다니요.... 탁자를 위해 남아 있던 사람까지 떠나고 나면 어떻게 하죠? ㅜ.ㅜ
 숙경낭자	거문고 소리와 비파 소리는 어떻게 다른가요? 소박함과 화려함의 차인가요? 모르긴 하지만 죽을 때까지 단 한 사람의 지음도 얻지 못한다면 나는 고독으로 쓸쓸하게 말라서 어느 사막의 사구 위에 불쌍한 이 몸을 누이리니... 갑자기 쓸쓸함이 등골을 타고 흐릅니다. '사고 많이 나는 곳... 안녕히 가십시오.' 이런 글귀를 보았을 때처럼 식은땀이 솟는 것 같기도 합니다.
 혼자가는 먼집	왜 아무도 내 앞에선 연주를 하지 않는 거지? 내 귀가 까탈스러워선가, 내 호주머니가 얇아선가, 거리에 잘 나다니지 않아선가... 그래서 오늘도 난 라디오에 귀를 적시는 수밖에. 가끔은 오래된 LP 판의 먼지를 털기도 하면서.
 머슴	내가 빌린 탁자는 무엇일까.....

comment

7. 그 아버지에 그 아들

제(齊)나라에 어떤 부자(父子)가 살고 있었다. 아버지는 재산이 많았지만 두 아들은 어리석기 짝이 없었다. 아버지가 그들을 교육시키지 않았기 때문이었다.

하루는 애자(艾子)가 그들의 아버지에게 말했다.

"당신의 아들들이 비록 얼굴은 잘생겼지만, 세상의 물정을 모르니 나중에 당신네 집을 어떻게 다스리겠소?"

그 아버지는 이 말을 듣고 격분해서 말했다.

"내 아들들은 매우 총명하고 다재다능한데, 어찌 세상의 물정을 모른다고 할 수 있소?"

그러자 애자가 말했다.

"다른 일은 접어두고 당신 아들에게 '먹는 쌀밥'이 어디서 나오는지만 물어보시오. 만일 당신 아들들이 그것을 안다면, 내가 괜한 소리를 한 것이오."

이에 그 아버지는 아들을 오라고 해서 먹는 쌀밥이 어디에서 나오는지 물어보았다.

그랬더니 그의 아들은 희희낙락하면서 말했다.

"내가 어찌 그런 사소한 것도 모르겠습니까. 쌀은 매번 쌀부대에서 나옵니다."

그 아버지는 얼굴빛이 침울해져서 말했다.

"너는 참으로 바보로구나. 이놈아, 쌀은 밭에서 나오는 것이 아니냐!"

이것을 보고 애자가 말했다.

"이렇게 멍청한 아버지한테서 어찌 이런 바보 아들이 안 나올 수 있겠는가."

-송(宋)나라 소식(蘇軾) 『애자잡설(艾子雜說)』

ID	reply
 명경지수	우리 아이들은 시를 느낄 줄 모릅니다. 소설에서 감동할 줄도 모릅니다. 의견을 쓰라는 학습지를 채울 때에도 반드시 칠판에 정답을 만들어 써주어야 합니다. 그래서 제가 매사 의견이 불분명한가 봅니다.
 sun	요즘 같으면 그리 흉이 될 것 없는 아버지와 아들이 아닙니까? 아버지는 돈이 많고 아들은 얼굴이 잘생겼고... 쌀이 어디서 나오는지 그들은 알 필요도 없을 텐데 말이지요. 쌀은 그냥 슈퍼마켓에서 배달되는 것 아닙니까?
 숙경낭자	이런 멍청한 선생이 아니라면 어찌 그런 멍청한 학생들이 나올 수 있겠습니까? 아이들을 탓하지 말고 저 스스로를 탓해야 옳은 일이거늘 늘 화살을 멍청한 아이들에게 돌립니다. 앞으로는 현명한 선생이 되는 길을 깊이 궁구해야겠습니다.
 從者	그런 부자 아버지와 싹수가 의심스런 아들들은 지금도 흔하죠. 그런 이들은 대부분 가진 자 축에 있고 앞으로도 별로 달라질 것 없지요. 그런 세태는 <마리포사>의 그 레고리오 선생님을 배척하는 한 계속될 수밖에 없겠지요.
 늘푸른	스웨덴에 다녀오신 신부님께서 하신 말씀이 인상적이었어요. 신부님이 가정방문을 가니 부모와 자녀가 똑같이 요리하고 접대를 하더래요. 여기선 인사만 하면 자기 방에 콕 틀어박히잖아요. 부러웠지요. 아이들을 세상물정 모르는 공주와 왕자로 만든 건 어른들 책임도 크죠?

comment

8. 반악 따라 하기

반악(潘岳)이라는 사람은 미남인데다가 기질과 생각도 멋있었다. 그가 젊었을 때, 활을 끼고 낙양(洛陽)의 큰길에 나가면 부녀자들 중에 그를 보고 손이라도 한번 잡으려고 에워싸지 않는 사람이 한 사람도 없을 정도였다.

그런데 좌태충(左太冲)은 얼굴이 정말 못생겼는데도 무조건 잘생긴 반악을 따라 하느라 사냥을 나갔다. 그랬더니 부인들이 떼 지어 모두 그를 향해 마구 침을 뱉었다. 그는 너무 곤혹스러워 도망을 쳤다.

－『세설신어(世說新語)』「용지(容止)」

ID	reply
제비꽃	사람들은 대개 포장지만 보고 상자 속을 판단하려 하거든요. 반악과 좌태충이 잠깐 가면을 바꿔 썼을지도 모르는데, 누구는 꽃을 받고 누구는 침 세례를 받아야 했으니... 성형외과가 성시를 이루는 것도 그 때문이겠지요?
숙경낭자	저도 잘생긴 사람을 좋아하긴 하지만 그건 그저 관상용일 뿐입니다. 미남자는 모든 여인들의 꿈이긴 하지만 본인들로서는 별로 즐겁지만은 않을 것 같네요. 진열장의 상품들처럼 항상 남의 눈길을 붙잡기 위해 공을 들여야 하니까요.
sun	나도 그런 적이 있다. 예쁜 언니를 사람들이 에워싸고 칭찬하기에, 어느 날 몰래 언니 옷을 입고 모임에 나갔다. 사람들이 자꾸 쳐다보는 이유를 나중에야 알았다.
하상공	두목지를 닮은 내 얼굴! 얼굴 못생긴 사람은 어찌하라는 말인가?
머슴	앞으로 절 반악이라 불러주십쇼.... 좌태충.... 음... 많이 나타날 것 같군요...

comment

9. 거문고 연주

공명의(公明儀)란 사람이 소에게 고아한 거문고 가락을 연주해주었지만 소는 늘 하던 대로 풀만 뜯어먹고 있었다. 그는 소가 거문고 소리를 듣고도 아랑곳하지 않는 것은 곡조가 맞지 않아서라고 여겼다. 그래서 나중에는 공명의가 거문고 타는 방법을 바꾸어서 모기 소리나 쇠파리 소리를 흉내내었다. 그러자 송아지는 어미를 찾는 소리를 내고, 소는 꼬리를 흔들며 귀를 세우고, 발걸음을 이리저리 떼면서 귀 기울여 듣기 시작했다.

-『모자(牟子)』

ID	reply
 머슴	눈높이 교육이라는 것. 정말 힘들어요… 아이들이 내 눈에 맞추기를 강요하죠…
 숙경낭자	눈높이는 키 큰 사람에게만 있는 것 아닌가요? 저는 늘 키가 작아서 남의 키에 맞춰 높이를 낮출 필요가 없어서 다행입니다. 그 대신 키 큰 이들이 내 작은 키에 맞춰주면 좋을 텐데 서로 자기 키가 기준이라고 우겨대니 별 수 없이 제각각 다투며 이렇게 재미있게 살아가지요.
 혼자가는 면집	거문고로 파리나 모기 소리를 흉내내야 하는 공명의가 불쌍해. 제발 낮은 귀에 영합하지 않고 배고파도 스스로 고아함을 지켰으면…
 카우보이	쇠귀에 거문고 소리라… 자기 중심에서 벗어나 남을 이해하는 노력이 필요하겠지요.
 제비꽃	어느 나라 왕자님이 책상 밑으로 들어가서 나오려 하지 않았대요. 아무리 그를 설득해도 왕자님은 나오기를 거부했다지요. 어떻게 하면 그를 밖으로 꺼낼 수 있을까요?

comment [   ]

10. 부잣집 아들

어떤 부잣집 아들이 선생님께 물었다.
"한 일(一)자는 어떻게 씁니까?"
선생님이 대답했다.
"한 번 그으면 되지."
"두 이(二)자는 어떻게 쓰지요?"
"두 번 그으면 되지."
"석 삼(三)자는요?"
"세 번 그으면 되지."
그러자 부잣집 아들은 크게 깨달았다는 듯이 말했다.
"천하의 글자는 다 한 일(一)자로 통하니, 글씨 쓰는 것은 그리 어렵지 않구만!"
그때 그의 부친이 글을 베껴 쓰는 사람을 구하려 하자 그가 용감하게 말했다.
"꼭 돈을 써서 사람을 구할 게 뭐 있습니까. 그런 일은 저도 할 수 있습니다."
그 말을 들은 그의 부친은 매우 기분이 좋았다.
어느 날 그의 부친이 그에게 만(萬)씨 성을 가진 친구에게 집에 와서 술을 한잔하자는 초청장을 쓰라고 했다.

　그런데 한참을 기다려도 가져올 조짐이 없자 사람을 보내 재촉을 했다. 그러자 그가 화를 내면서 말했다.

　"하필 성씨에 만(萬)자를 쓴단 말인가? 내가 반나절을 그어도 절반도 다 못쓰게!"

-청(淸)나라　유월(俞樾)의　『유루잡찬(俞樓雜纂)』

ID	reply
 숙경낭자	그 부잣집 아들은 세 번 질문에 천하의 모든 글을 깨친 듯했다니 문일지십(聞一知十)하는 수재보다 자신을 더 똑똑하다고 생각했나 봅니다. 그런데 왜 자꾸 제 얘기를 하는 거죠? 제가 우언의 주인공이 된 듯한 착각.
 sun	그럼 그 친구, 상형문자는 어떻게 배웠을까요? 날 일(日)과 달 월(月)만 듣고서, 세상의 모든 글자를 다 알겠다고 큰소리쳤을 텐데 말이죠. 근데, 글 쓰는 속도가 엄청 느렸겠죠?
 불초	만물의 단초는 모두 단순 단일하겠죠. 인간의 문명이 이렇게 복잡다단해진 것이 인간의 예지 덕인가 합니다. 헌데 이젠 그 부잣집 아들의 단순무지함이 오히려 정겹습니다. 그 공력으로 청나라 제일의 서예가가 되었는지도 모를 일이지요.
 손바닥	교통법규를 위반하여 내는 범칙금을 '등록금을 냈다'고 말하곤 한다. 부잣집 아들은 새로운 것을 배우는 데 드는 돈이 매우 아까웠나 보다.
 노을지는 풍경	인간의 어리석음을 그대로 엿볼 수 있는 이야기입니다. 배우는 데나 살아가는 법에나 인내와 끈기가 필요할 것 같네요. 지금 저의 생활자세도 인내와 끈기가 필요할 것 같다는 생각이 듭니다.

comment

11. 보검(寶劍) 감정

　보검을 감정하는 사람이 말했다.

　"흰색은 칼의 견고함을 드러내는 것이고, 황색은 칼의 부드러움을 드러내는 것이요, 황색과 흰색이 섞인 것은 칼이 견고하면서도 부드러워 좋다는 것을 의미한다."

　어떤 사람이 그의 말을 반박해서 말했다.

　"흰색은 견고하지 않음을 드러내는 것이고, 황색은 부드럽지 않음을 드러내는 것이요, 황색과 흰색이 섞인 것은 견고하지도 않고 부드럽지도 않음을 의미한다. 무르면 날이 휘어지기 쉽고 단단하면 부러지기 쉬우니, 부러지기 쉽고 휘어지기 쉬운 칼을 어떻게 예리한 칼이라고 할 수 있겠는가?"

　칼의 성질에 변화가 있는 것은 아닌데 어떤 사람은 그것을 좋다고 하고 어떤 사람은 나쁘다고 하니, 이것은 다 사람의 말이 만들어낸 것이다. 그러니 풍부한 경험과 예민한 식별력으로 각종 의론(議論)을 판단하면 헛소리하는 사람은 입을 다물 것이다. 그렇지 않고 만약 풍부한 경험과 예민한 식별력으로 각종 의론을 판단해내지 못한다면, 요(堯)임금의 훌륭함과 걸(桀)의 잘못조차 분명히 분별해내지 못할 것이다.

－『여씨춘추(呂氏春秋)』「별류(別類)」

ID	reply
 숙경낭자	풍부한 경험과 예민한 식별력으로 남들이 쉽게 구별하지 못하고 보지 못하는 것(사물의 본질)을 보는 안목이 있는 사람은 행복할까요? 때로는 몰상식과 무례함과 제멋대로에 몸을 맡기고 요임금의 훌륭함과 걸의 잘못조차 분별해내지 못하는 천진무구한 백치가 부럽습니다. 얼치기는 외롭습니다.
 공주	분별력이 모자라 좌충우돌하다 보니 이제는 판단하려 하기보다는 피하려고 하는 것이 일상입니다.
 從者	분별이라는 것도 때를 탄다면 함부로 할 일은 아닌 듯싶군요. 사상(事象)을 응시하면 진상(眞象)이 보이기도 하나 허상(虛象)을 성급하게 진상으로 여겨 주장을 세우는 데 그치지 않고 나아가 패거리를 형성하여 학문의 조폭을 이루는 자들이 판을 치는 세상이니 어찌 소오강호(笑傲江湖)하지 않겠는가? 하더이다.

comment

12. 사람됨

묵자(墨子)가 제자인 경주(耕株)를 초(楚)나라에 보내 그곳에서 벼슬하게 했다. 다른 제자 몇이 동창인 경주를 찾아갔으나, 경주는 겨우 양식 석 되를 주면서 손님대접도 소홀히 하였다.

그 제자들이 돌아와 묵자에게 아뢰었다.

"경주를 초나라에 보내어 벼슬하게 한 것은 잘못된 일인 것 같습니다. 우리가 찾아가도 겨우 양식 석 되를 주면서 대접마저 소홀히 하더군요."

묵자가 말했다.

"아직 판단하기에는 이르다."

과연 얼마 지나지 않아 경주는 묵자에게 금 열 근을 보내면서

"저는 감히 바르지 않는 일을 하지 못합니다. 지금 여기에 금 열 근이 생겼기에 선생님께 보내오니, 알아서 쓰십시오."

라고 하자, 묵자가 말했다.

"정말 사람을 그렇게 함부로 판단해서는 안 되는 것이야."

-『묵자(墨子)』「경주(耕株)」

ID	reply
 불초	연고를 빌미로 향응을 베푸는 행위를 냉정하게 끊어버리는 경주에게 금 열 근이 생기지 않았다면 그 고결한 성품을 누가 알아주리오? 그러나 금 열 근이라니? 이하부정관(梨下不整冠)의 교훈을 유념하지 않아 경주게이트로 비화하지 않을지... 이런 쓸데없는 생각은, 없는 것도 있다 하는 한국식 사고방식이 아닌지...
 자락	주석에서도 금 열 근은 불의한 재물이라 경주가 쓰지 않았다고 했습니다. 그래서 묵자는 이 우언에서 검은 돈을 받아 쓰지 않고 검소한 생활을 하는 제자를 칭찬하고 있지요. 그러면 과연 묵자는 이 돈을 어떻게 처리했을까요?
 머슴	흠... 금 열 근이라... 뇌물인데... 받은 자에게 되돌려줘야 하지 않을까요? 그 바르지 못한 돈을 자신의 스승에게 바친다는 것은...도리어 스승을 욕보이는 일이 아닐지.
 숙경낭자	경주가 '바르지 않은 일'이라면서 금 열 근을 스승에게 보낸 이유를 모르겠습니다. 알아서 쓰라니요? 단지 자신이 검은 돈에 유혹되지 않았다는 것을 스승에게 알리려고 했을까요?

comment

13. 장님 해 알아맞히기

태어날 때부터 눈이 먼 장님이 해가 어떻게 생겼는지 몰라 눈 뜬 사람에게 물어보았다. 그 사람은 장님에게 말했다.

"해의 모습은 둥근 동(銅)쟁반 같다."

그러면서 동쟁반을 두드리자 '댕댕' 하는 소리가 들렸다. 그런 뒤 어느 날 장님이 절에서 종치는 소리를 듣고는 그것을 해라고 생각했다.

또 어떤 사람이 그에게 이렇게 일러주었다.

"해의 밝음은 촛불과 같다."

장님은 초를 만져보면서 그 모양을 느꼈다. 그 뒤 어느 날 그가 피리를 만져보고는 또 그것을 해라고 생각했다.

해와 쟁반과 피리는 하늘과 땅처럼 다른데도, 장님이 그것들의 차이를 모르는 것은 한번도 해를 본 적이 없고, 남의 입으로만 들은 까닭이다.

-송(宋)나라 소식(蘇軾)의 『동파전집(東坡全集)』

ID	reply
 제비꽃	시적인 우언이네요. 제가 눈으로 볼 수 있는 해보다도 장님이 소리로 듣고 손으로 만지며 상상하는 해가 더 아름답게 느껴지는 걸요. 우리는 눈을 맹신함으로써 다른 감각들을 다 잃어버리고 사는지도 몰라요. 본래 의도에서 너무 빗나간 해석인가요?
 엄지	책 속의 지식은 결국 저자의 주관과 편견이 낳은 사금파리로군요. 우리는 번쩍임에 속아서 그것이 진리인 줄 믿고 따르지만, 진광불휘(眞光不輝)라! 참 빛은 번쩍이지 않는다는데... 「큰바위 얼굴」의 어니스트처럼 끊임없는 사색과 신성한 노동을 통해 얻은 자기만의 사상을 갖는 일은 얼마나 지난한 일일까요?
 從者	내가 좇는 그는 운문적 교사였습니다. 모양을 구하는 아이에게 소리를 들려주거나, 밝기를 구하는 아이에게 향기를 가르치니 학업성취도가 저조하더랍니다. 해서 어쩔 수 없이 산문적 교사로 바꾸었는데 이번엔 잘 보고 듣는 아이들을 만나 그만 마법사(수면제)가 되고 말았답니다. 통찰력 있는 아이들에겐 경험의 기회를, 문일지십(聞一知十)하는 아이에겐 운문적 단초를, 문십이부지일(聞十而不知一)하는 아이에겐 산문적 안내와 체험학습을. 요컨대 눈높이 개별교육이 중요하다는 말씀.

comment [   ]

14. 외국어 배우기

맹자(孟子)가 대불승(戴不勝)에게 물었다.

"초(楚)나라 대부가 자기 아들에게 제(齊)나라 말을 가르치려고 한다면, 제나라 사람에게 가르치게 하겠는가, 초나라 사람에게 가르치게 하겠는가?"

대불승이 대답했다.

"제나라 사람이 가르치게 할 것입니다."

그러자 맹자는 다음과 같이 말했다.

"제나라 사람을 구해 가르친다고 하더라도 주위에서 초나라 사람들이 계속 떠들어댄다면, 아무리 이 아이에게 종아리를 치면서 제나라 말을 가르치더라도 불가능할 것이다. 그러나 그 아이를 제나라에 데려가서 몇 년만 살게 한다면 제나라 말을 빨리 배울 것이다."

– 『맹자(孟子)』 「등문공하(滕文公下)」

ID	reply
 공주	몇 년만 다녀올 처지가 안 되어 신세한탄을 하는 것이 옳을까요, 몇 년만 다녀올 처지를 만들면서 욕을 먹는 것이 옳을까요?
 수석	공부는 무식하게 해야 한다는 생각이 드는군요. 그리고 그 나라 말에는 그 나라의 의식과 문화가 깃들어 있는 것인데… 제 생각으론 제나라 사람을 통해서 가르쳐야 될 것 같고, 제 나라에서 몇 년간 살게 하는 것이 바람직할 것 같습니다. 정확한 언어의 번역은 불가능하기 때문이죠. ^^
 유리구름	언어라는 것은 단순히 말을 할 줄 알고 듣고 읽는 것이라기보다는 다른 나라의 문화나 역사와 그 나라 사람들을 이해하면서 익히게 되는 것이라고 생각합니다. 그래서 새로운 언어를 익히려면 그 나라에서 배우는 것이 가장 효과적이겠죠. 물론 외국에 나간다고 해서 무조건적인 성과를 얻게 되는 것은 아니겠지만요.

comment

15. 꾀 많은 학생

　어떤 나이 든 학생이 꾀가 많아 남을 잘 속여먹었다. 이 학생이 다니는 학교의 선생님은 평소에 매우 엄격해서 학생들이 규정을 조금이라도 어기면 결코 용서하지 않고 매를 들어 체벌을 했다.

　어느 날 이 학생이 지각을 했다. 선생님은 학생을 급히 불러 세우고는 이륜당(彝倫堂: 오늘날의 훈육실)으로 오라고 했다. 조금 있다가 이 학생이 와서 무릎을 꿇고 앉아서 이렇게 말했다.

　"제가 우연히 돈 천 냥을 얻었는데, 그것을 어떻게 처리해야 할지 궁리하다 그만 늦어 지각하고 말았습니다."

　그 선생님은 학생이 돈을 많이 얻었다는 말을 듣고는 노여움을 풀고 물었다.

　"그 돈은 어디서 난 것이냐?"

　"땅에서 판 것입니다."

　"너는 이 돈을 어떻게 하려고 하느냐?"

　"저는 원래 가난해서 가산이 없습니다. 그래서 제 아내와 상의한 결과, 오백 냥으로 밭을 사고, 이백 냥으로 집을 사고, 각 백 냥으로는 가구와 노복을 사기로 했습니다. 그리고 남는 백 냥 중의 절반은 책을 사서 읽고, 나머지 절반은 평소에 저를 가르쳐주신 선생님의 은혜를 갚는 데 쓰려고 합니다."

　그랬더니 선생님은

　"이렇게 기특한 생각을 하다니, 내가 어떻게 해야 할지 모르겠구나."

　라고 말하면서, 시종을 불러 푸짐한 술상을 가져오게 하여 학생을 앉힌 뒤 술을 권했다. 이렇게 담소하다 보니 평소와는 다르게 서로 감정이 통했다. 술이 거나해지자 선생님이 학생에게 물었다.

"네가 지금 여기 올 때 돈을 상자에 잘 넣어두고 왔느냐?"

학생이 일어나서 대답했다.

"제가 막 이 돈을 처리할 방법을 생각하고 있을 때에 곁에 자고 있던 아내가 몸을 뒤척이는 바람에 그만 꿈에서 깨고 말았습니다. 일어나 보니 돈은 온데 간데 없어 상자에 담을 필요도 없어졌습니다."

선생님은 기분이 나빴지만 이미 학생과 허물 없는 사이가 되어, 화를 내지 못하고 덤덤히 말했다.

"너는 그래도 착하구나. 꿈에 돈을 얻고도 선생님의 은혜를 잊지 않다니!"

다시 술을 한잔 권하고는 그 학생을 보냈다.

-명(明)나라 강영과(江盈科)의 『설도소설(雪濤小說)』

ID	reply
불초	제자가 선생님 속이기 여반장은 예나 지금이나 같군요. 속는 줄 알면서도 제자를 믿고 관용을 베푸는 선생님, 똥을 개가 피하는 연유도 알겠습니다.
숙경낭자	제가 만약 그 선생님이었다면 그처럼 대답하기 어려웠을 것 같습니다. 저라면 아마 잔꾀를 부린다고 학생을 더 나무랐겠지요. 학생의 잔꾀를 이긴 선생님의 지혜로운 말씀이 저를 감복시키는군요. 아마 그 학생도 선생님의 말씀에 감화되어 돌아가 깊이 반성했을 것 같습니다.
만무방	천냥 중에 오십 냥이라... 거짓 촌지로 선생님을 희롱하다니, 괘씸한 것! 저는 아마 다시 이륜실로 델고 들어가, 퍽, 푹, 빡, 으지직..-.-;
sun	아아, 뜨끔하여라... 촌지란 주는 자와 받는 자의 저열한 의기투합이라는 말씀!
손바닥	말 한 마디에 천냥 빚을 갚는다더니... 속지 말자 감언이설!

comment

16. 신발 바꾸기

어떤 사람이 신발을 신고 있었는데, 한 짝은 굽이 높고 다른 한 짝은 굽이 낮았다. 그래서 걸어갈 때 한쪽 발은 높고 한쪽 발은 낮아 몹시 불편하였다. 이 사람은 좀 이상하다는 것을 깨닫고

"오늘 내 발이 웬일로 하나는 길고 하나는 짧게 느껴지는가? 아마 길이 편편하지 않아서 그런가 보다."

라고 혼자 중얼거리자, 어떤 사람이 그에게 일러주었다.

"당신이 신발을 잘못 신어서 그렇소."

그러자 이 사람은 사람을 시켜 빨리 집에 가서 신발을 바꿔오게 했다. 신발을 가지러 간 사람이 한참 있다가 빈 손으로 돌아와서 말했다.

"집에 있는 신발도 한 짝은 굽이 높고 다른 한 짝은 굽이 낮아서, 바꿔올 필요가 없더라구요!"

-청(淸)나라 소석도인(小石道人)의 『희담록(嘻談錄)』

ID	reply
 숙경낭자	어떤 사람이나 신발 가지러 간 사람이나 모두 한 종류로군요. 오늘도 저는 이런 식의 어리석은 생각과 행동을 반복하며 삽니다. 더욱 가관인 건 남들 앞에선 시치밀 떼고 잘난 체한다는 겁니다. 정말 가소롭군요.
 공주	신발을 가지러 간 사람이 바보 같네요. 굽이 두꺼운 것으로 한 쌍을 만들고 굽이 얇은 것으로 한 쌍을 만들면 둘 다 잘 신을 수 있잖아요. 둘 다 가져오지...
 sun	어떤 사람이 그랬대요. 옹기전에 가서 말이죠. 옹기들이 모두 엎어져 있는 걸 보고 말이죠. "어? 왜 이 항아리들은 아가리가 없지?" 그러더니 밑을 들여다보고 한다는 말, "에~라, 밑 빠진 독이로구먼!" 그랬다죠, 아마...
 공주	어, 근데 의견을 쓰고 보니 당연한 말을 썼네요... 헤헤 ^^
 從者	짧은 우언 한 마디로 진상이 보이죠? 종자가 어리석어 그런지, 걸음걸이가 문제인지, 양각의 길이가 다른지, 모든 신의 발굽 높이가 제각기 달라 장인(匠人)을 탓해야 할지... 홍대용 선생이 「여매헌서(與梅軒書)」에서 말씀하시길, "의문과 회의는 진리의 안내자로다."

comment

17. 꿩 춤

꿩이 자기의 깃털을 사랑해서 매일 물에 비친 자기의 그림자를 보고 춤을 추었다.

위(魏)나라 무제(武帝) 때에 남방에 사는 어떤 사람이 꿩 한 마리를 조조(曹操)에게 올렸다. 조조는 꿩이 노래하고 춤추는 것을 보고 싶었으나 마땅한 방법이 없었다.

그때 한 공자(公子)가 큰 거울 하나를 꿩 앞에 놓아두자 꿩은 자기의 모습을 비추어 보고는 곧 춤을 추기 시작했다.

-남조(南朝) 송(宋)나라 유경숙(劉敬叔)의 『이원(異苑)』

ID	reply
숙경낭자	매우 드물지만 저도 저의 깃털 하나를 사랑해서 거울 앞에서 가끔 춤을 출 때가 있습니다. 그러나 이런 도취의 시간은 순간이고, 저는 곧 환상에서 풀려납니다. 지금은 누군가를 사랑해서 그 앞에 거울 하나를 놓아두고 싶습니다. 그래서 그를 춤추게 하고 나도 그를 따라 춤추고 싶습니다... 쌓여가는 외로움, 깊어가는 가을입니다.
공주	상대방이 자신의 모습을 사랑하게 하기는커녕 상대방의 거울을 깨뜨리거나 숨겨버리려고 하는 것이 어리석은 우리의 모습이 아닐까요.
제비꽃	혹시 그 꿩이 죽은 자리에 수선화가 피어나지 않았나요? 나르시스적 인간은 동서고금을 막론하고 일정하게 존재하는가 봅니다. 나르시시즘을 가능케 하는 거울이라는 도구도 그렇구요.
 從者	만족의 세 유형이 보이는군요. 남들이 제 뜻대로 움직여줘야 즐거운 보스형 조조, 남을 위한 보좌역할 수행에서 만족감을 찾는 참모형 공자(公子), 자기 세계에 빠져 자족적 기쁨을 누리는 자아도취형 꿩. 흔한 우리 모습이지요?
 하상공	자기 자신에 취해서 무엇인가를 할 때는 아무도 못 말립니다. 내가 하는 공부에 깊이 취해봤으면...

comment [ ]

18. 관윤자의 가르침

　열자(列子)가 활 쏘는 것을 배워 화살이 과녁을 명중하게 되자, 관윤자 (關尹子)에게 가르침을 청했다. 관윤자가 말했다.

　"그대는 화살이 과녁을 명중시킨 원인을 아는가?"

　열자가 대답했다.

　"모르겠습니다."

　"그래서는 아직 멀었다."

　그 말을 들은 열자는 집에 돌아와 다시 활 쏘는 것을 연습했다. 이렇게 삼 년이 지난 뒤 열자는 다시 관윤자를 찾아가 가르침을 청했다.

　관윤자가 또 물었다.

　"그대는 어떻게 화살이 과녁을 명중시키는지를 알았는가?"

　열자가 말했다.

　"알았습니다."

　"이제 됐다. 그것을 늘 명심하여라. 이러한 이치는 비단 활쏘기뿐만 아니라 나라를 다스리거나 자기를 수양하는 데에도 해당된다는 것을."

－『열자(列子)』「설부(說符)」

ID	reply
 제비꽃	활쏘기든 자기수양이든 말로 가르치고 배우는 게 아닌 것 같아요. 활을 과녁에 수없이 쏘아보면서 스스로 터득하는 것. 그렇게 무엇이건 몸으로 마음으로 직면하여 부딪고 깨지면서, 절로 깨달아가는 걸 거예요. 말없이 가르침을 주는 스승과 알아듣고 말없이 실천하는 제자 사이에 오가는 불립문자의 세계가 참 아름답습니다.
 유리구름	스스로 학습법이군요.^^ 요즘엔 정말 학원공부, 과외공부 하지 않는 애들을 찾아보기 힘든데... 과연 스스로 해나갈 수 있을까요? 대학에 가서까지 심리학 과외, 미적분학 과외 같은 것을 받기는 힘들 텐데 말이죠^^;;
 노을지는 풍경	고등학생의 입장이지만 무엇이든 완벽하게 이루기는 힘들다는 것을 실감합니다. 열자가 3년 동안 활 쏘는 연습을 하고 그 방법을 터득했듯이 시간에 따라 노력해나가면 언젠가는 노력한 만큼의 열매를 맺을 수 있는 거겠죠?

comment

19. 전갈

　관자(管子)가 상구(商邱)로 여행을 하다가 객점(客店: 지금의 휴게소)에서 아이들이 독 있는 전갈을 길러서 가지고 노는 것을 보았다. 그가 전갈을 다루는 방법을 물어보자, 아이들이 말했다.

　"전갈을 잡으면 꼬리에 있는 침을 뽑아냅니다. 그러면 다시는 독을 쏘지 못하게 되지요. 그런 뒤 가지고 놀지요."

　자세히 살펴보니 그릇 속에 전갈 열 마리를 키우고 있었는데 모두 다 잘 길들인 것이었다. 먹을 것을 던져주면 전갈들이 그것을 먹으려고 다투어 모이지만, 손가락으로 장난하면 그것들은 놀라서 도망을 쳤다. 전갈의 그런 모습을 보면, 사람을 제일 겁내는 것 같았다.

-청(淸)나라　관동(管同)의　『칠경기문(七經紀聞)』「기갈(記蝎)」

ID	reply
 동락	고추가 매운 맛을 잃어버리면 고추라 할 수 있으리요. 소금이 짠맛을 잃으면 소금이라 할 수 있으리요. 사람이 사람다운 품위를 잃어버리면 어찌 사람이라 할 수 있으리요. 침을 뽑힌 전갈처럼.
 불초	꽃보다 아름다운 사람은 자연성을 회복하고 자연 속에서 사는 법을 깨우친 사람일까, 아니면 자연과 맞서 인간본위를 굳건히 세우는 사람일까... 전갈이 독침을 지녀야 하듯이, 인간은 인간성을 지녀야 한다면... 인간성이란 무엇일까. 자연 속에서 전갈을 먹고 그들과 더불어 사는 지혜를 가진 인간일까, 독전갈, 독거미가 무서워서 죽여 없애 생태계를 교란시키는 사람일까... 하여튼 인간은 지구교실 속의 틀림없는 문제아...
 머슴	군군, 신신, 부부, 자자(君君臣臣父父子子)! 전갈은 전갈다워야 전갈일 수 있습죠.
 숙경낭자	독을 빼앗기고 아이들의 장난감으로 떨어진 전갈의 슬픈 운명. 단지 장난거리를 위해 전갈의 혼을 빼앗은 인간의 잔인성.

comment [　　　　　　　　　　　　　　　　　　]

20. 고기 낚는 법

내가 일찍이 횡계(橫溪) 강변을 거닐다가 두 노인이 큰 바위에 앉아 낚시하는 것을 보았다. 한 노인은 고기도 많이 잡고, 고기를 매우 쉽게 낚는 데 비해, 다른 노인은 하루 종일 낚시를 해도 고기를 한 마리도 못 잡았다. 그러자 고기를 한 마리도 잡지 못한 노인이 고기 잘 잡는 노인에게 그 비결을 가르쳐달라고 청하였다.

"우리 두 사람이 쓰는 미끼도 똑같고, 낚시하는 강물도 같은데, 결과가 이렇게 다른 것은 무엇 때문인가?"

고기 잘 잡는 노인이 말했다.

"나는 낚시줄을 드리울 때 나 자신만을 의식할 뿐 고기를 의식하지 않으며, 눈도 깜박이지 않고, 표정을 바꾸지도 않는다네. 그러면 고기가 내가 낚시를 하고 있는지조차 눈치채지 못해 쉽게 고기를 낚을 수 있지. 그런데 자네는 이와 반대로 마음속으로 생각하는 것이 물고기이고, 눈을 두리번거리며 쳐다보는 것도 물고기이며, 표정은 더욱 긴장되어 있으니, 고기가 도망을 가는 것일세. 그러니 어떻게 고기를 잡을 수 있겠는가."

–송(宋)나라 임방(林昉)의 『전간서(田間書)』「잡언(雜言)」

ID	reply
 불초	어허~ 낚시라 하는 것은 세월을 낚는 것인데… 어찌 그깟 물고기 몇 마리에 연연하여 미물조차 속이려 드는 것인가…
 자락	활을 쏘는 순간에는 숨을 깊이 들이쉬고 잠시 호흡을 멈추고 자기의 마음을 안정시키지요. 상대방을 이겨야겠다는 마음이 일어나면 활이 과녁을 빗나가게 마련입니다. 낚시도 욕심이 없는 무심의 경지에 이르러야 잘되는 모양이지요.
 청랑처사	나는 지금 여기서 무엇을 하고 있는가? 찰나 찰나 나는 나의 행위에 매진할 뿐인 것을. 나는 지금 생각을 하고 있다. 나는 지금 글을 쓰고 있다. 내 행동 하나 하나에 매순간 '이름 붙이기'를 하자는 생활 선(禪)이야기를 들은 적이 있습니다. 같은 경지의 언급으로 보입니다.

comment

21. 목적과 수단

　　모든 성인은 반드시 무엇을 하느냐와 어떻게 하느냐를 미리 안 뒤에 행동한다. 가령 지금 여기에 사람이 있어서 수후의 보석[수(隋)나라의 복수(濮水)에서 나는 보석]으로 천길 벼랑 위에 있는 참새를 쏘았다면, 세상 사람들은 반드시 그를 비웃을 것이다. 이것은 수단으로 쓰이는 물건은 소중한데 바라는 목적물이 하찮기 때문이다.

-『장자(莊子)』「양왕(讓王)」

ID	reply
 섭섭	내가 지금 수후의 보석으로 참새를 쏜 것은 그 참새가 내게는 보석보다 더 값진 가치가 있었기 때문이라면… 세상이 저를 비웃을 수 있을까요? 그 비웃음이 어떤 의미라도 가질 수나 있을까요? 아니면 전 성인이 될 수 없는 것일까요?
 하상공	우리가 살아갈 때도 사소한 이익 때문에 정작 중요한 것들을 잊고 사는 경우가 많습니다. 우리들의 모습도 되돌아보면 다르지 않다고 생각합니다.
 제비꽃	얼마 전에 다시 읽은 안데르센 동화에서 어떤 노인이 당나귀를 팔러 장에 갔다가 오리 한 마리와 바꾸고, 다시 오리를 썩은 사과 한 자루와 바꿔오는 이야기를 읽었어요. 그 노인의 아내는 '잘했다'며 남편을 칭찬하고, 사과의 썩은 부분을 도려내고 깎아서 둘이서 맛있게 먹지요. 어릴 때는 바보 같은 노인의 행동이 우습기만 했는데 지금은 왠지 그 노인이 성인처럼 느껴지더군요. '숭고한 목적과 하찮은 수단' 또는 '하찮은 목적과 숭고한 수단' 둘 중 어느 쪽이 훌륭할까요?
 동락	수단이 적절하지 않으면 목적의 정당성을 훼손하는 것 같아요. 소위 세계평화를 유지하겠다며 전쟁을 일삼는 자들의 기만이 그 대표적인 사례가 아닐까요. 도덕적 균형감각이 결핍된 부시가 벌이는 전쟁의 광기가 실은 '미국의 평화'일지는 몰라도, 양식 있는 지구인들에게는 위험천만한 철부지들의 불장난으로밖에 보이지 않는 것 같습니다.
 불초	사소한 것에 목숨 걸지 말라지만, 가치판단의 기준이 제각기 다른 세상이 되었으니 시비를 가리기도 어렵지요. 누구나 소탐대실하며 살아가니 잃고 또 잃어 곧 제가 선 자리마저 갉아먹어 위태로워도 어리석음에서 헤어나지 못합니다. 원컨대, 무소유의 역리를 실천하여 물욕을 버리고 자락을 얻고자 할 따름입니다.

comment ☐

끊임없는 배움

"배우고 때로 익히면 또한 기쁘지 아니한가"라는 점잖은 말이 아니더라도, 현대와 같은 지식정보사회에서 지식과 정보의 습득은 바로 돈으로 환원될 수 있을 만큼 배움의 중요성은 커지고 있다. 양질의 정보를 빨리 습득하고 폭넓은 지식을 배우기 위해 우리는 끊임없이 인터넷을 검색하고 책을 읽는다.

우언을 보면 옛날 사람들은 절대적 궁핍과 열악한 조건 속에서도 공부할 때는 정신을 집중하여 배움에 정진하였던 것 같다.

1. 귀신 그리기

어떤 화가가 제(齊)나라 왕에게 그림을 그려주러 왔다. 그때 제나라 왕이 물었다.

"무엇을 그리기가 제일 어려운가?"

화가가 말했다.

"개와 말을 그리는 것이 제일 어렵습니다."

"그러면 무엇을 그리는 것이 제일 쉬운가?"

"귀신을 그리는 것이 제일 쉽습니다. 개나 말은 사람들이 너무나 잘 알고 아침저녁으로 보는 것이어서 마음대로 꾸밀 수 없습니다. 조금만 다르게 그려도 사람들이 알아차리기 때문에 그리기가 제일 어렵습니다. 그러나 귀신은 구체적인 형상이 없고 누구도 본 적이 없기 때문에, 마음대로 할 수 있어서 그리기가 제일 쉬운 것입니다."

–『한비자(韓非子)』「외저설(外儲說)」

ID	reply
 명경지수	같은 것을 보더라도 사람마다 다르고, 때마다 다른 것이 그 모습일 거라고 생각합니다. 사람들이 뭐라고 하더라도 자신이 본 모습을 그리는 화가가 진짜 화가 아닐까요? 그런 면에서 우리 모두는 화가가 될 수도 있구요.
 숙경낭자	남들이 모두 아는 익숙한 것에 대해서는 쉽게 아는 체하면 안 됩니다. 남들도 그 정도는 알고 있으니까요. 그러나 구체적 형상이 없는 것이라면, 귀신이라면, 허깨비 같은 관념이라면 조금씩 회칠을 새로 해서 얼마든지 여러 얼굴을 만들 수 있겠군요. 그러나 우리 모두가 안다고 믿는 것이 정말 아는 것일까요? 그렇게 믿는 것과 실제로 그런 것과의 간극에 대해 생각해봅니다.
 불초	진실은 어렵고 거짓은 쉽죠. 서울 사람보다 서울 구경도 못 한 사람이 더 뻥을 치고, 죽지도 않은 이들이 죽음의 세계에 대해 장황하니 말이 많고 그렇죠. 상상이 유희로 그치거나 창조로 이어지면 다행이나 순박한 사람들을 떨게 하고 혹세무민하는 세태를 빚기 일쑤. 가엾은 장화 홍련이를 무서워하게 하거나, 착한 사마리아인들을 잔인한 테러리스트로 만들기 정말 쉽지요.

comment

2. 소 그림

  사천(四川)에 두(杜)씨 성을 가진 처사(處士)가 살고 있었다. 그는 서화를 좋아해서 서화를 몇백 폭이나 소장하고 있었다. 그는 특별히 대숭(戴嵩)이 그린 소 그림을 좋아해서 옥으로 화축(畵軸)을 장식하고 비단으로 싸서 늘 몸에 지니고 있었다. 어느 날 그가 서화를 펼쳐서 햇볕을 쬐이고 있는데, 한 목동이 대숭이 그린 소를 보고는 손뼉을 치며 깔깔 웃으면서 말했다.

  "이것은 한 폭의 투우 그림 아닙니까. 소가 싸울 때는 두 뿔로 힘을 겨루며 꼬리는 뒷다리 사이에 착 붙이는데, 지금 이 그림 속의 소는 꼬리를 흔들고 있으니, 틀렸습니다요!"

  그러자 처사는 웃으면서 그 말에 이치가 있다고 생각했다.

  —소식(蘇軾)의 『우언잡적(寓言雜摘)』

ID	reply
 숙경낭자	목동은 늘 소를 가까이에서 보는 사람이니, 그렇게 눈이 밝군요. 아니, 아무리 가까이에 늘 있어도 여전히 제대로 못 보는 사람들이 얼마나 많은데요. 목동의 정확한 관찰력과 그걸 인정해주는 두 처사 모두 이 시대가 요구하는 신지식인?
 sun	우리 눈이 사물을 있는 그대로 지각하지 못하고 제멋대로 왜곡시킨다는 걸, 얼마 전 새로 시작한 '오른쪽 뇌로 그림 그리기' 하면서 깨닫고 있어요. 왼쪽 뇌가 주관하는 관념, 이론 따위의 농간인 셈이죠. 목동이 그림을 바로 볼 수 있었던 건, 친숙한 소재인 까닭도 있지만 그가 관념이나 지식에 물들지 않았기 때문일지도 몰라요.
 불초	사물과 현상을 호도하여 순진한 두 처사에게 우상을 섬기게 만드는 대숭이야말로 혹세무민하는 이 시대의 사이비 지식인 같군요. 한낱 초동급부의 웃음거리밖에 안 될 알량한 식견으로 여론을 흔들려 하니……
 공주	학교 다닐 때 그림을 그리면 늘 그런 식이었습니다. 관찰하지 않고 기억된 그림을 그렸기 때문이지요. 때로는 관찰을 하면서도 잘못된 기억 때문에 눈을 의심하고 제멋대로 그리곤 했죠. 그래서 통일 포스터에 나오는 북한 사람들 눈은 항상 위로 치켜 올라가서 쭉 찢어져 있었지요.

comment [ ]

3. 책 읽기

차윤(車胤)은 반딧불을 모아 그것을 밝혀서 책을 읽었고, 손강(孫康)은 눈[雪]빛을 이용해서 책을 읽었다. 하루는 손강이 차윤을 찾아갔는데 그가 없었다. 어디 갔느냐고 물었더니 문지기가 말했다.

"반딧불이를 잡으러 가셨습니다."

조금 뒤 돌아온 차윤은 손강이 왔다간 것을 알고는 손강의 집으로 찾아갔다. 그때 손강은 할일없이 정원에 서 있었다. 그래서 그에게 물었다.

"책은 읽지 않고 뭐하고 있는가?"

손강이 대답했다.

"오늘 날씨를 보니, 눈이 오지 않을 것 같구만."

-명(明)나라 부백재주인(浮白齋主人)의 『소림(笑林)』

ID	reply
 공주	요즘도 그렇지만 중고등학교 시절에 어쩌다 공부할 마음이 들면 책상을 정리했죠. 하다 보면 일이 커지고, 하루 종일 걸려서 책상이 정리되면 엎드려서 잘 잤습니다.^^;
 sun	형설지공(螢雪之功)을 이렇게 풍자하고 있네요? 아, 재밌다. 어어, 아닌가? 차윤은 책 속의 진리보다 자연을 벗삼으며 체험학습이나 관찰학습을 하려고 했다. 손강은 눈 안 오는 날의 심란한 정서를 정원의 초목 속을 거닐며 달랬다. 요컨대 책 밖에 진리가 있다는 뜻인감?
 숙경낭자	책을 읽기 위해서 반딧불이를 잡으러 가고, 눈이 오지 않을까 봐 걱정하는 두 사람은 학자라 생각합니다. 저는 휴식을 위해 책을 읽으며, 책을 그저 마음 편한 친구 정도로 생각하고 있습니다. 그러나 윗글에서는 가난해서 형설을 이용했는지, 풍류로 생각해서였는지 영 헷갈리는군요.
 從者	선비를 희화화하다니... 명사를 희롱하는 유머는 고금이 다를 바 없군요. 그런데 차윤은 종자를 놀리고 몸소 불빛을 만들고도, 손강은 눈 내린 밤에만 공부하고도 그 공이 사해에 높으니... 우리는 얼마나 우매한지.
 범생	사실 공부라는 것이 어떤 틀에 맞추고 조건이 맞아야만 하는 것이 아닌데 왜 책상 앞에 앉아 책이라도 읽으려면 힘이 드는지. 책 읽기에 좋은 계절이지만 바쁘다는 핑계로 우언 하나 들여다보지 못하는 자신이 부끄러울 따름입니다

comment [ ]

4. 책을 불사르다

왕수(王壽)란 사람이 등에 책을 한 짐 지고 꼬불꼬불한 고샅길을 가다가 서풍(徐馮)이라는 사람을 만났다. 서풍이 말했다.

"일이란 사람이 만들어내는 것이다. 어떤 일이든 시대의 흐름에 맞아야 하고, 추세에 따라 변하는 것이다. 그러니 지식이 어찌 고정불변한다고 할 수 있겠는가. 책에 쓰여 있는 것은 사람들의 말이고, 사람들의 말은 객관적 사물에 대한 이해에서 나오는 것이다. 그러므로 지식이 있는 사람은 책을 지닐 필요가 없는 법인데, 오늘 자네는 왜 등에 책을 잔뜩 짊어지고 다니는가?"

왕수는 이 말을 듣자마자 책을 다 불태워버리고는 기뻐하였다.

— 『한비자(韓非子)』「유로(喩老)」

ID	reply
 숙경낭자	일과 말은 다른 것이다... 지식이 많은 사람일수록 고정관념과 편견과 흑백논리에 자신을 옭아매고 있는 이유를 알 것 같습니다. 어떤 앎이든 시대에 따라 변하는 것이므로 지식이 책 속에 갇혀버리는 순간 죽어버린다는 것. 그러므로 진정한 앎은 책 속에 있는 것이 아니라 세상 속에 있겠지요. 그것을 찾아내는 사람이 지자(知者)요 현자(賢者)입니다.
 불초	역시 한비자로군요. 진시황이 한 수 배웠다더니. 분서(焚書)에 그치지 않고 책 많이 가진 지식인을 땅에 묻고. 책을 통해 지식을 얻는 데 그치지 않고 창조적 확산이 이루어지면 좋겠죠. 저도 수렴(지식)보다는 경험적 확산(지혜)에 편중하다 그만 책을 멀리하여 미궁을 헤맨답니다. 그런데 꼭 책을 멀리해서 헤매는지는 아직 답을 얻지 못했습니다. 부처가 책 보고 해탈했겠냐며, 아직도 정신 못 차렸죠. -.-;
 범생	서풍이란 사람의 한 마디에 그렇게 쉽게 책을 불태워버리다니. 왕수는 진정 학문에 뜻이 없었나 봅니다? 한편 전혀 책을 읽지 않는 요즘 사람들은 아마 이렇게 말을 하겠지요? 인터넷만 들어가면 그냥 나오는데 힘들게 왜 책을 읽어? 신지식인은 절대로 책을 읽지 않는 법이네.
 명경지수	인터넷 하다 보면 시간이 너무 빨리 가지 않나요? 계획 없이 버리는 시간들이 참 많아져요. 필요 없는 사이트나 광고 보다가 시간이 다 가죠. 집에 가서 컴퓨터를 안 켜는 날은 무언가 뿌듯한 일을 하나씩 합니다, 저는.

comment [   ]

5. 전차 경주

조(趙)나라의 양(襄)왕이 전차 모는 것을 배웠다. 배운 지 얼마 되지 않아 왕자기(王子期)와 경기를 벌였는데, 세 번이나 말을 바꿨지만 세 번 모두 지자, 양왕이 말했다.

"네가 나에게 전차 모는 법을 가르쳐주면서 그 본령은 모두 가르쳐주지 않은 것 같구나."

왕자기가 대답했다.

"소인은 본령을 다 가르쳐드렸지만 그 사용하는 방법이 맞지 않은 것 같습니다. 무릇 전차를 몰 때 특별히 주의해야 할 것은, 말에게 전차의 끌채를 맬 때는 편안하게 해야 하며, 사람의 마음과 말의 동작이 조화를 이루도록 하는 것입니다. 이렇게 하면 속도를 내서 목적지에 더 빨리 도달할 수 있습니다. 그러나 지금 왕께서는 뒤처지면 줄곧 저를 쫓아올 생각만 하고, 앞섰을 때는 제가 쫓아올 것을 걱정하고 계십니다. 사실 전차 경기는 앞서거니 뒤서거니 하게 마련인데, 왕께서는 앞서든지 뒤서든지 늘 이기고 지는 것에 마음을 두고 계시니, 어느 겨를에 말과 조화를 이룰 수 있겠습니까? 이것이 바로 임금께서 제게 뒤지게 된 원인입니다."

―『한비자(韓非子)』「유로(喻老)」

ID	reply
 공주	그런 사람들은 정말 피곤해요. 자꾸 경쟁하자고 물고 늘어지는 사람들. 저도 그런 사람들은 어리석다고 생각합니다. 중요한 것은 자신과의 싸움이지요. 자신에게 지는 것을 부끄러워했으면 좋겠어요.
 제비꽃	왕자기라는 사람 멋있네요. 임금을 감히 세 번씩이나 이길 수 있었다니... 그러고도 임금한테 입바른 소리까지 하고...^^
 숙경낭자	사람의 마음과 말의 동작이 조화를 이룰 때 목적을 달성할 수 있다... 이기고 지는 것에만 마음을 두는 자는 결코 승리할 수 없습니다. 거스르지 않고 조화를 이루며 사는 것의 아름다움이 결국 최선의 결과를 빚어내는 것이겠지요.

comment [   ]

6. 바둑 배우기

바둑 두는 것이 비록 작은 기예이지만 마음을 집중하지 않으면 배우기가 쉽지 않다.

혁추(弈秋)는 전국에서 제일 가는 기성(棋聖)이다. 가령 혁추 같은 기성이 두 사람에게 바둑을 가르친다고 할 때, 한 사람은 전심전력해서 배우며 한결같은 마음으로 혁추의 말을 따르고, 다른 한 사람은 비록 혁추의 말을 듣기는 하나 마음속으로는 날아가는 백조를 생각하면서 활로 그것을 쏘려고나 한다면 사정은 달라진다.

비록 두 사람이 함께 바둑을 배우지만 뒷 사람의 성적은 앞 사람 같지는 못할 것이다. 이것은 그의 지혜가 앞 사람만 같지 못해서인가. 분명히 그렇지는 않을 것이다.

－『맹자(孟子)』「고자상(告子上)」

ID	reply
 숙경낭자	전심전력으로 마음을 집중한다는 것. 제가 가장 좋아하는 것이지만 저 스스로는 항상 부족하고 부끄럽습니다. 작고 보잘것없는 일이라도 최선을 다해 노력하다 보면 분명 남들과 차이가 나는 보람을 얻을 수 있겠지요. 이런 사람을 보는 일은 행복 체험의 하나입니다.
 혼자가는 먼집	에구, 이거 내 얘기자노. 흰 바둑돌을 보고 날아가는 백조를 생각하며 그걸 활로 쏘려고 하는 사람.... 나랑 같은 과로구먼.^^;
 공주	저는 흰 돌, 검은 돌 안 가리고 알까기 할 궁리만 합니다. 음호호호~
 從者	「여매헌서(與梅軒書)」에 이르기를, '요컨대 마음을 한 곳에 집중하여 체득해야 하는데, 모름지기 몸을 거두어 단정히 앉고, 눈은 똑바로 보고, 귀는 거두어들으며, 수족은 함부로 놀리지 말며, 정신을 모아 책에 집중하면 의미가 날로 새로워 자연히 무궁한 묘미를 알게 된다.... 이의역지(以意逆志)의 경지로서.... 나 또한 모든 변화에 적응할 수 있는 고인이 되는 것이니...' 이런 태도가 필요하지요. 수렴적 사고로부터 확산적 사고로 이어지는... 그런데 반상의 이미지로부터 백조를 포착하는 사냥꾼은 바둑보다는 예술을 가르쳐야겠군요.

comment

7. 재경의 악기 만들기

재경(梓慶)이 나무를 깍아 거(鐻)라는 악기를 만들었는데, 그것을 본 사람들은 놀라면서 귀신 솜씨 같다고 했다. 노(魯)나라 임금이 재경을 불러

"그대는 무슨 비법을 써서 만들었는가?"

라고 묻자, 재경이 대답하였다.

"저는 평범한 목수에 지나지 않는데, 무슨 비법이 있겠습니까? 그렇지만 한 가지 이런 것은 있습니다. 제가 거를 만들려 할 때는 심기를 조금도 소모시키지 않고, 반드시 재계하여 마음을 깨끗하고 고요하게 합니다. 사흘을 재계하면 상을 받거나 벼슬을 얻는다는 생각이 없어지고, 닷새를 재계하면 세상의 비난이나 칭찬, 잘하고 못함 따위의 생각이 나지 않고, 이레를 재계하면 신령스러워져 사지와 신체조차 잊어버리게 됩니다. 이 때가 되면 조정의 권세에는 마음이 없고 그 기술에만 전념하게 되어, 밖에서 마음를 어지럽히는 것이 사라집니다. 그런 뒤에야 산림에 들어가 나무의 형태와 성질을 자세히 관찰하지요. 어떤 나무가 거를 만들기에 합당하다고 판단되면 머릿속으로 거의 모양을 그려보고 나서 손을 댑니다. 만약 그렇지 않으면 아예 손을 대지 않습니다. 이렇게 하면 나무의 자연스런 본성과 내가 거를 만들려는 바람이 하나가 되지요. 내가 거를 만드는 기술이 신기하다고 하는 까닭이 아마 여기에 있는 것 같습니다."

- 『장자(莊子)』 「달생(達生)」

ID	reply
 명경지수	가끔 명상이라는 것을 연습해보는데요, 그것이 아무 생각이 없으면서도 졸면 안 된다고 하더군요. 사념이 많은 저는 생각 없기가 어렵고 생각이 없으면 졸리네요.
 숙경낭자	과연 이레를 재계하면 마음을 어지럽히는 것들이 사라질까요? 그런 무념무상의 경지에 이르면 자연과도 상통하고 말없이도 대화가 가능해질까요? 포카혼타스에서처럼 아득한 옛날에는 인간도 자연과 동거하며 자연스레 대화를 했을 것 같은데 어쩌다 인간은 스스로 외로움을 자초했을까요?

comment

8. 서시 따라 하기

　월(越)나라 미인 서시(西施)가 가슴을 앓아 이맛살을 찌푸리고 손으로 가슴을 누르면서 지나갔다. 그러자 이웃에 사는 추녀(醜女)가 그 모습을 아름답다고 여겨 집에 돌아와 가슴에 손을 얹고 이맛살을 찌푸렸다. 이런 추녀의 모습을 보고 그 마을의 부자는 문을 굳게 잠그고 외출을 하지 않았고, 가난한 사람들은 처자를 데리고 멀리 떠나갔다고 한다.

－『장자(莊子)』「천운(天運)」

ID	reply

 공주
그렇다고 문을 굳게 잠그고 이사를 가기까지 하다니... 하하... 옛날 사람들은 참 주변 사람들에 예민했네요. 요즘은 믿거나 말거나... 하마터면 우리 동네 사람들도 다들 문 걸어 잠글 뻔했네요.

 범생
요즘의 청소년들이 이런 글을 읽으면서 뭔가 깨달았으면 좋겠군요. 비판의식이 전혀 없이 맹목적으로 따라만 하니. 우리만의 독창성과 개성을 찾으려 하지 않고 서구의 것이라면 무조건 따라 하는 우리나라 사람들의 한 단면을 떠올리게 합니다. 우리 나름의 가치를 창조하며 자신 있게 보여줄 때가 언제나 되려는지.

 sun
아름다운 서시를 엽기적으로 패러디한 그 추녀가 오늘날엔 최고의 인기 코미디언이 될 수 있었을 것을......

 불초
월나라 사람들의 왕따 심리도 보통은 아니군요. 고전적 모방담은 왜 대체로 비극일까요? 옛날 사람들 소견이 지금보다 못하단 얘기인가요? sun님의 말씀처럼 장미희가 미간을 찌푸리며 가슴을 어루만지는 모습이 아름다워 조혜련이 따라 하니 모두들 즐거워하는데...참.

 숙경낭자
똑같은 짓이라도 미녀가 하면 아름다워 따르는 이가 있는데, 추녀가 하면 그 모습이 보기 싫어 문을 걸어 잠그고 심지어 이사를 가네요. 미녀가 바보를 따라 하면 유머가 되고 추녀가 하면 병신 짓이 되겠죠? 미녀가 못 되는 저는 참으로 슬프답니다.

comment [ ]

9.총명해지는 법

애자(艾子)의 이웃에 사는 사람들은 모두 제(齊)나라 교외에서 온 사람들이었다. 어느 날 애자는 이웃에 사는 두 사람이 다음과 같이 이야기하는 것을 들었다.

"우리들과 제나라의 권세가들은 모두 똑같은 사람으로, 다같이 하늘과 땅과 선조의 신령스런 기운을 받고 태어났으면서도 왜 저들은 총명하고 우리들은 총명하지 못할까?"

한 사람이 말했다.

"그들은 매일 고기를 먹기 때문에 총명하고, 우리들은 매일 잡곡을 먹기 때문에 지혜가 부족한 것이 아닐까?"

그러자 질문했던 사람이 말했다.

"나에게 마침 양곡을 판 돈 몇천 냥이 있으니, 우리들도 매일 고기를 한번 먹어보세."

며칠이 지나 애자는 그들의 대화를 다시 듣게 되었다.

"내가 고기를 먹은 후부터 사리를 분명하게 이해할 수 있게 되어, 일을 총명하게 처리할 수 있었을 뿐만 아니라 모든 이치를 분명하게 말할 수 있게 되었어."

그들 중 다른 사람이 말했다.

"내가 사람의 발을 관찰해보니 앞으로 나 있어서 매우 편리한 것 같애. 만약 뒤로 뻗어 있다면 뒤에 오는 사람에게 밟히지 않겠는가?"

먼저 말했던 사람이 맞장구를 쳤다.

"나도 발견한 것이 있다네. 사람의 콧구멍이 아래로 뚫린 것은 매우 편리한 것 같애. 만약 콧구멍이 위로 향했다면 하늘에서 떨어지는 빗방울이 코로 들어가지 않겠는가?"

두 사람은 이렇게 서로 총명과 재주를 칭찬했다.

— 소식(蘇軾)의 『애자잡설(艾子雜說)』

ID	reply
 엄지	고기 많이 먹으면 정말 총명해지나요? 그렇다고 믿으면 믿는 대로 된다? 그렇다면 저는 오늘부터 고기를 전혀 안 먹고 어떻게 되는지 보겠습니다. 아무것도 모르는 바보라면 세상이 얼마나 아름다울까요? 얼마나 행복할까요? 행복한 바보의 웃음이 얼마나 남들을 행복하게 하는지 아마 그들은 모를 겁니다.
 수석	복합원인 간소화의 오류를 범하고 있다고 생각합니다. 그리고 발이 앞으로 향해 있고, 코가 밑으로 뚫려 있는 것은 생존을 위한 자연적 진화이고 이것은 필요에 의해서 인간의 육체가 수십만 년 동안 자연적으로 진화한 것이죠. 그런데 이와 같은 이야기와 논증을 펼친다면 전 다음과 같이 반문하겠습니다. "부자가 부자인 이유는 아껴 쓰고 안 먹기 때문이었을까" 라고요.
 sun	자세히 보니 이 우언엔 가시가 들어 있어요. 하늘과 땅과 인간의 신령한 기운을 타고난 인간은 모두 평등하다는 의식을 바탕으로 깔고, 권세가들이 총명과 지혜를 내세우며 자신들의 권력을 정당화하고 호의호식하는 사실을 비꼬고 있는 거지요.
 명경지수	고기를 많이 먹으니까 힘은 좋아지는 것 같더라구요. 너무 날씬하면 또 힘이 딸리잖아요. 그러니까 고기를 많이 먹으면 힘이 세지고, 힘이 세면 남을 억압할 수 있고, 억압하다 보니 권력을 가지게 되고, 권력이 있으니 일할 필요가 없고, 일을 안 하니 시간이 남고, 시간이 남으니 문화생활을 슬쩍 해보고... 그러다 보니 똑똑한 '척'을 하게 되나 봅니다. 역시 고기를 많이 먹어야 똑똑해 보이게 되네요.

comment [   ]

10. 당나귀와 호랑이

귀주(貴州)에는 원래 당나귀가 없었는데, 어떤 호사가가 당나귀 한 마리를 배로 실어왔다. 당나귀를 귀주에 데려왔지만 별로 쓸 데가 없어서 산자락에 놓아두고 길렀다.

그때 호랑이가 이 큰 동물을 보고 매우 신령스럽게 여겨 숲속에서 몰래 살펴보았다. 시간이 좀 지나 천천히 그 당나귀에게 가까이 가서 관찰해보았지만 어떤 동물인지 알 수가 없었다.

어느 날 당나귀가 울음소리를 한 번 내자 호랑이는 자기를 잡아먹으려는 줄 알고 깜짝 놀라 멀리 도망을 쳤다. 그러나 다시 여러 번 관찰해보니 당나귀가 뭐 별다른 능력이 있는 것 같지 않았다. 나중에는 호랑이가 당나귀의 울음소리에 익숙해져 당나귀 주위를 왔다갔다할 수 있게까지 되었다.

그러나 감히 그 당나귀를 덮치지는 못했다. 조금 더 지나서 호랑이는 당나귀에게 더욱 가까이 다가가 장난을 치며, 부딪혀보기도 하고, 비벼대기도 하고, 박치기도 해보았다. 당나귀는 화를 내면서도 겨우 발굽으로 호랑이를 차기만 할 뿐이었다. 호랑이는 기분이 좋아서 마음속으로 생각했다.

"당나귀란 놈, 별 거 아니로구나!"

마침내 호랑이는 '어흥' 하고 소리를 지르며 달려들어 목덜미를 깨물어 죽이고 고기를 먹어치운 뒤 사라졌다.

－당(唐)나라 유종원(柳宗元)의 『유종원집(柳宗元集)』

ID	reply

제비꽃

『근원수필』을 보면 이 우언 속의 당나귀와 자신을 동일시하여 쓴 글이 있거든요. 마음을 울리는 바가 있네요…… "그 놈은 어리석지 아니하냐. 자기의 우졸함을 감추지 못하는 바보가 아니냐. 좀 영리하여 장졸(藏拙)하는 지혜쯤 가졌어야 험한 세파를 헤치고 살아갈 수 있지 않느냐. 어쩌면 그렇게도 야단스런 차림새를 하고 어쩌면 그렇게도 시원찮은 발길질을 눈치도 없이 쉽사리 하여 금시에 남의 놀림감이 된단 말이냐. 허울 좋은 나귀! 게다가 또 못생긴 값에 재주까지 부리느라고 논다는 꼴이 남의 수치만 사는 짐승! 오호라! 나도 이 나귀처럼 못생긴 인간인가!"

불초

포식자 호랑이도 이렇게 며칠을 두고 조심조심 나귀를 잡아먹는데, 문제는 지나치게 탐욕스러운 인간에게 있지요. 생태계가 뭔지도 모르는 동물들은 분수를 넘지 않는데, 인간은 욕심의 끝이 어떤지 알면서도 정신을 못 차려요. 이 몸도 불필요한 나귀 충동구매해서 내다버리는 귀주의 호사가와 다를 바 없지요.

범생

만물은 저마다 타고난 가치를 가지고 있지만 제대로 쓰지 못하면 무용지물이 되겠지요? 나귀는 나름의 가치가 있지만 그것을 알지 못하고 방치해 두었기에 호랑이의 먹이가 될 수밖에요. 한갓 길가에 있는 잡초라도 더운 여름날 땀 흘려 일하는 개미의 시원한 쉼터가 될 터. 당나귀의 특성과 가치를 알지 못하고 그냥 방치해버린 주인이 어리석군요.

혼자가는 면집

당나귀가 보고 싶다. 가능하면 한 마리 얻어다 기르고 싶다. 나는야 당나귀가 너무 너무 좋다. 프란시스 쟘도, 앙리 보스코의 『반바지 입은 당나귀』라는 소설도……

공주

제 주변에도 호랑이가 많아서, 저는 될 수 있으면 제 모든 것을 안 보여주려고 노력합니다.-.,-

comment

11. 고집

초(楚)나라에 어떤 사람이 생강이 어디에서 나는지도 모르면서 자신 있게 말했다.

"생강은 나무에 달린다."

다른 사람이 그 말을 듣고 말했다.

"생강은 땅에서 나는 것이야."

초나라 사람은 고집을 세우면서 말했다.

"열 사람을 불러 물어보자. 나는 노새를 걸겠다."

그래서 열 사람에게 물어보자, 모두 생강이 땅에서 난다고 대답을 했다. 그러자 초나라 사람은 아연실색하면서 말했다.

"이 노새는 자네에게 주겠지만, 생강은 나무에 달리는 것이야!"

-명(明)나라 강영과(江盈科)의 『설도소설(雪濤小說)』

ID	reply
 만무방	생강나무를 김유정 소설에서 동백꽃이라고 했다. 생강냄새가 나서 생강나무란다. 그 꽃의 열매가 생강처럼 생겼을까? 장자처럼 내가 나비인지 모르는 차원에서는 절대 진리도 없지 않을까….
 머슴	갈릴레이가 생각이 나는군요. 또한 호주의 검은 백조를 보지 못하고 우물 안 개구리처럼 백조는 모두 흰색이라고 우기던 베이컨도… 유전자 변형에 의한 생강나무… 얼마나 독특하고 창의적인 생각인가…
 엄지	대단한 고집이로군요. 우기지 말고 나무에 달리는 생강을 보여주었으면 좋았을 텐데… 그래서 사람들에게 나무에 달리는 또 다른 생강의 존재를 알게 해야 논리가 성립하지요. 강변의 눈물겨움이네요. 이 얘기에 눈물겨워지는 건 저도 가끔 그렇게 우기기 때문이랍니다.
 혼자가는 먼집	근거 없는 신념을 위해 인생을 거는 사람. 불확실한 점괘 위에 아낌없이 판돈을 내놓는 사람. 세상이야 아랑곳없이 내가 길이요 진리라고 당당히 앞만 보고 걷는 사람. 이들을 어떻게 판단해야 할지 저는 잘 모르겠습니다.

comment

12. 설담의 노래 배우기

　　설담(薛譚)이 진청(秦靑)에게 노래를 배웠지만, 아직 그의 스승인 진청의 경지를 완전히 배우지 못했으면서도 자기 딴엔 모두 배웠다고 생각하고 집에 돌아가겠다고 했다. 스승인 진청은 그를 막지 않고 큰길가에 술상을 차려놓고 전송을 했다. 그 자리에서 진청이 가볍게 박자를 두드리면서 매우 슬픈 노래 한 곡을 부르자, 그 소리는 숲을 진동시키고, 하늘에 떠가는 구름조차 멈추게 했다. 설담이 그 노래를 듣자 황망히 스승께 사죄를 하고 계속 가르쳐달라고 빌었다. 그후로 그는 평생동안 다시는 공부가 완성되었으니 집에 돌아가겠다는 말을 하지 않았다.

―『열자(列子)』「탕문(湯問)」

ID	reply
 불초	지선극미(至善極微)한 도의 경지는 소리나 한 일(一)자 긋는 일처럼 단순한 것일지라도 공자님이 이루고자 했던 도의 경지와 다를 바 없다고 봅니다. 진청의 제자 다스림을 보면 단순히 기술이 아니라 전인적으로 이미 달도했다 보여지는군요. 도는 하루아침에 이루어지는 것도 아니며 그 추구하는 대상도 특별한 것이 아닌 듯싶습니다.
 숙경낭자	그 스승의 그 제자입니다. 제자의 잘못을 말로 꾸짖지 않고 자신의 최고 경지를 보여줌으로써 깨닫게 한 스승이나, 그런 스승의 경지에 압도되어 돌아온 제자나 우리 모두가 소망하는 모습들 아닙니까? 그런 스승이 되지 못하는 저는 감히 그런 제자를 꿈꾸지 못하겠습니다.
 제비꽃	훈장님의 우언 연재는 언제쯤 끝나나요? 이젠 어지간히 우언 속을 들여다볼 수 있을 것 같다며 뜨음해진 학동들에게 "점입가경…. 무궁무진…. 우언 속을 너희가 어찌 다 알겠느냐?"고 슬며시 우언을 들어 얘기해주시는 우리 훈장님. 숲을 진동하고 구름조차 멈추게 하는 진청의 노랫가락이 여기서도 들립니다.
 노을지는 풍경	배움의 길에 끝이라는 게 있을까? 그걸 알면서도 게을리하는 내 자신이 부끄러워진다.

comment

13. 활 쏘는 법 배우기

감승(甘蠅)은 고대의 활을 잘 쏘는 고수이다. 그 사람이 활을 쏘면 들짐승이 적중해 쓰러지고 나는 새도 떨어졌다. 감승의 제자인 비위(飛衛)가 스승에게 활 쏘는 것을 배워 기술이 그 스승을 능가하게 되었다.

기창(紀昌)이라고 하는 사람이 다시 비위에게 활 쏘는 법을 배우려 하자, 비위가 말했다.

"너는 마땅히 눈을 꿈적하지 않고 목표를 보는 것을 먼저 익히고 나서 활 쏘는 것을 배워야 할 것이다."

그 말을 들은 기창은 집에 돌아와 아내의 베틀 밑에 드러누워, 눈을 크게 뜨고 북이 왔다갔다하는 것을 주시했다. 이렇게 2년을 단련하고 나자 다른 사람이 송곳으로 그의 눈을 찌르려 해도 그의 눈은 깜박도 하지 않게 되었다.

기창이 이러한 학습성과를 비위에게 알리자, 비위가 말했다.

"그런 정도 가지고는 아직 멀었다. 너는 이제 눈의 힘을 단련시키는 것이 좋겠다. 네가 작은 물건을 크게 볼 수 있고 미세한 물건을 분명하게 볼 수 있게 된 뒤에 다시 나에게 와서 알리거라."

기창은 다시 집에 돌아가 소의 꼬리털 하나로 이[虱]를 묶어 창문에다 매달아 놓고, 매일 남쪽 창을 향해서 눈동자를 굴리지 않고 쳐다보았다. 이렇게 열흘이 지나자 이는 점점 크게 보이기 시작했고, 3년이 지나자 이가 수레바퀴만큼 크게 보였고, 조금 더 큰 것을 보자 그것은 마치 작은 산처럼 보이게 되었다.

　　마침내 기창은 연(燕)나라에서 생산된 소뿔로 만든 활을 가지고 북방에서 생산된 화살을 쟁여 이를 쏘자, 화살이 이를 관통했으면서도 그것을 묶은 쇠꼬리 털은 끊어지지 않고 멀쩡했다.

　　기창은 이런 결과를 비위에게 알렸다. 그랬더니 비위는 기분이 좋아서 가슴을 치면서 말했다.

　　"네가 이제 활 쏘는 묘리(妙理)를 다 익혔구나!"

-『열자(列子)』「탕문(湯問)」

ID	reply
 만무방	옛날 만화책에서 보았던 검술의 묘리 터득 과정과 같군요. 오랜 집중과 반복을 통해 훈련된 감각은 불가사의하기까지 하지요. 교실과 도시의 온갖 소음에 청력이 많이 상했는데, 아, 엊그제 고창읍성 대숲 속에서 먼데 여인의 옷 벗는 소리처럼 들리던 댓잎 부딪는 소리…… 그런 소리가 다시 듣고 싶군요.
 sun	정해놓은 목표에 정확히 자신을 관통시키려면, 활쏘기의 고수들로부터 한 수씩 배워야겠군요. 그 전에 우선, 내가 겨냥해야 할 나의 과녁은 무엇이며, 내가 눈에다 힘을 주고 날려야 하는 나의 화살은 무엇이며, 왜 나는 그것을 명중시켜야 하는가를 다시 한번 점검해봐야겠습니다.
 숙경낭자	비위는 훌륭한 제자를 두어서 정말 좋았겠습니다. 목표를 눈 꿈쩍 않고 보는 것과 눈의 힘을 단련시키는 것은 배움의 기본일 것입니다. 그러지 않고 어찌 감히 배웠다고 할 수 있겠습니까? 스승은 그렇다 하고 참으로 독한 제자의 모습이로군요.
 여사모	어떤 사람은 흔들릴까 봐 목표를 가지지 않고, 어떤 사람은 흔들릴까 봐 목표를 공개한다. 그동안 많은 좌절을 경험한 끝에 두 사람은 결론을 다르게 내렸다.
 봄내	가르치는 자가 제 전공 분야의 알파와 오메가를 익히 알아서 학습의 올바른 방향을 제시할 수 있어야 하고, 또 그 가르침에 대한 겸허한 수용과 목표 달성을 위해 부단히 정진하는 배우는 자의 자세가 있어야 교육의 기초가 바로 서는 것이겠지요.
 노을지는 풍경	한 번 읽어봐서는 쉽게 이해가 가질 않는 이야기인 것 같은데(아직 지적 성숙이 부족한 고등학생이라 그럴까요?), 무엇보다 분명한 것은 어떠한 일이건 고통과 시련의 시기가 따르는 법이라는 것이겠지요. 그렇게 힘든 시간을 보내고 나면 분명 해답은 내 손에 쥐어지게 되지 않을까요?

comment

14. 양유기의 활솜씨

　초(楚)나라 궁정 안에 흰 색깔의 신령스런 원숭이가 한 마리 있었다. 나라 안의 궁수들 중에 그 원숭이를 맞힐 수 있는 사람이 없었다. 그래서 왕은 양유기(養由基)를 초빙했다. 그는 활을 바르게 한 뒤에 화살을 쏘았다. 그는 활을 쏘기 전에 눈으로 목표를 자신 있게 겨냥하였고, 시위를 당기자 흰색 원숭이는 소리를 내며 쓰러졌다. 이렇게 할 수 있었던 것은 양유기에게 화살을 목표물에 발사하기 전에 이미 적중시킬 수 있다는 자신감과 재능이 있었기 때문이다.

- 『여씨춘추(呂氏春秋)』「박지(博志)」

ID	reply
 불초	아니, 신령한 흰 원숭이를 괜시리 잡으니 초나라가 망하지 않았나? 영물에 대한 인식이 단순하진 않더군요. <고양이를 부탁해>란 영화에서도 영물을 집에 들이는 걸 부정한 것으로 생각하던데…
 혼자가는 먼집	흰 원숭이가 신령스런 존재라는 속설 혹은 미신 때문에 두려움으로 시야가 흐려져 화살이 빗나가는 사람들. 자신에 대한 불신이나 미혹을 버리라고. 목표에 대한 확신과 자신감과 능력을 갖추었을 때, 두려움도 물러서는 것이라고. 활의 비유는 말하고 있는 듯하군요.
 엄지	매사 자신감이 중요하군요. 저에게도 자신감은 참으로 절실합니다. 그게 있다면 좀 더 적극적이고 확실하게 일을 처리할 수 있을 텐데, 그게 늘 아쉽답니다. 그런데 왜 신령스런 원숭이를 죽이려고 했는지 궁금하네요. 혹시 그 원숭이가 왕보다 높은 신이 될까 봐…?
 노을지는 풍경	무엇이든 하기 전에 '남들도 못 하니 나도 못 할 거야.' '내가 저걸 어떻게 할 수 있겠어. 난 못 해' 하고 단념하고 포기했던 적이 한두 번이 아니었는데… 양유기가 가졌던 자신감과 재능이 지금 저에겐 절실히 필요한 중요한 시기인 것 같네요.

comment

15. 구관조

　구관조란 새는 남쪽 지방에서 사는데, 남방 사람들이 오랫동안 훈련을 시켜 사람의 말을 흉내낼 수 있었다. 그러나 구관조는 겨우 말 몇 마디를 흉내낼 수 있을 뿐이어서, 아침부터 저녁까지 지저귄다 한들 다만 말 몇 마디 하는 데 그쳤다.

　어느 날 매미가 정원에서 울자 구관조는 매미를 비웃었다. 그러자 매미가 말했다.

　"너는 사람의 말을 잘 흉내내지만, 네가 하고 싶은 말은 못하지 않느냐. 어떻게 나처럼 마음대로 자기 생각을 말할 수 있단 말이냐."

　이 말을 들은 구관조는 매우 부끄러워하면서, 이때부터 다시는 사람의 말을 흉내내지 않았다.

－명(明)나라　장원신(庄元臣)의　『숙저자(叔苴子)』 「내편(內篇)」

ID	reply

숙경낭자 — 무슨 뜻인지도 모르면서 열심히 남의 말이나 흉내내며 잘난체하고, 자기가 하고 싶은 말은 할 줄 모르는 우리들은 부끄럽습니다. 그러면 차라리 입을 닫아야 할까요? 하지만 그것도 마음대로 되지 않더군요. 어리석음은 어리석음을 낳는가 봅니다. 그래서 구관조 인간들은 오늘도 술집에서 거리에서 어리석은 말들을 억수로 토해냅니다.

제비꽃 — 다소곳한 구관조네요. 부끄러워할 줄도 알고 말이에요. 잘못된 점을 지적하면 대번에 알아듣고 스스로 고치면 좋을 텐데, 자기변호와 자기합리화 때문에 그 과정이 너무 험난해요.

불초 — 허균 선생이 말씀하시기길, "나는 내 시가 당시나 송시와 비슷하게 될까 두렵고 오직 '허균의 시'라고 말하게 하고 싶다(吾則懼, 其似唐似宋而欲人曰, 許子之詩也)." 비록 세련되지 못하다 해도 매미의 방언이 아름답지요.

수석 — 바다는 제 말을 하고 나는 내 말을 하고... 말 많은 세상에서 사람들은 귀가 있어도 듣지를 못하고 입이 있어도 말을 못하는 세상에서 우리는 살고 있지 않습니까? 전제 소리로 제 이야기를 하면서 살기 위해 부단히 노력중입니다만, 이 이야기가 저만의 아집에 쌓인 우언이 아니기를 바랄 뿐입니다.^^

comment [　　　　　　　　　　　　　　]

16. 거문고 타는 법 배우기

호파[瓠巴: 춘추시대 초(楚)나라의 거문고 명수]가 거문고를 타면 새가 춤을 추고 고기가 뛰었다고 한다. 정사문(鄭師文)이 이 이야기를 듣고는 집을 떠나, 사양(師襄)에게 거문고 타는 법을 배우게 되었다. 사양이 그에게 거문고 줄을 고르는 법을 3년이나 가르쳐주었지만, 그는 한 악장도 타지 못했다. 그러자 사양이 말했다.

"너는 집에 돌아가는 것이 좋겠다."

사문이 손에 든 거문고를 내려놓고 탄식하며 말했다.

"아직도 저는 거문고 줄을 고를 줄도 모르고 한 악장도 탈 수가 없습니다. 제 마음은 어떻게 거문고를 탈 것인가에 있지 않고, 제가 추구하는 것도 노랫가락에 있지 않습니다. 내면으로부터 우러나오지 않기 때문에 바깥으로 악기에 반응하지 못하는 것 같습니다. 제가 다시 며칠 더 연습할 수 있게 해주시고, 그 다음에 제가 어떻게 타는지 보아주셨으면 합니다."

며칠 후 사문은 다시 스승인 사양을 찾아갔다. 사양은 물었다.

"그래, 거문고 연습은 어떻게 되었느냐?"

사문이 대답하였다.

"조금씩 나아지고 있는 것 같은데, 한번 타보겠습니다."

그가 봄날에 가을 곡조를 연주하면 서늘한 바람이 불어오고 초목이 열매를 맺었고, 가을에 봄 곡조를 연주하면 온난한 남풍이 서서히 불어와 초목이 무성해졌다. 여름날에 겨울 곡조를 연주하면 눈과 서리가 교차하고 연못이 얼어붙었고, 겨울날에 여름 곡조를 연주하면 햇볕이 내리쬐고 얼음과 눈이 녹았다. 악장을 다 연주하고 궁(宮)음이 상(商) 각(角) 치(徵) 우(羽) 음을 다 거두자, 남풍이 가볍게 불고 하늘에 상서로운 구름이 떠돌고 단 이슬이 내리고 단술 같은 맑은 샘물이 솟았다.

이때에 사양은 자기의 가슴을 쓸며 매우 기뻐하면서 말했다.

"너의 거문고 타는 솜씨가 정말 훌륭하구나! 설령 사광(師曠)이 연주하더라도 이보다 더 아름다운 소리를 낼 수 없을 것이다. 그들도 거문고와 피리를 가지고 너에게 배워야 할 것이야."

–『열자(列子)』「탕문(湯問)」

ID	reply
 제비꽃	그렇군요. 명 연주의 관건은 악기와 연주자 간의 교감에 있는 듯합니다. 악기가 단순히 수단이나 대상물로서가 아니라 서로의 가진 것들을 최대한 상승, 고양시켜줄 수 있는 진정한 만남으로 상호작용 할 때.
 불초	천재도 수련이 필요하다는 반증을 드러내는군요. 기초수련이 안 되어 춘하추동을 교란하는 문제가 생긴 게 아닌가 합니다. 단, 천재를 알아보는 스승과 천재를 썩히지 않도록 적합한 교육방법을 적용하는 것이 중요한 관건임을 다시 새겨봅니다.
 여사모	기술이나 기능은 내면의 바탕을 넘지 못한다는 말 같습니다. 먼저 사람이 되고 나서야 남들이 넘보지 못하는 자기만의 음악도 나오는 것 아닐까요? 남 흉내내기에 급급해 자기를 잃어버리고 사는 시대인 것 같습니다.
 유리구름	자신한테 마음이 있어야 뭐든지 하는 것 같다. 공부하라고 주위에서 아무리 아무리 얘기해도 자신이 공부할 생각이 들지 않으면 절대로 안 할 텐데. 어른들은 그런 어릴 적 생각은 다 잊으셨나 보다.
 봄내	조선 후기 홍대용 선생은 독서할 때에 종일 눈이 글줄에서 떠나지 않더라도 입으로만 읽고 마음을 쏟지 않으면 작가의 본지(本志)에 견주어볼 때 스무 겹 정도의 철관이 가로 막혀 도에서 멀어진다고 하였다. 거문고 타는 기악 공부뿐 아니라 모든 배움에 적용되는 핵심은 마음을 다해 궁구하는 자세가 아닐까.
 노을지는 풍경	사문의 모습을 통해 다시 한번 열심히 하는 자에게 후회는 없다는 것을 느낀다. 깊은 애정을 가지고 그 일에 몰두하다 보면 비록 뛰어난 재능은 아닐지라도 그 노력에 하늘도 감동하여 언젠가 빛을 볼 수 있을 듯싶다.

comment

17. 북소리

갑이 말했다.

"우리 집에 북이 하나 있는데, 북을 두드리면 그 소리가 백 리까지 들린다네."

을이 말했다.

"우리 집에는 소 한 마리가 있는데, 강남에서 물을 마시면 그 꼬리가 강북에 닿는다네."

갑이 고개를 가로 저으면서 물었다.

"그런 소가 어디에 있단 말인가?"

그러자 을이 대꾸했다.

"그런 소가 없다면 어떻게 그런 북을 만들 수 있겠는가?"

–명(明)나라 퐁몽룡(馮夢龍)의 『소부(笑府)』

ID	reply
연변총각	연변에서는 그 정도 소는 소 축에도 못낍다. 어느 날이었씀다. 갑자기 두만강이 불어 백두산이 물에 잠겼드랬씀다. 칠백 년 묵은 우리 소가 오줌을 쌌던 것이었씀다… ^^ 눈에는 눈, 뻥에는 뻥이로군요.
숙경낭자	멋지고 통쾌한 말대꾸로군요. 남의 허풍에 직접 비난하지 않고 이처럼 멋지게 대처할 수 있는 지혜가 부럽습니다.
sun	"나는 지구를 들어올릴 수 있다! 그것을 받치는 지렛대만 준다면…" 이렇게 말했다는 사람이 누구더라?
여사모	'뻥~이요' 대회를 열어보면 1등은 누굴까? 예전-양치기소년. 현재-정치꾼.
노을지는 풍경	읽고 있노라면 저절로 실소를 자아내게 하는 이야기인 것 같네요. 실제로 우리 모두가 저런 과장된 표현들 속에 살아가고 있진 않을까 싶습니다…

comment [   ]

18. 남의 글 베끼기

한(漢)나라 환제(桓帝) 때에 어떤 사람이 관가의 서기관(書記官)이 되자 다른 사람에게 주기문[奏記文: 서판(書板)에 써서 상주하는 글]을 짓도록 부탁했다. 서기관이 된 그 사람은 글을 지을 줄 몰랐다. 그래서 부탁받은 사람이 그에게 이렇게 말해주었다.

"양(梁)나라의 갈공(葛龔)이 주기문을 잘 짓는 것으로 명성이 높으니, 그가 쓴 주기문을 가져다가 베끼면 되지, 무엇하러 번거롭게 직접 다시 쓸 필요가 있겠는가?"

이런 권고를 들은 서기관은 갈공이 쓴 주기문을 가져와서 베껴 썼는데, 갈공의 이름을 빼는 것을 잊어버렸다. 장관은 그가 보낸 문건을 보고 너무 놀라 아무 말도 하지 않고 그를 쫓아버렸다.

–위(魏)나라 한단순(邯鄲淳)의 『소림(笑林)』

ID	reply
 만무방	독후감 노트 베껴 내는 우리 학생들 같군요. 한나라 서기관이야 경질하면 그만이지만, 부족한 저는 제 탓을 할 밖에 다른 도리가 없군요. 흠... <해리포터> 영화 감상문이나 『반지의 제왕』 독후감, <디아블로> 관전평 같은 걸 숙제로 내야 할 판이니... 고대문명 말고 인류의 문화사가 대체로 모방과 표절과 재구성의 역사라고 해도 과언이 아니니, 교육도 변화하는 문화환경과 타협을 해야 할까요?
 유리구름	요즘 해외 유명 브랜드의 이미테이션 가방이나 옷이 많이 나도는데 공공연히 "우리나라는 정말 짜가 잘 만들어, 그 회사의 디자이너도 구분을 못 할 정도였대!"라는 말을 합니다. 남의 작품에 대해 그 노력의 대가를 지불할 마음가짐을 갖기는커녕 아무런 문제의식을 느끼지 않고 돌아갈 방편만 궁리한다면 뭐가 발전할 수 있을까요?
 노을지는 풍경	학교에서나 사회에서나 어디서든지 있을 수 있는 일이죠. 어떤 경우이건 자기 노력을 들여 맺은 결과물만큼 보람된 게 또 있을까 싶습니다. 저 역시 저러한 유혹을 받을 때가 많은데 그래도 제가 힘들여 성과를 얻은 것 만한 게 없겠죠!

comment

19. 열자의 활 쏘기

열어구(列御寇)가 백혼무인(伯昏瞀人) 앞에서 활 쏘는 기예를 보여주었다.

물 한 잔을 손목 위에 놓은 채 활을 힘껏 잡아당기며 활을 연속해서 쏘는데, 화살 하나가 활시위를 떠나자마자 다른 화살이 활시위에 놓여졌고, 모든 화살이 과녁에 적중하였다. 이때 그의 모습은 마치 나무로 조각한 인형 같았다.

백혼무인이 말했다.

"자네의 이런 방법은 통상적인 활 쏘기 방법일 뿐 높은 경지의 활솜씨는 아닐세. 자네가 나와 함께 산에 올라 높은 절벽 위, 백 길의 벼랑 끝에 서 있다면, 자네는 그렇게 정확하게 활을 쏠 수가 있겠나?"

이에 백혼무인은 곧 높은 산에 올라 절벽을 걸어가는데, 백 길의 벼랑 끝에 다다르자 벼랑을 등지고 거꾸로 걸어가, 발뒤꿈치가 거의 두 푼이나 벼랑 밖으로 나가 공중에 걸려 있는 상태가 되었다. 그리고는 열어구를 따라오라고 했다. 그러자 열어구는 놀라서 땅바닥을 기는데 땀이 발뒤꿈치로 흘러내렸다.

백혼무인이 말했다.

"최고의 경지에 이른 사람은 위로는 푸른 하늘을 쳐다보고 아래로는 황천에 발을 담그고 먼 곳을 다니면서도 얼굴 색을 변치 않는다. 그런데 지금 너는 눈에 두려움이 가득하니 네 마음이 단단하지 못한 것을 알 수 있겠구나."

―『열자(列子)』「황제(黃帝)」

ID	reply
 불초	열자나 기창의 활 쏘는 법은 초급과정이군요. 달리는 말 위에서 그와 같이 한다면 중급과정을 마친 셈이고, 백혼무인처럼 천심절벽 위에서 흔들림 없이 적중할 수 있다면 고급과정을 마친 셈이겠군요. 아! 도의 경지는 끝이 없군요. 그런데 중국의 고인들이 좀 과장이 심하긴 해도 이와 같이 기예를 수련하는 일에 몰두했던 것은 사실인 듯한데 그 세계관이나 가치관의 바탕을 이루는 사상적 배경이 도가의 신선사상인지요?
 혼자가는 먼집	두려움... 두려움이라... 내 맘 안에서 피어오르는... 눈을 가리는 두려움 때문이라네... 그렇다면... 그 두려움은 어디에서 오는 것인가... 내 맘 속에 웅크리고 있는... 그 두려움은 어떻게 버리는가...(백혼무인에게 누가 대신 물어봐주세요!)
 엄지	진정한 고수는 자기를 이긴 사람. 뭔가 이루고자 한다면 자기 안의 두려움의 정체를 파악하는 데부터 시작해야겠군요.
 손바닥	최고의 경지를 빨리 포기해야지. 나는 두려움조차 즐기고 싶으니까.
 봄내	위태로운 상황에서도 평상심을 잃지 않고 의연하기가 어디 그리 쉬워야 말이지요. 떨어지면 죽으리라 하는 극단적 마음가짐이 때론 두려움을 털어내기에 딱 좋기는 하던 걸요
 노을지는 풍경	여태까지 나 자신도 통제할 줄 모르면서 저 자신을 잘 안다고, 이 정도면 잘하는 거라고 잠시나마 자만하며 살아왔던 제 모습이 참 부끄럽게 느껴집니다. 최고의 경지에 이르기보다는 최고의 경지에 이르기 위해 늘 노력하며 살아가는 사람의 모습이고 싶습니다.

comment

20. 바다를 바라보며 탄식하다

가을 물이 불어 수많은 갈래의 시냇물이 큰 강물로 모여들었다. 이렇게 강물이 불어나자 강둑과 모래톱이 물에 잠기고, 강 건너에 있던 소와 말이 보이지 않을 정도로 강폭이 넓어졌다. 이렇게 되자 강을 주재하는 신 하백(河伯)이 득의양양해져서 세상에서 굉장한 광경은 모두 자기에게 모여 있다고 생각했다. 그는 강을 따라 동쪽으로 가다가 북해(北海)에 이르러 동쪽을 바라보니, 광활한 바다가 끝이 보이지 않을 정도로 펼쳐져 있지 않은가. 이에 하백은 자기의 교만한 태도를 바꾸고 바다를 바라보면서 해신(海神)에게 탄식하며 말했다.

"속담에 이르기를 '어떤 사람이 만 분의 일의 도리를 듣고서 누가 자기를 능가하겠냐며 우쭐댄다'라더니, 이 말이 바로 나를 두고 한 말이었소. 내가 일찍이 누가 공자의 학문이 낮다고 하고 백의의 대의를 깔본다고 해도 믿지 않았는데, 오늘 내가 직접 호한하고 끝없는 바다를 보니 나의 지난날의 견문이 정말 낮고 천박했음을 알겠구려. 만약 내가 당신을 이곳에서 보지 않았더라면 정말 큰일날 뻔했소. 그랬다면 나는 대도(大道)를 본 사람들로부터 영원히 비웃음을 샀을 것이오."

– 『장자(莊子)』 「추수(秋水)」

ID	reply
 엄지	하백은 다행히 바다를 만나 자신의 수준을 알았군요. 그런데 때론 한없이 교만하다가 또 때론 비굴하고 나약해져 한없이 열등감에 시달리는 저는 어찌해야 할까요?
 혼자가는 먼집	제 낯바닥이나 비추며 쉴새없이 조잘대고 촐랑거리는 시냇물이 싫어 강가에 나왔습니다. 도도한 강물은 소리 없이 깊어지고 있었습니다. 강물도 아름답습니다. 우물은 발이 없지만, 강은 낮은 곳으로 얼마든지 길을 열어두고 있으니까요. 바다에 이르지 못하고 땅 밑으로 스며드는 검은 강물도 역시 아름다울 거예요.
 봄내	삶의 구비 때마아 만나게 되는 해신(海神) 같은 존재들에 의해 자신의 작디작음을 올바로 인식하게 된다면 그것은 다행인 정도가 아니라 축복일지도 모른다. 깨달음과 앎을 주는, 해신이 되어주는 이 우언과의 만남은 그래서 내게는 과분한 축복이다.

comment

21. 천명과 교육

공맹자(公孟子)가

"잘살고 못사는 것과 오래 살고 일찍 죽는 것은 확실히 하늘이 결정하는 것이므로, 사람이 어찌 할 도리가 없다."

라고 한 뒤, 이어서

"사람들은 모름지기 배워야 한다."

고 말했다. 그러자 묵자(墨子)가 이렇게 반박했다.

"사람들에게 반드시 배우라고 하면서 천명을 강조하는 것은, 마치 머리를 감싸라고 하면서 모자를 빼앗는 것과 같이 서로 모순되는 것이 아닌가."

-『묵자(墨子)』「공맹(公孟)」

ID	reply
자락	빈부와 수명이야 천복으로 정해져 있다고 할 수 있으나, 온전한 사람으로 사는 법은 모름지기 배워야겠지요.
제비꽃	묵자는 공맹과 대립적인 입장에 섰던가 보죠? 천명에 순응하는 것과 배우고 깨우쳐서 천명을 바꾸는 것 중, 묵자는 후자를 주장하였나요?
동락	제비꽃 말씀처럼 묵자는 운명을 믿지 않고 후천적인 노력과 교육을 강조하였다고 할 수 있습니다. 그런 의미에서 당시의 유가사상에 비해 진보적이라 할 수 있겠지요.
섭섭	배워서 천리를 익힐 수 있다는 것일까요? 천리는 모르는 것이기에 천리인가 봅니다.
숙경낭자	공맹자가 배움을 이야기한 건 배워야만 순리에 따라 사는 법을 익힐 수 있기 때문이었을까요? 운명에 순응하며 사는 것은 슬프게 아름답고, 운명을 거스르며 사는 삶은 가슴 벅차게 아름다운 것 같아요.

comment

쓸모 있는 공부

공부는 왜 하는 것일까? 출세하고 이름을 날리기 위해서라거나 지식욕구 때문이라는 자못 어른스런 답변에서부터 남들이 하니까, 엄마를 위해서, 시험에 합격하기 위해서라는 학생들의 솔직한 말에 이르기까지 그 대답은 다양하다. 그런데 이 모든 답변의 공통점은 모두 그 나름의 실용적인 목적을 가지고 있다는 것이다. 그러면 과연 쓸모 있는 공부는 어떤 것인지 생각해보자.

1. 끈으로 묶기

고서(古書)에 다음과 같이 쓰여 있었다.

"끈으로 자기 몸을 묶어라."

송(宋)나라에 살던 어떤 사람이 이 말을 전문적으로 연구한 뒤, 몇 겹의 띠로 자기의 허리를 묶었다.

다른 사람이 그에게 물었다.

"자네는 지금 무엇을 하고 있는가?"

그러자 그 사람이 대답하였다.

"책에 그렇게 쓰여 있길래 이렇게 하는 것이라네."

— 「한비자(韓非子)」 「외저설(外儲說)」

ID	reply
 봄내	권위 있다고 믿어지는 대상의 말이나 학설 등을 과학적 분석이나 해명 없이 기계적으로 현실에 적용하는 교조주의적 태도는 우리 ·교육계에서도 확연히 드러나는 것 같습니다. 외국의 제도를 우리의 교육현실 전반에 대한 고려 없이 적용하는 것을 보면 착잡합니다.
 숙경낭자	왜 '끈으로 자기 몸을 묶어라'고 했는지부터 생각해봐야 하는 것 아닌가요? 이유나 목적도 생각 않고 무조건 책이 시키는 대로 한다고요? 요즘은 그걸 나쁘다고만 할 수 없는 게, 끈을 묶는 방법을 전문적으로 연구하면 또 압니까? 그걸로 밥 벌고 신지식인 될지. 요즘은 뭐든지 창의성이라니까 이렇게 하다 잘되는 수도 있어요.
 노을지는 풍경	끈으로 자기 몸을 묶어라 해서 진짜 끈으로 몸을 묶는다면 정말 진리를 깨달을 수 있을까요? 그렇다면 저도 기꺼이 끈으로 제 몸을 동동 동여매겠습니다.
 여사모	송나라 사람 연구심 덕에 허리띠가 생겼나 보다. 감사해야 할 게 있긴 있네요. 나는 한 겹으로 여러 번 허리만 아니라 온 몸을 묶는 연구를 전문적으로 했을 텐데…. 하!하! 패션.
 sun	한비자는 현실을 외면한 채 과거의 학문세계에 얽매어 사는 고루한 선비들을 질타하는 우언을 많이 남겼군요. 한비자는 어떤 사람이었는지 궁금해집니다.

comment [   ]

2. 탁자 다리 고치기

작은 탁자의 다리 하나가 빠졌다. 그래서 누가 아유(阿留)를 시켜 나뭇가지 하나를 베어서 다리를 완전하게 고치도록 했다. 아유는 도끼와 톱을 들고 산속으로 들어가 하루 종일 헤매다가 돌아왔다. 그는 돌아와 두 손가락으로 모양을 그리며 말했다.

"나뭇가지들이 모두 위로만 뻗어 있지, 아래로 향한 것은 하나도 없더라구요!"

−명(明)나라 육용(陸容)의 『아유전(阿留傳)』

ID	reply
제비꽃	나도 아유 같은 사람이 될 수 있을까? 요즘 같은 세상에 아유 같은 사람이 정말 있다면 정직하다고 대접받기보다는 아둔하다는 핀잔을 더 많이 듣게 마련이지요? 아유가 정직한 사람으로 추대받는 사회가 하루빨리 정착되기를 바랍니다.
엄지	융통성은 없어도 결과적으로 잘했죠? 탁자 다리 하나 고치는데, 나무 한 그루 죽이는 걸 안타깝게 여겨 둘러대긴 하였으나...
여사모	고정된 시각을 벗고 자유자재로 회전축을 돌려가며 사고할 수 있는 정신의 유연성을 저도 길러야겠습니다.
노을지는 풍경	아유는 아래로 향한 나뭇가지를 찾지 못했군요. 그래도 위로 향한 것을 아래로 향한 것이라고 거짓말하거나 자신을 속이지는 않았으니 어리숙한 대로 순진하군요. 이런 사람도 요즘은 무척 귀하지요.
만무방	그래서 마음이 넓고 현명한 지도자가 필요한가 보다. 끝없는 인내심을 가지고 자신감 넘치는 아유를 품어주는 세상이 그립다.

comment [　　　　　　　　　　　　　　]

3. 선비집의 불 끄기

조(趙)나라의 어떤 선비집에 불이 났다. 선비는 불을 끄려 했으나 높은 데 올라갈 수 있는 사다리가 없자 아들을 불러 이웃집에 가서 사다리를 빌려오게 했다.

그의 아들은 화려한 옷을 입고 멋있는 모자를 쓰고 태연자약하게 걸어갔다. 이웃집 사람을 만나자 두 손을 모아 인사를 하면서 두세 번 예를 차린 뒤 그 집에 들어가 말없이 두 기둥 사이에 앉았다. 그러자 이웃 사람은 상을 차리게 한 뒤 술과 요리를 권했다. 그러자 선비의 아들은 일어나 얌전히 술 한 잔을 마신 뒤 주인에게 잔을 올렸다. 술상을 물린 뒤 이웃집 사람이 물었다.

"이렇게 우리 집을 방문했을 때는 무슨 중요한 일이 있을 것 같은데, 무슨 일이 있는가?"

그때서야 선비의 아들은 말했다.

"하늘이 우리 집에 재앙을 내려 불이 나 맹렬히 타고 있습니다. 그래서 집 위에 물을 뿌리려 하였으나 팔이 짧아 어찌지 못하고 단지 쳐다보고 안타까워할 뿐이었습니다. 댁에 사다리가 있다고 들었는데, 좀 빌려 주시겠습니까?"

이웃집 사람은 마음이 급해서 발을 동동 구르며 말했다.

"자네는 어찌 이렇게도 어리석은가. 산에서 밥을 먹다가 호랑이를 만나면 입 안에 있는 밥을 내뱉고 도망가고, 강에서 발을 씻다가 악어를 보면 신발을 버리고 도망을 가는 법 아닌가. 지금 집에 불이 붙어 훨훨 타고 있는데, 두 손을 모아 두세 번 인사를 차릴 때인가?”

 이웃집 주인이 급히 사다리를 메고 선비의 아들을 따라 집에 달려갔을 때 집은 벌써 다 타버리고 재만 남았다.

-명(明)나라 송렴(宋濂)의 『연서(燕書)』

ID	reply
 sun	선비가 예의범절을 아들에게 과도하게 주입교육했나 봅니다. 아들 잘못 가르쳐 집 한 채만 홀라당 날리고 말았군요.
 불초	공자께서 예는 어김이 없는 것이며 풍족한 뒤에 예의를 안다 하셨으니 이 부유한 선비의 자식이 어찌 결례를 하리오?... 우리가 무상한 시대의 변화에 능동적으로 대응하지 못하고 고루한 가치에 얽매어 있다면 이 같은 패망의 비극을 어찌 피하겠습니까? 문화적 창조정신이 따돌려지는 교육현실이 안타깝습니다.
 명경지수	이 경우는 집에 불에 훨훨 타니 그 잘못이 분명히 보이는 경우지만, 우리 주변에서는 늘 보이지 않는 집들이 훨훨 불타고 있는데도 쓸데없는 논란에 시간을 허비하는 경우가 많습니다. 어리석은 백년지계로 학교가 훨훨 불타고 있는 것 같습니다. 새까맣게 재가 되기 전에 불을 꺼야 할 텐데요.
 손바닥	선비의 아들은 ‘급할수록 돌아가라’와 ‘방문 예의’만 배웠나 보다. 일의 경중과 우선순위를 파악하는 훈련을 더 배워야겠다. 주부들이 흔히 자신이 하고 싶은 일을 오전시간에 못하는 이유를 들어보면 청소나 빨래를 아침에 하느라 시간을 내지 못해서라고 하는데 그 집안일을 오후에 하면 안 될까?
 숙경낭자	이런 경우 예의는 어리석은 행위가 되는군요. 선비의 아들은 실리보다 예의가 더 중요했나 봅니다. 예의가 인간에게 봉사한 게 아니라 인간을 욕되게 하고 해를 끼쳤네요.

comment [ ]

4. 말[馬] 찾는 방법

　공자(孔子)가 길을 가다가 지쳐서 길가에서 쉬고 있었다. 그런데 그가 탄 말이 도망을 가 남의 집 곡식을 뜯어먹자 농부가 말을 압류해버렸다. 제자 자공(子貢)이 스스로 나서서 사람의 도리를 들먹이며 한참이나 설득했지만 농부는 상대하려 하지 않았다.

　그때 공자를 모신 지 얼마 되지 않는 시골 출신 제자가 말했다.

　"제가 가서 말해보도록 허락해주십시오."

　그래서 이 사람이 농부에게 말했다.

　"당신이 농사짓는 땅이 동해에서 서해에 이를 정도로 넓은데, 우리 말이 당신의 곡식을 좀 먹었다고 크게 문제될 게 있습니까?"

　이 말을 들은 농부는 기분이 좋아서 말했다.

　"자네 말은 일리가 있다네. 아까 말하던 그 사람과는 확실히 다르네."

　그리고는 말을 풀어서 돌려주었다.

－『여씨춘추(呂氏春秋)』「필기(必己)」

ID	reply
 엄지	논리나 도리보다는 역시 정리가 낫군요. 말 한 마디로 천냥 빚을 갚기도 하지만 말 한 마디로 잃어버릴 뻔했던 말을 찾기도 하는군요. 역시 높은 학문보다 생활의 지혜가 훨씬 힘이 있음을 다시 한번 느낍니다.
 여사모	공부방에서 놀고 있는 아이에게 "공부하지 않고 놀고 있냐?"와 "공부하다 잠깐 쉬는구나! 다음에는 공부할 때 문 열어봐야지"라는 말 중에 나는 어떤 말을 하는 사람인가?
 유리구름	머리로는 이해가 가지만, 마음으로는 이해를 할 수 없는 것들이 많은 것 같습니다. 그런 제 감정에 말을 걸어준다면 더 너그러운 사람이 될 수 있는 걸까요? 왠지 좁은 제 맘을 다른 사람의 탓으로 돌린 기분이 드네요.^^
 봄내	꼭 죄인 마음의 고리를 풀어주는 것은 똑 떨어지는 논리보다는 역시 상대방의 마음을 잘 헤아려 겸손함을 보이는 것이었습니다.

comment [　　　　　　　　　　]

5. 박사의 문제

　어떤 박사(博士)가 노새 한 마리를 사기 위해 문건을 세 장이나 작성했는데, 그가 쓴 그 많은 글자 중에는 노새의 '노'자 한 자도 보이지 않았다.

　만약 이런 사람을 스승으로 삼는다면 기가 막혀 죽게 될 것이다.

ー『안씨가훈(顏氏家訓)』「면학(勉學)」

ID	reply
불초	'박사'가 부질없군요. 저도 가끔 그렇게 보이나 봐요. 아이들한테 어쩌다 한 소리 해주어야겠다 싶으면 벌써 본능적으로 낯빛이 달라지는 모습들이라니. 그저 몽둥이 한 방이 편하다고 하는 애들이 많으니... 선문답하듯이 변죽을 두드리면서도 열심히 배우고자 했던 옛 선비들이 대단해 뵈지요.
제비꽃	가장 중요한 말은 결코 말해지지 않는다는 것. 그것을 박사는 알았던 모양이죠. 그러나 사고 파는 문서에조차 그런 난해한 학설을 담으려 했으니 무모했군요.
엄지	노새 한 마리 사는 데 문건을 세 장씩이나... 그런 낭비가 있을까? 그저 '노새 한 마리 사겠노라' 하면 될 터인데... 이런 일엔 긴 설명이나 논리가 필요 없는 것 아닌가요? 박사님도 생활은 해야지요. 어느 천재 수학자처럼 평생 수학 문제만 풀다 집 밖에도 못 나가보고 운전도 음식도 아무런 생활도 못한대서야 살아 있다고 할 수 있을까요?
여사모	박사는 다 위대한 줄 알았는데.... 난 박사가 아니라서 참 다행이다.^^
혼자가는 편집	천재들이 본디 세상살이에 아둔하기 짝이 없어 세상에서 왕따당했다는 것을 생각하게 되요. 영수증이나 계약서 같은 문건을 어떻게 작성하는지 모른다 하여 어리석다고 손가락질할 수는 없을 것 같아요. 그건 그쪽 분야에서 일하는 사람들이 훨씬 잘 하겠지요. 박사는 박사 나름의 분야에 대한 지식과 세계관을 갖고 있겠죠.
노을지는 풍경	무조건 많이 배운 사람이라고 해서 모든 면에서 뛰어날 수는 없는 모양인가 봅니다. 중요한 건 책을 많이 봤다는 학식이 아니라 생활의 지혜인 것 같네요.

comment

6. 헛된 배움

주평만(朱泙漫)이 지리익(支离益)에게 용을 잡는 방법을 배우기 위해 천 냥이나 되는 전 재산을 탕진하고 3년이란 세월 동안 결국 그 방법을 배워 익혔다. 그러나 천하에 어디 잡을 용이 있던가? 그는 천하를 두루 돌아다녔지만 자기의 이런 재능을 쓸 데가 없었다.

-『장자(莊子)』「열어구(列御寇)」

ID	reply
 봄내	매사 올바른 목적 설정의 중요성을 일깨우는 말씀. 사회에 환원할 수 있는 배움, 자신의 성장에 도움이 될 수 있는 배움인가에 대한 분명한 인식을 토대로 한 배움이어야 헛되지 않게 될 것인바, 인간이 늘 이렇게 헛된 욕심과 잘못된 삶의 목표로 인해 삶을 소모하게 되는 경우가 많음을 어찌할거나...
 노을지는 풍경	어쩌면 세상사람들이 전부 있지도 않은 용을 잡기 위해 그 방법을 배우는 주평만이 아닐까 모르겠습니다. 나 역시 진정한 내 길을 못 찾고 허황된 꿈을 찾아 쫓고 있는 건 아닌지...
 엄지	용이 없다면 뱀이라도 잡으면 될 것 아닌가요? 공들여 힘들게 배운 재능을 왜 헛되게 버립니까? 요는 지식 자체가 중요한 것이 아니라 어디에 어떻게 쓰느냐가 관건이지요.
 손바닥	주평만은 잡을 용을 찾지 못한 뒤 자기와 비슷한 사람을 찾아 똑같이 그 방법을 전수해주지나 않을지.
 혼자가는 먼집	쓸모 없는 것의 쓸모 있음은 세상 이치 바깥에서나 구해야 하는가. 시간적으로 혹은 공간적으로 너무 일찍 온 사람들...
 불초	불초란 자가 세상 사는 법을 배워 남에게 가르쳐주려고 40여 년 동안 패가망신하도록 세월을 허비해 드디어 알아냈는데... 상 가게에 간다. 새 상 값을 치르고 탁송료를 물면 용달이 실어다 준다였다. 허망하고 엉뚱한 배움이지만 지리익처럼 그것도 먹고사는 방책은 되었다.

comment [   ]

7. 조롱박의 쓰임새

혜시(惠施)가 장자(莊子)에게 말했다.

"위왕(魏王)이 나에게 큰 조롱박 씨앗을 하나 보내왔다. 내가 그것을 심고 키웠더니 박의 크기가 물건을 다섯 섬 정도 담을 수 있을 만큼 컸다. 나는 이 큰 조롱박에 물이나 술을 담으려 했으나 껍질이 얇고 쉽게 부서질 것 같고 큰 중량을 감당할 수가 없을 것 같았다. 그래서 그것을 쪼개어 물 뜨는 표주박을 만들었는데, 너무 편편하고 얕아 물을 얼마 못 떴다. 그 조롱박이 크기는 하였으나, 내가 그것의 쓰임새를 몰라 결국 그것을 부수어버렸다."

장자가 말했다.

"그대는 진정 그 큰 조롱박의 특성을 제대로 살려 쓰지 못했구나!"

— 『장자(莊子)』 「소요유(逍遙游)」

ID	reply
 제비꽃	배포 큰 장자나 레이지버드(게으른 새)만이 그 큰 조롱박의 참된 가치를 알아 선용할 수 있을 텐데.... 세상의 크기를 초과하는 것들은 곧 무용지물이 되고 마는 건가요?
 만무방	그릇마다 쓰임새가 다르다. 사극에 보니 가벼운 조롱박을 초롱으로 사용하더군요. 손에 드는 랜턴처럼. 또 박에 칠을 하면 껍질이 단단해져 오래 쓸 수 있다고 하죠. 그림을 그려 벽걸이 장식으로도 쓰고요... 제각기 담을 바가 다를 터인데, 우리는 아이들에게 똑같은 것만 담게 하려고 하죠.
 혼자가는 먼집	커다란 조롱박을 둘로 쪼개야지. 그중 하나는 이렇게 하련다. 둥그런 천장과 둥그런 벽에 들창 하나 출입문 하나 내고, 안팎에 거대한 벽화를 그려 시스티나 성당보다 멋진 사원을 만들어야지. 촛불 가득 밝혀둔 텅 빈 반공의 내부가 얼마나 신비로울까... 그럼, 또 하난 어떻게 쓴다? 뒤집어서 물을 가득 채우면 거대한 호수가 되겠지. 세월이 지나면 물고기도 살고 수초도 우거질 거야. 그 호수에 오르는 높다란 사다리를 만들고, 호수엔 좀더 작은 조롱박들로 배를 만들어 띄워야지. 입장료를 내고 높다란 호수에 올라 시름을 놓고 뱃놀이하려는 사람들이 줄을 설 거야.... *^^*
 노을지는 풍경	오호.. 조롱박이 쓸모 없다고 버리는 것은 옳은 일이 아닌 것 같네요. 쓸모가 없어도 쓸모가 있게 만드는 것이 지혜를 가진 자의 모습이 아닐까요?

comment [ ]

8. 노나라에는 선비가 적다

장자(莊子)가 노(魯)나라 애공(哀公)을 만났을 때 애공이 말했다.

"우리 노나라에는 선비가 많소. 그렇지만 당신의 학설을 공부하는 사람은 매우 적소."

장자가 말했다.

"제가 보기에는 노나라에는 선비라고 부를 만한 사람이 매우 적은 것 같습니다."

애공이 말했다.

"온 노나라 사람이 거의 모두 유가의 복식을 하고 있는데, 어떻게 선비다운 사람이 적다고 말하는 것이오?"

장자가 말했다.

"선비가 둥근 모자를 쓰는 것은 하늘의 이치를 이해한다는 것을 표시하는 것이고, 네모난 신을 신는 것은 땅의 이치를 안다는 뜻이며, 가벼운 갖옷에 띠를 느슨하게 매고 옥을 차는 것은 일 처리를 과단성 있게 한다는 것을 보이기 위한 것이라고 들었습니다. 사실 학문을 제대로 하는 군자는 꼭 이런 복장을 하지 않고, 반대로 이러한 유가의 복장을 한 사람은 도리어 유가의 학문을 진정으로 이해하지 못하는 것 같습니다. 왕께서 저의 말을 못 믿으신다면, '유가의 학문을 모르면서 유가의 복장을 한 사람은 반드시 사형에 처한다'라는 포고령을 도성에 한번 내려보십시오."

이에 애공이 이런 포고령을 내리자 닷새 뒤에는 노나라에 선비 복장을 한 사람이 없어지게 되었다. 이때에 한 남자가 온전한 유가 복식을 하고 애공의 성문 앞에 서 있었다. 애공이 곧 그를 들어오라고 해서 나라 다스리는 방책을 물었다. 그의 학문은 깊고 넓어서 어떤 문제를 제기하든 거침없이 대답했다.

장자가 말했다.

"노나라처럼 이렇게 큰 국가에 선비가 겨우 한 사람뿐이니, 어찌 선비가 많다고 할 수 있겠습니까?"

– 『장자(莊子)』 「전자방(田子方)」

ID	reply
 만무방	유행과 군중심리가 그때부터… 전제군주시대라 무섭긴 했나 보군요. 요즘에 '진정 국민을 위해 봉사하겠다는 생각이 없는 정치인 관료는 옷을 벗어라' 하면 아무도 안 벗겠지요. 지식인의 허위의식을 질타하는 장자가 지금도 이렇게 역연히 살아 있는데, 허위를 넘어선 지식인의 오만분탕은 점점 더 극심해져만 가니….
 sun	많지는 않아도, 전혀 없는 것은 아니니 다행입니다. 한 사람의 선비만 있어도… 그런데 그 선비는 후학들을 양성하지는 않은 모양이죠?
 엄지	진정한 지식인은 언제나 수가 적지요. 그래도 소수의 지식인에 의해 세상은 움직여지고 그래서 엘리트 교육이 필요한 것 아닐까요? 지혜롭고 경륜 있는 사람이 지도자가 되었으면 좋겠습니다. 아니, 한 가지 덕목이라도 제대로 갖춘 사람이었으면 좋겠습니다.
 여사모	3%의 소금물인 바다가 오염된 물을 정화시킨다고 한다. 선비가 한 사람밖에 없어서 노나라는 망해버렸나 보다. 우리나라가 그런 대로 유지되는 건 그래도 곳곳에 뜻 있는 분들이 있기 때문이 아닐런지.
봄내	고금을 막론하고 '진짜' 같은 '가짜'가 많나 보다. 이 진위를 가려내는 안목을 지닌 현자가 보다 절실한 21세기이다.
노을지는 풍경	마지막에 유가 복식을 한 청년과 같은 인물이 되고 싶어집니다. 진정한 선비가 되기 어려운 것처럼 생각과 행동이 일치가 되어 내가 가고자 하는 삶의 방향으로 나아가는 것 또한 결코 쉬운 일이 아닌 것 같네요.

comment [   ]

9. 걸음걸이 배우기

그대는 연(燕)나라 수릉(壽陵)의 어떤 소년이 한단(邯鄲)에 가서 그곳 사람에게 걸음걸이를 배웠다는 고사를 들은 적이 있는가? 그 소년은 한단 사람들의 독특한 걸음걸이를 배우지 못했을 뿐만 아니라 자기 본래의 걸음걸이까지 잊어버려, 결국 기어서 집에 돌아갈 수밖에 없었다 하지 않던가.

－『장자(莊子)』「소요유(逍遙游)」

ID	reply
 만무방	주체성을 잃어버리면 정체성도 잃게 되는 경우가 될까요? 자존자결 정신을 길러야 자기 본질도 분명하게 인식하겠군요. 제가 결국 독수리타법에 머물고 있으면서도 잘 쓰던(?) 글씨 다 잊어먹은 것과 같군요.
 엄지	멀리까지 유학을 갔으면 제대로 끝을 볼 것이지... 영어 배우려고 미국 갔다가 영어도 제대로 못하고 모국어마저 엉터리로 하는 꼴이로군요. 남의 것 배우려면 독하게 해야 합니다. 자기 본래의 걸음걸이까지 잊어버릴 정도였다면 포기하지 말고 좀더 노력했더라면 결국 한단의 걸음걸이를 배웠을 텐데... 중도 포기는 아예 시작 안 한 것보다 더 나쁜 결과를 낳는군요.
 유리구름	어렸을 때 이 이야기를 들었을 때는 그곳 사람들의 우아하고 고상한 걸음걸이라는 것이 어떤 것일지 너무 궁금해했던 기억이 나네요.^^ 지금 다시 보니, 자기 버는 만큼 규모 있는 소비를 해야 하는데 자기 수준보다 높은 소비를 하다 보니 빚이 눈덩이처럼 불어났다는 카드연체 범죄가 떠오릅니다.
 여사모	뱁새가 황새를 쫓아가다가 어떻게 되었지요? 그 소년처럼 목숨이나 건졌는지 모르겠네요. 항상 비전을 갖고 살라고 가르치면서 어느 정도까지 어떻게 바라보아야 하는지를 알려주지 않았나 봅니다.
 봄내	본향에서 이생으로 기세 좋은 울음과 함께 당도하였거늘, 이 세상 사는 법을 능히 익히지 못하고 결국 본연의 '나'를 진화시키기는커녕 혼란의 더께만 두텁게 한 채 귀향하게 되지나 않게 되는지.
 노을지는 풍경	무조건 남의 재주를 따라가기보다는 보잘것없지만 내 안에 존재하고 있는 작은 재주를 잘 가꿔나가며 발전시키는 것이 좋을 것 같아요.

comment

10. 불로장생법

　옛날에 어떤 사람이 불로장생하는 방법을 터득했다는 소문이 있었다. 한 도사가 이 소문을 듣고 그 비법을 배우고자 그를 찾아갔으나, 그는 이미 죽고 난 다음이었다. 그러자 도사는 가슴을 치고 발을 구르면서 자기가 늦게 왔음을 한탄했다.

　도사는 장생불사하는 방법을 배울 것만 생각하고, 그 사람도 죽었다는 사실을 잊고 자기가 늦게 온 것만을 한탄하면서, 무엇 때문에 배워야 하는지를 알지 못했다.

－『공총자(孔叢子)』「진사의(陳士義)」

ID	reply
 제비꽃	어떤 사람이 불면증으로 수면제를 복용해야 잠을 자는데, 어느 날은 그냥 잠이 들어 버렸다가 깜짝 놀라 다시 일어나 수면제를 먹고 잤다는 우스개랑 비슷하네요.
 숙경낭자	불로장생법을 터득한 사람이 죽었다는 사실만 해도 그게 배울 가치가 없다는 것을 알아야죠. 그는 무엇 때문에 장생불사하는 법술을 배워야 했는지 모르겠군요. 목적도 모르고 배우고, 배우고 나서 쓸 줄을 모르면 배움이 무슨 소용이 있을까요?
 여사모	역시 소문은 헛소문이 많은가 보다. 누군가가 말을 꾸며 거짓말을 퍼뜨리면 사람들은 진위도 가리지 않고 집단최면에 걸려서 같이 춤춘다. 그래서 소문은 생생하게 살아서 돌아다니나 보다. 헛소문은 어떠한 책임도 묻지 않는다는 것을 믿고서.
 유리구름	어떤 일을 할 때 그 과정의 너무 사소한 것에 목숨을 걸게 되는 일이 있죠. 그러다 가 보면 그 일을 시작했던 동기나 목적은 보이지 않게 되고 오히려 차일피일 미루게 되는 것 같아요.
 노을지는 풍경	고등학생인 제가 맞닥들일 수 있는 상황과도 많이 비슷한 것 같습니다. 성적을 올리기 위해 다른 방법을 찾아헤매다가 정작 하던 공부를 망치는 수가 다반사거든요. 무엇이든 정도를 지켜나가며 나의 길을 고수해나가는 것이 가장 좋은 방법일 것 같네요.
 만무방	앞서 천 냥 받고 용 사냥법 가르쳐준다는 지리익만큼 황당한 사술을 가진 사람이죠. 세상에는 수요와 공급의 법칙이 있죠. 요즘 우리나라 사교육 시장을 보면 얼마나 주평만 같은 이들이 많은지 기가 막힐 노릇입니다.

comment ________________________

11. 기름장수의 가르침

북송(北宋) 때에 진강숙(陳康肅)이라는 사람이 활을 잘 쏘아서 당시에는 그와 겨룰 만한 사람이 없었다. 진강숙도 이 때문에 자부심을 가지고 있었다.

어느 날 그가 자기의 집 정원에서 활 쏘는 연습을 하고 있는데, 기름 파는 노인이 지게를 놓고 서서 그가 활 쏘는 모습을 바라보면서 오래도록 떠나지 않았다. 그가 열 발을 쏘아 여덟, 아홉 발을 맞추는 것을 보고는 가볍게 고개를 끄덕이고는 인정하는 듯한 표시를 했다.

진강숙이 노인에게 물었다.

"당신도 활을 쏠 줄 아시오? 당신이 보기에 나의 활 쏘는 기술이 최고 수준이라고 할 수 있겠소?"

노인은 대답했다.

"별것 아닌 것 같소. 단지 손에 익숙해진 정도라고 할까요."

그러자 진강숙은 화가 나서 말했다.

"당신은 어떻게 나의 활솜씨를 가볍게 여기는 거요?"

노인은 또 대꾸했다.

"내가 기름을 파는 경험에 비추어 그런 도리를 아는 것뿐이라오."

이어 그 노인은 호리병 하나를 꺼내 놓고 동전 하나로 그 입구를 막은 뒤 국자로 기름을 떠서 천천히 호리병에 따르는데, 기름이 동전 가운데 뚫린 구멍으로 들어가되 동전을 적시지는 않았다. 다 따른 뒤에 그는 말했다.

　　"나의 이런 기술은 뭐 별로 오묘한 것이 아니고, 단지 손에 익숙해져서 그런 것뿐이오."

　　진강숙이 이 말을 듣고 웃으면서 그 노인을 보냈다.

-송(宋)나라 구양수(歐陽修)의 『귀전록(歸田錄)』

ID	reply
 불초	진강숙이 기름장수를 만날 때.. 궁도가 궁술로 전락하는 순간. 진강숙이 화를 낼 때는 궁술의 경지요, 웃을 때는 궁도의 경지라 하겠습니다. 기름장수와 같이 유용하게 터득된 것을 기술이라 하고, 정신수양을 위한 수련활동은 '道' 라 할 만하지요. 서도 검도 다도... 올해는 황혼의 촛불 삼을 도를 한 가지 해봐야겠습니다.
 sun	궁사는 고상하고 기름장수는 천하다는 편견을 가지고 있는 궁수의 오만을 가볍게 꺽어버린 기름장수 노인야말로 도의 경지에 이른 듯합니다. 호리병에 기름 따르는 일에 평생 심혈을 다하는 것으로도 마음의 수양은 이룰 수 있는 게 아닐는지. 말하자면 도에 이르는 길은 따로 있지 않다는 거.
 엄지	진강숙은 사람을 제대로 만나 자신의 능력이 대단치 않은 기술이라는 것을 깨닫게 되었군요. 그는 아마도 칭찬을 듣고 싶었겠지만... 그러나 기술도 오래 익히면 마음이 통하여 도에 이른다고 해야겠지요. 제가 보기에는 진강숙보다는 기름 파는 노인이 더 고수로 느껴지는군요. 진강숙은 열 발 중 한 발의 실수가 있었지만 기름 파는 노인은 단 한 번으로 끝내주었으니까요.
 노을지는 풍경	진강숙의 오만함이 곧 우리의 모습이 아닌가 싶네요. 은연중에 저 자신도 진강숙이 되어 내 자만 속에 빠져 살아가는 건 아닌지...
 유리구름	자신이 이루어놓은 일에 만족하고 자만하는 순간 그보다 더 큰 뜻이 눈에 보이지 않게 되는군요. 끊임없이 그런 자신이 되지 않게 주의를 놓지 말아야 할 것 같습니다.

comment ____________________________

12. 가객

송(宋)나라 왕은 제(齊)나라를 원수로 여겨, 무궁(武宮)을 축성해 제나라의 침략을 막으려고 했다. 이때 계(癸)라는 가객이 공사장에서 노래를 부르면 길 가는 사람들이 발걸음을 멈추어 쳐다보고, 성을 쌓는 사람들은 피곤한 줄을 몰랐다.

송왕이 이 소식을 듣고 노래부르던 계를 불러 상을 내렸다. 그러자 계는 송왕에게 말했다.

"저의 스승인 사계(射稽) 선생은 저보다 노래를 훨씬 잘 부릅니다."

이에 송왕은 사계를 불러와서 노래를 부르게 했다.

그런데 사계가 노래를 부르자 길 가는 사람들은 발걸음을 멈추지 않은 채 소리를 들으며, 성을 쌓는 사람들은 힘이 다 풀린 듯한 느낌을 받았다.

송왕이 말했다.

"네 스승이 노래를 부르면 사람들이 발걸음을 멈추지 않고, 성 쌓는 사람들도 피곤함을 느낀다. 그렇다면 그의 노래가 너만 못한 것 같은데, 너는 왜 네 스승의 노래가 낫다고 하느냐?"

계가 대답했다.

"임금께서는 저희들이 부른 노래의 효과를 한번 비교해보는 것이 좋을 것 같습니다. 제가 노래부를 때는 겨우 네 겹의 판축을 쌓지만 제 스승이 노래를 부르면 여덟 겹의 판축을 쌓습니다. 그리고 임금께서 예리

한 기계로 성의 견고한 정도를 찔러 확인해보시면, 제가 노래부를 때 쌓은 성은 다섯 치 정도 들어가지만 제 스승이 노래부를 때 축성한 성은 겨우 두 치 정도 밖에 들어가지 않습니다. 결국 제 스승 사계의 노래 효과가 낫다는 것을 말해줍니다."

- 『한비자(韓非子)』「외저설(外儲說)」

ID	reply
 만무방	적재적소. 이완과 집중은 모두 필요한 것일 테죠. 그러니 무엇이 더 낫다고 하기보다 필요한 상황에 맞게 선택적인 쓰임이 중요하겠군요. 사람을 쓰는 일도 진배없겠죠.
 제비꽃	그래서 음악치료라는 것이 생겨났죠. 식물들도 음악을 들려주면 더 잘 자라고 젖소들도 음악을 들으면 우유가 더 많이 나온다는데, 특히 모차르트 음악이 효과가 좋다고 하잖아요.... 음악의 신비한 힘은 도대체 무엇일까요?
 유리구름	기분이 좋지 않을 때, 혼자 늦은 밤까지 할 일이 쌓여 있을 때 음악은 제게 많은 위로를 주는데, 그런 때 듣는 음악은 발랄한 댄스곡이나 시원한 록보다는 주로 조용하고 차분해서 제 마음을 알겠다고 얘기해주는 듯한 곡들입니다. 그래서 그런지 성을 쌓을 때 힘이 빠지는 듯한 사계의 스승의 노래는 사실 인부들에게 더 맞는 노래였나 봅니다.
 엄지	노래가 물리적인 힘에 미치는 효과가 이렇게도 나타나는군요. 계의 노래가 사람들을 즐겁게 하는 노래였다면 사계의 노래는 비장하거나 다이내믹한 힘을 요구하는 노래였을까요? 그래서 그 효과가 달리 나타났을까요?
 sun	그것은 대중음악과 고전음악의 차이, 혹은 대중소설과 순수소설의 차이쯤 되겠군요. 누구든 쉽게 이해하고 가벼운 여흥이 될 수 있는 계의 노래에 비해, 사계의 노래는 듣는 귀와 영혼의 힘을 요구하는 것이었으니 말입니다.
 노을지는 풍경	글쎄요, 왜 힘이 풀리는 듯한 스승의 노래가 더 효과가 있는 것일까요? 겉으로 보는 것하고 실제는 다른 걸까요? 좀더 생각해봐야 할 것 같네요.

comment

13. 나이 다툼

정(鄭)나라에 사는 두 사람이 서로 자기 나이가 많다고 다투었다.
한 사람이 말했다.
"나는 요(堯)임금과 같은 해에 태어났다."
그러자 다른 한 사람이 말했다.
"나는 황제(黃帝)의 형님과 같은 해에 태어났다."
두 사람은 이 나이 다툼을 그치지 않고 누구도 양보하려고 하지 않았다.
누구든 늦게 말하는 사람이 이기는 싸움이었다.

-『한비자(韓非子)』「외저설(外儲說)」

ID	reply
 만무방	남자들 우스개는 고금동이군요. 월남스키부대에 맞서 만주 개장수까지 들먹대곤 하는 뻥쟁이 형님들. 나이 많은 체하는 것은 어리다는 것이죠? 나이순으로 돌아가신다면 이런 소리 안할 텐데.
 숙경낭자	나이 많은 게 그렇게 좋은가요? 나는 한 살이라도 줄이고 싶던데.... 잘못했을 때 나이가 어리면 철없어서라고 봐주지만, 나이가 많으면 주책이라고 그 나이까지 뭘 했는지 모르겠다고 해요.
 혼자가는 먼집	개체는 종의 진화과정을 반복한다는 것을 알고 있지 않은가. 지금의 나라는 개체는 그 시원이 요임금의 할아버지의 할아버지보다 더 멀리 까마득한 카오스 시대로 거슬러 올라가야 하느니. 누구 내 나이보다 많은 사람 있으면 나와 보라고 해!
 여사모	사실여부와는 무관하게, 목소리 크고 질긴 사람이 이기는 세상이라면 나는 살기 싫다. 그러느라고 에너지를 다 소비해버릴 테니까.
 노을지는 풍경	나이 많은 게 뭐가 좋은 것일까? 오히려 젊음을 과시한다면 모를까...... 참 이해하기 어려운 우언이네요. 아무래도 젊음을 따를 만한 건 없죠!
 봄내	타자에게 대접을 받고 싶어하는 범부의 범상함...

comment [　　　　　　　　　　　　　　　　　　　　]

14. 따라 배우기

어떤 사람이 그의 아들에게 이렇게 교육시켰다.

"너는 말 한 마디나 행동 하나를 모두 너의 선생님을 본받아 그대로 하도록 하여라."

어느 날 그 아들이 아버지의 가르침에 따라 선생님을 모시고 밥을 먹었다. 그런데 선생님이 식사를 하면 그도 식사를 하고, 선생님이 물을 마시면 그도 물을 마시고, 선생님이 고개를 돌리면 그도 고개를 돌렸다. 선생님이 이 모습을 보고 웃음을 참지 못해 숟가락을 놓고 재채기를 했다. 그러자 그 학생은 억지로 재채기를 하려 했으나 할 수가 없자 손을 모으고 인사를 하면서 이 같이 말했다.

"선생님의 이렇게 묘한 행동은 정말 따라 배우기가 어렵습니다!"

-명(明)나라 풍몽룡(馮夢龍)의 『광소부(廣笑府)』

ID	reply
 엄지	성현의 가르침에 대하여 비판의식 없이 수용하려는 어리석은 후학들을 풍자하고 있군요. 우스워서 사래가 들려 재채기하는 선생님의 행동이 오묘하다니? 성현의 인간적인 풍모들까지 신비화되고 그의 학설은 교조화되어 무조건적 숭배를 강요하는 경직된 학문의 세계는 이렇게 한 편의 코미디지요.
 불초	이런 아버지가 많은 나라였으면… 아버지가 선생님을 존경하는데 아들이 어찌 선생님을 함부로 대할 수 있겠어요. 가정에서 학부형이 학교와 교사를 신뢰하는 교육환경…. 캬~ 술 안 마시고도 그 분위기에 취하네요.
 sun	이렇게 배우라 하면 학생보다 선생님이 더 괴롭겠는데요. 일거수일투족을 다 감시당하니 결국 선생님이 온전한 인격자가 되고 말 것 같군요. 그러면 제자도 저절로 인격은 갖춰지겠고요. 나쁠 것 없겠는데요.
 늘푸른	본받아 배우기는 출람이 어렵고, 스스로 터득하면 하찮은 데 머물고 그런가요? 하라는 대로 하지 않고 잔머리로 요령 부려봐야 마이너리그로 떨어지는 게 세태라니, 우직하게 성현 본받기를 지상명제로 아는 순박한 인간이 되었더라면 얼마나 좋았을까 생각합니다.

comment [   ]

15. 공장이의 가르침

제(齊)나라 환공(桓公)이 당(堂) 위에서 책을 읽고 있는데, 편(扁)이라는 이름을 가진 수레바퀴 공장이가 당 아래에서 수레바퀴를 만들고 있었다. 이 공장이가 도끼와 자귀 같은 공구를 놓고 당 위로 올라와 환공에게 물었다.

"임금께 여쭈어보겠습니다. 지금 읽고 계신 책이 무슨 책입니까?"

환공이 말했다.

"성인의 책이다."

공장이는 또 물었다.

"성인은 아직도 살아 있습니까?"

환공이 말했다.

"이미 죽었다."

공장이가 말했다.

"그렇게 말씀하시는 걸 보니 임금께서 읽고 계신 책은 옛사람이 남긴 찌꺼기에 불과합니다."

환공이 말했다.

"내가 책을 읽고 있는데, 감히 수레바퀴 만드는 공장이 놈 주제에 함부로 지껄이는구나. 네 말이 일리가 있다면 용서해주겠지만, 만약 도리에 맞지 않는 말을 한다면 죽음을 면치 못할 줄 알아라."

그러자 공장이가 말했다.

"저의 직업에 견주어 이 문제를 말씀드리겠습니다. 수레바퀴를 제작할 때 천천히 만들면 비록 수월하기는 하지만 수레바퀴가 견고하지 못하고, 빨리 만들면 매우 힘들 뿐만 아니라 수레바퀴가 잘 맞지 않고, 빠르지도 않고 느리지도 않으면 내가 원하는 뜻에 맞게 만들 수 있습니다. 이런 기교는 말로 할 수 없고 수레바퀴를 만드는 동작을 통해서만 알 수 있는 것입니다. 저의 기술을 제 아들에게도 분명하게 알려줄 수 없고, 제 아들놈도 저의 기술을 계승하지 못합니다. 그래서 제가 비록 일흔이 되도록 늙었지만 아직까지 수레바퀴를 만들고 있는 것입니다. 옛 성현들과 그들의 말로 표현하기 어려운 도리는 함께 사라져버렸습니다. 그러니 임금께서 지금 읽고 계신 것은 단지 옛사람이 남겨놓은 찌꺼기일 것입니다."

-『장자(莊子)』「천도(天道)」

ID	reply
 노을지는 풍경	옛사람이 남겨놓은 것을 찌꺼기라고 표현을 하였는데 지금 우리 학생들에겐 그런 찌꺼기조차도 절실히 필요한 것 같네요.
 sun	기술과학과 인문과학을 동질적인 것으로 간주할 수 있다면 혹 성립될 법한 이치이기도 하겠지만.....
 숙경낭자	인간의 말이란 얼마나 부족하고 불확실한 것일까요? 말이 인간의 모든 것을 상징하는 기호이긴 하지만 완전한 약호는 아니에요. 때로 우리가 거짓말을 하는 것은 마음이 거짓으로 가득 차서가 아니라 진실을 전할 말이 불완전하기 때문일 때도 있어요. 어쨌든 기술을 전수하는 데는 이론보다 경험이 완벽하지만, 그렇다고 이론이 없으면 그만큼 고생이 많게 되겠지요.
 여사모	비록 찌꺼기라도 좋다. 간혹 새로운 생명을 창조할 수 있는 DNA가 숨어 있을 테니까. 그래서 책을 이리저리 뒤적이지 않는가.
 불초	도가도(道可道)면 비상도(非常道)라... 모름지기 환공은 성현을 배우는 데 골몰하지 말고 권좌에서 일어나 민생을 열심히 돌아봐야겠지요. 터득의 묘리는 정말 위대하죠. 열자가 활 쏘는 법을 스스로 익히고, 관윤자가 나라 다스림도 그리 하라 했듯이... 그래야 성취감도 있고, 사회가 발전하는 것이 아닌가 합니다. 공자께서 열심히 배우라 하셨으되 출람이 없고 문화의 발전이 적음은 개별적 주체적 성취를 억압한 권위적 유교적 획일적 교육방식 때문은 아니었는지, 감히 고개를 갸웃거립니다.

comment

16. 땔감 사기

어떤 수재(秀才)가 땔감을 사려고, "땔감 파는 양반, 이리 오시오"라고 말했다. 땔감 파는 사람이 '이리 오라'는 말을 분명히 듣고 땔감을 수재 앞에 내려놓자, 수재가 물었다.

"값이 얼마인가?"

땔감 파는 사람은 '값'이라는 말을 분명히 들었기 때문에 가격을 말해주었다. 그러자 수재가 말했다.

"겉은 실한 것 같으나 속은 비었고, 연기는 많이 나겠지만 불은 적을 것 같으니 값을 좀 싸게 하세."

그러자 땔감 파는 사람은 그가 무슨 말을 하는지를 못 알아듣고 땔감을 지고 가버렸다.

–명(明)나라 조남성(趙南星)의 『소찬(笑贊)』

ID	reply
 엄지	수준이 낮은 사람에게는 그 사람이 알아들을 수 있는 말로 해야 된다는 말씀? 저도 우언 속 이야기가 무슨 뜻인지 몰라 헤매요. 말씀이 어려운 게 아니라 제가 너무 우둔한 탓에. 요즘 세태는 간접적 언술보다 직접적 언술이, 긴 진술보다 짧은 경구가 더 힘을 쓰지요.
 유리구름	이런 상황을 도대체 누구 탓이라고 하겠어요^^;; 별로 어려운 말을 한 것 같지도 않은 수재와 대체 어떻게 장사를 하고 있는지 사람 말을 제대로 듣지 못하는 땔감 파는 사람 중에 누가 변해야 하는 걸까요-_-; 잘하는 사람이 부족한 사람에 맞춰주는 것이 당연한 답이련만 그 정도 노력하지 않는 부족한 사람도 문제가 있을 것 같네요.
 늘푸른	땔감장수를 하려 해도 무식하면 안 되겠네요. 요즘은 무엇이 지식인지 헷갈린답니다. 아이들은 내가 알고 있는 지식은 낡은 지식으로 생각하는 반면 자신들이 알고 있는 것은 신문명인 걸로 생각하죠. 난 요즘아이들이 중얼거리는 말을 이해 못 할 때가 많으니 애들 데리고 지식장사를 하려 해도 그들의 문화를 이해해야겠죠?

comment

17. 사람의 수준

　공부하면서 남의 학설에 맹종하는 사람이 있고, 안일한 자세를 갖는 사람도 있다. 남의 학설에 맹목적으로 따르는 사람은 한 선생에게서 배우면 매우 흡족해서 그것으로 충분하다고 생각하고, 사물의 본 모습을 알지 못한 채 그 선생의 의견만 따른다. 공부를 안일하게 하는 사람은 돼지에 생기는 이와 같아서, 거칠고 긴 털이 난 곳을 골라 살며 그곳을 넓은 궁궐이나 정원으로 생각하고, 발굽의 굽은 안쪽이나 젖 사이, 사타구니를 스스로 편안한 집으로 여긴다. 백정이 팔을 한번 휘둘러 돼지를 죽여서 마른 풀을 깔고 불을 붙여 구울 때 함께 타버린다는 것을 모르는 것과 같다.

─『장자(莊子)』「서무귀(徐无鬼)」

ID	reply
 숙경낭자	남의 학설에 사로잡힌 사람과 안일하게 지내는 사람은 더 이상 나아가려 하지 않는다는 점에 공통점이 있군요. 사실 남을 따라가기만 하는 것은 참 편하거든요. 결국 공허하긴 하지만…
 불초	그래도 제 수준보다는 윗길인 것 같네요. 현자를 따라 길들여지지도 못하고, 사회나 자연에 기대어 자족하며 살 줄도 모르면서, 줏대 없이 추수하는 노예근성이나, 현실 안주하다 공도동망하는 기생충은 아닙네 하며, 외로 꼬고 살면 뭐합니까? 노력하여 업을 짓지 못하니. 이리 배우는 자세가 부족한데, 감히 교편을 잡아 보겠다고… 돼지붙이 기생충이 웃겠네요.
 제비꽃	에구, 돼지털 속에서 초원인 양 그림 같은 집을 짓고 살던 이랑 고통스럽게 이에 뜯기면서 살던 돼지랑 결국 불타죽는 건 같네요. 안일하게 살거나 전전긍긍 살거나. 저마다의 한계 아닌가요? 그렇게 혹독한 비유로 몰아 붙일 것까지야.
 늘푸른	남의 사상 속에서 웅크리고 안일하게 잠이나 자고 있는 자여. 빨리 너 자신을 찾을지어다! ─이상 독백이었습니다.

comment [   ]

18. 촛불의 밝음

진(晉)나라 평공(平公)이 사광(師曠)에게 물었다.

"내 나이 올해 일흔 살이라, 다시 배우려고 생각해보지만 아마 너무 늦은 것 같구려."

사광이 말했다.

"임금께서는 왜 촛불을 켜서 세상을 밝히지 않습니까?"

"어떻게 신하된 자가 이렇게 자기 임금을 놀린단 말인가?"

"어리석은 신(臣)이 어찌 감히 임금을 희롱할 수 있겠습니까! 신은 이런 말을 들었습니다. '소년 시절에 배우기를 좋아하는 것은 아침의 온화한 태양과 같고, 장년에 배우기를 좋아하는 것은 한낮의 밝은 태양과 같고, 노년에 배우기를 좋아하는 것은 촛불을 켜서 밝히는 것과 같다'. 촛불을 켜 길을 밝힐 수 있는데, 누가 캄캄한 밤길을 걸어가려 하겠습니까?"

-한(漢)나라 유향(劉向)의 『설원(說苑)』「건본(建本)」

ID	reply
 불초	소년은 아침이요, 장년은 한낮이니, 늙으면 저녁이라. 어두워져도 내면의 공력으로 노숙의 빛이 세상을 환히 비춰야 삶의 의미가 있을 듯한데, 공자님의 이순(耳順), 종심(從心)이 그 경지련만, 우리 같은 범인이야 망령이나 부리지 않으면 다행일까요? 그 황혼을 생각하여 촛불을 준비하는 마음으로 살아야겠습니다.
 봄내	평생교육의 개념은 이미 진나라 평공에 의해 시작된 것인가요? 시작은 자기 발전과 자아 성취로서의 배움이나 그 배움이 발하는 빛은 그 밝기가 몇 룩스(luxe)인가와 상관 없이 이타적 아름다움을 드러내게 되나 봅니다.
 노을지는 풍경	아침의 온화한 태양과 같아야 할 지금 시기에도 배움에 충실하지 못하는데 장년이 되어서나 노년이 되어서나 언제나 변함없이 배움에 힘쓰고 나를 더욱 가치 있게 가꾸는 일은 인간이 가지고 태어난 소명인 것 같습니다. 저 역시 아침의 온화한 태양이 되어야겠죠?

comment

19. 어린이의 놀잇감

　어린아이들이 모여 놀 때 흙덩이를 밥으로, 흙물을 탕으로, 나무 조각을 고기 덩어리로 여기지만, 실컷 놀고 난 뒤 집에 돌아가서는 진짜 밥을 먹는다. 이것은 흙덩이나 흙물을 자기들의 놀잇감으로 여기고 진짜 밥으로는 생각하지 않기 때문이다.

　옛날부터 줄곧 전해 내려오는 인물과 고사 중에는 듣기는 좋지만 실제와 맞지 않는 것도 있다. 선왕들이 인의(仁義)의 정치를 말하면서도 도리어 나라를 잘 다스리지 못하는 경우도 있는데, 이것은 마치 어린이들의 놀잇감과 마찬가지로 실제 나라를 다스리는 데는 쓸 수 없는 것들도 있다는 것을 말해주는 것이 아니겠는가.

-『한비자(韓非子)』「외저설(外儲說)」

ID	reply
sun	어린아이는 소꿉놀이를 하면서 세상살이를 학습하고, 어른들은 고사나 역사를 통해 현실을 배우고 미래를 예견하는 것. 아이들이 흙과 밥을 착각하지 않듯이, 우리도 과거에 고착되어 현재를 잃어버리지 않는다면…
숙경낭자	이론과 실제는 다른 것. 현실에 맞게 이론을 부릴 줄 알아야겠지요. 논리에 깊이 빠지다 보면 실속 없는 말놀음에 놀아날 수 있지요.
여사모	아이들도 분별력이 없던 아기였을 때에는 흙인지도 모르고 입으로 가져갔을 게다. 그러나 한 번 속지 두 번은 속지 않고 자신의 행동을 바꾸게 된다. 자기 실수를 인정하고 바꾸지 않는 것이 더 문제라고 본다. 과즉물탄개(過則勿憚改)!
노을지는 풍경	어렸을 때 소꿉놀이를 하고 놀면서도 그게 실제가 아닌 걸 저절로 알았다는 것이 신기하네요. 어렸을 때부터 실제와 허상은 구분되어지게끔 길들여졌나 봅니다.
만무방	선무당이 사람을 잡을 수 있듯이 위정자가 실사구시의 도리를 모르고 이론상으로 얻어들은 정책을 섣불리 시행하면 이해찬 세대가 발생할 수 있겠죠. 현실을 면밀히 고려하여 신중하게 정책을 수립하였더라면 이런 혼란이 있었겠어요?

comment [   ]

20. 선생님의 비유

양자(楊子)의 이웃에 사는 사람이 양 한 마리를 잃어버렸다. 그래서 그는 친척과 친구들로 하여금 찾게 한 뒤 양자의 하인에게도 찾아주기를 청했다. 양자가 물었다.

"양 한 마리를 잃었는데 왜 그리 많은 사람이 찾으러 가야 하오?"

이웃 사람이 말했다.

"길에 갈림길이 많기 때문이라오."

얼마 있지 않아서 양을 찾으러 간 사람들이 모두 돌아왔기에 양자가 물었다.

"양을 찾았소?"

이웃 사람이 말했다.

"못 찾았다오."

양자가 또 물었다.

"왜 찾지를 못했소?"

이웃 사람이 말했다.

"큰길에 갈림길이 있고 갈림길에 또 갈림길이 있어서, 양이 어디로 갔는지 알 길이 없어 그만 돌아올 수밖에 없었다오."

양자가 이 말을 듣고 마음이 슬프고 안색마저 좋지 않았으며, 하루 종일 말이 없고 웃지도 않았다. 이런 모습을 본 양자의 학생이 매우 이상하게 여겨 그에게 물었다.

"양은 그리 값나가는 짐승이 아니고 선생님의 것도 아닌데, 선생님께서는 하루 종일 우울해하시니 웬일입니까?"

양자가 대답을 하지 않자 학생은 의아하게 생각했다. 학생 가운데 맹손양(孟孫陽)이라는 사람이 선생을 따라 밖에 나와서 이 일을 심도자(心都子)에게 알려주었다. 며칠이 지나 심도자와 맹손양은 같이 양자를 뵙고 물었다.

"예전에 형제 셋이 제(齊)나라와 노(魯)나라 중간쯤에 있는 지방으로
유학을 가서 모두 한 스승에게 인의(仁義)의 도리를 배우고 돌아왔습니
다. 부친이 그들에게 '너희들이 배운 인의의 도리는 결국 어떤 것이냐?'
고 묻자, 큰아들은 '제가 배운 인의의 도리는 먼저 자기의 신체를 보호
하고 난 뒤에 명예를 얻는 것입니다'라고 하였고, 둘째는 '제가 이해
한 인의의 도리는 자기의 명예를 위해서는 생명을 희생하는 것을 마다
하지 않는 것입니다'라 하였고, 셋째는 '제가 이해한 인의의 도리는
생명과 명예를 함께 지키는 것입니다'라고 대답했답니다. 그들 형제 세
사람은 모두 한 스승 밑에서 배웠으면서도 인의의 도리를 이해하는 방
식은 같지 않았는데, 과연 누구의 말이 옳은 것입니까?"

이에 양자가 대답했다.

"어떤 사람이 강변에 살았기 때문에 물의 성질을 잘 알아 수영을 잘
했고, 또 배를 잘 저어 식구들을 먹여 살리기에 풍족할 정도로 돈도 잘
벌었다. 그러자 많은 사람이 떼를 지어 먹을 것을 짊어지고 와서 그에게
헤엄치는 법을 배웠으나, 물에 빠져 죽는 사람이 거의 절반에 이르렀다.
그들은 원래 그에게 수영을 배우러 왔지 물에 빠져죽으러 온 것은 아니
었으나, 결국 이렇게 이해가 상반된 결과에 이르렀다. 너희들이 보기에
어느것이 옳겠느냐?"

심도자는 이 말을 듣고 말없이 나왔다. 그러자 맹손양이 그를 질책하
며 말했다.

"자네는 왜 선생님께 질문할 때 그렇게 돌려서 말하고, 선생님은 또
자네의 질문에 왜 그렇게 이상하게 대답을 하신단 말인가? 나는 점점 혼
란스럽기만 하다네."

심도자가 말했다.

"큰길에는 갈림길이 많아 양을 잃게 되고, 공부하는 사람은 학설을

이해하는 것이 각기 다르기 때문에 결과도 다르고 심지어는 서로 반대되는 결과에 이르기도 한다네. 학문의 근본이 같지 않은 것은 아니지만, 그 말엽에 이르면 그렇게 큰 차이가 난다네. 학문을 하는 유일한 방법은 말엽을 근본으로 돌리는 것인데, 그렇게 하면 득실에 큰 차이가 나지 않을 것이네. 자네는 선생님 문하에서 성장하고 학문을 배웠으면서도, 선생님의 비유를 전혀 이해하지 못하니 정말 슬프구나!"

─『열자(列子)』「설부(說符)」

ID	reply
만무방	망양지탄(亡羊之歎)이 에서 나오는 말이군요? 문무대 가서 영점 사격하는데 사라진 한 발 땜에 빵빵이 돌던 생각나네요. 말엽을 미루어 근본을 안다. 귀납적 태도로군요. 교육의 목표를 심도자 눈높이에만 맞추고 있지는 않은지, 진정 교육이 필요한 맹손양은 어찌 가르칠 것인지, 본말지차(本末之差)를 줄이도록 늘 반성하겠습니다.
숙경낭자	같은 학문을 제각기 달리 이해하면서 다른 학설을 만들고, 종교도 근본을 따지자면 결국 같은 생각인데 서로 파를 나누어 다투지요. 갈림길도 거슬러 올라가면 결국 같은 길로 만나겠지요. 학문하는 유일한 방법이 말엽을 근본으로 돌리는 것이라는 말에 동의합니다. 예술인도 학자도 종교가도 대가가 되면 생각이나 표현이 극도로 단순해진다잖아요. 양자는 잃어버린 양을 통해 의도한 대로 되지 않는 제자들의 학문과 그 갈림길을 슬퍼했나 봅니다.
sun	밀감나무가 한계선 이북으로 가면 탱자를 맺는 이치처럼, 하나의 학설이 저마다의 천분과 욕망에 따라 각자 다르게 열매 맺는 거 아닐까요. 큰길(大道)에 많은 샛길들이 가지치는 것도 이와 같은 이치. 그런데 왜 양자가 찾을 수 없는 길을 따라서 멀리 가버린 한 마리 양(제자)에게 강한 집착을 보이는지 알 수 없네요. 어쩌면 양자 자신이 통제할 수 없는 독자적인 학설을 지향하여 떠난 제자에 대한 애증 때문은 아닐지.
손바닥	도망간 양은 죽지 않고 살아나고 우리에 갇혀 있는 양들은 다 죽었겠지요? 무조건 도망가고 볼 일이다.
봄내	이 이야기의 본(本)으로부터 먼 말(末)인 맹손양에 마음이 쓰이는 것은 훌륭한 선생님의 가르침을 받음에도 그 이해와 실천으로부터 멀리 있는 내가 보이기 때문.

comment

더불어 사는 방법

자기에게는 엄격하고 남에게는 봄바람처럼 대한다면, 우리 사회가 얼마나 넉넉할까. 자기가 하고 싶지 않은 일을 남에게 시키지 않고, 남을 자기처럼 귀하게 여기는 마음은 아름다운 공동체를 이루는 바탕이다. 남이야 어떻게 되든 나만 잘살면 된다는 극단적 이기주의가 지배하는 세상에서, 이웃을 향한 따뜻한 관심과 더불어 함께 살아가는 지혜를 일깨우는 우언은 감로수 한 모금과 같을 것이다.

1. 갈매기

바닷가에 사는 어떤 사람이 갈매기를 매우 좋아했다. 매일 아침 그는 배를 저어 바다로 나가 갈매기와 함께 노닐었다. 갈매기도 언제나 떼를 지어 그에게 날아와 놀았다.

어느 날 그의 아버지가 말했다.

"내가 들으니 갈매기와 네가 함께 잘 지낸다는데, 내 놀잇감으로 몇 마리 잡아오거라."

다음날 그가 다시 배를 저어 바다에 나갔더니, 갈매기들이 그의 머리 위에서 빙빙 돌기만 할 뿐 다시는 그와 놀려고 하지 않았다.

-『열자(列子)』「황제(黃帝)」

ID	reply
 엄지	바다 갈매기도 자기를 친구로 대하는지 놀잇감으로 대하는지 금방 알아채는군요. 인간의 본성이 선했을 때는 자연과도 마음이 통했지만 악해지면서 서로 마음을 나누는 통로가 닫혀버렸겠지요. 물론 그 문을 먼저 닫은 건 인간이었겠고요.
 만무방	동물들의 예리한 자기방어 본능. 어리석은 인간만 속고 속이고 살아가죠. 물아일체(物我一體)의 비인간을 즐기던 선인들의 자연관을 되새기게 합니다.
 sun	그래서 '동물적인 감각'이란 거죠. 인간의 얼굴 근육이 보내는 메시지는 광선보다 빠르게 상대에게 전달된다고 하더군요.
 늘푸른	욕심으로 시작하는 일은 시작부터 힘들다는 걸 느낍니다. 허나 사심 없이 하는 일은 신기하게도 술술 풀려 목표점에 도착하지요. 갈매기를 잡으려 하지 말고 그냥 갈매기와 놀다 보면 자기 집까지 날아오게 될 텐데.

comment

2. 이웃의 값

　계아(季雅)가 남강군수(南康郡守)의 관직에서 물러난 뒤, 여승진(呂僧珍)이 사는 곳 가까이에 집 한 채를 마련했다. 여승진이 집을 얼마에 샀느냐고 묻자, 계아가 대답했다.

　"천백 냥 주고 샀소."

　여승진이 그렇게 비싸게 주고 샀다는 말을 듣고, 매우 의아해하자 계아가 말했다.

　"나는 백 냥으로는 집을 사고, 천 냥으로는 이웃을 샀다오!"

—당(唐)나라 이연수(李延壽)의 『남사(南史)』「여승진전(呂僧珍傳)」

ID	reply
불초	천백 냥 값어치 있는 집을 백 냥만 주고 샀다. 천 냥 값에 상당하는 좋은 이웃은 거저 얻었다. 좋은 집 사려고 하기 전에 이웃을 먼저 살펴봐라. 오호… 더 가난한 동네로 이사가야겠군. 좋은 이웃들은 죄다 거기 살던 걸.
머슴	이웃을 살 때 꼭 그렇게 큰돈이 필요한 건가요? 넉넉한 마음만 있으면 되지 않을까요?
숙경낭자	여승진은 정말 집을 잘 샀네요. 좋은 이웃은 모두를 행복하게 하니까요. 우리 모두 다정하고 친절하고 지혜로운 이웃이 될 수 있었으면…
제비꽃	'내가 사는 곳의 집 값이 나 때문에 껑충 뛰어오른다면 그것도 문제가 되겠는 걸. 가난한 친구들은 이사올 수 없으니…' →괜한 걱정하고 있는 나.^^
명경지수	제비꽃 님과 친근한 우리는 역시 부자였군요.

comment ☐

3. 기예 다툼

목수가 자랑스럽게 말했다.

"나는 신기할 정도로 도끼와 끌을 잘 다루어 집을 짓고 기구를 만들어내니, 참으로 우수한 공예가라 할 수 있지!"

그러자 석수가 말했다.

"나무를 베고 파는 목수의 일은 별 것 아니지. 정말 하기 어려운 일은 돌에 조각하는 석수의 일이라네. 그러니 나야말로 참으로 훌륭한 공예가라고 할 수 있지!"

마지막으로 대장장이가 말했다.

"목수 자네가 나무를 깎고, 석수인 자네가 돌에 조각을 할 때 쓰는 연장이 모두 화로에서 달구어지고 망치의 힘을 빌려 생겨난 것 아니겠나? 자네들은 만약 내가 없다면 아무것도 할 수 없다네. 공연히 다투지 말게나."

－명(明)나라　풍몽룡(馮夢龍)의　『광소부(廣笑府)』「상기(尙氣)」

ID	reply
 엄지	서로 자기의 공을 다투고 솜씨를 뽐내는 것은 현실, 남의 공을 드러내고 남의 솜씨에 감탄하는 것은 이상. 만약 대장장이가 "자네들이 쓰는 연장은 내가 만들었지만 그 연장을 잘 다루어 최고의 작품을 만드는 것을 보니 나는 더없이 행복하다네"라고 말했다면 두 사람은 자신들의 다툼을 부끄러워하지 않았을까요?
 만무방	규중칠우가 공을 다투다가 어찌 되었죠? 칭찬하고 삽시다요.
 혼자가는 먼집	목수, 석수장이, 대장장이. 셋 중 누가 최고일까? 제 삼자인 내가 객관적으로 평가해볼까나... 나무, 돌, 쇠 중 어느것이 제일 다루기 힘드는지부터 따져보자. 가장 단단한 것이 힘들겠지? 쇠를 다루는 대장장이가 큰소리칠 만한 걸. 하지만 그가 만든 연장이란 작품을 만드는 수단에 불과하잖아. 그럼 목수와 석수장이가 남네. 단단하기로 치면 돌이지만, 나무는 살아 있지.... 으음, 결정했다. 목수! 가장 부드러운 것이 가장 다루기 힘들다는 것을 대장장이와 석수장이는 명심하도록.

comment [   ]

4. 술 동업자

갑과 을이 동업을 해서 술을 만들기로 했다.

갑이 을에게 말했다.

"자네는 쌀을 출자하게. 나는 물을 대겠네."

을이 말했다.

"쌀을 내가 낸다면 나중에 계산은 어떻게 하지?"

그러자 갑이 말했다.

"나는 결코 자네를 속일 생각이 없네. 술이 다 익게 되면 그 중에 물은 내가 가져가고, 자네는 그 나머지를 다 가지면 될 것 아닌가."

-명(明)나라 반유룡(潘游龍)의 『소선록(笑禪錄)』

ID	reply
엄지	참, 이런 사기도 다 있군요. 샤일록보다 더한... 이렇게 되면 논리가 아니라 과학을 동원할 수밖에요. 술의 성분을 분석해서 순수한 물 성분만 가져가라죠. 이런 사람들 혼내는 방법 알려주는 책은 없나?
sun	잘 굴러가는 머리만 있으면 자본 없이도 떼돈 벌 수 있다니깐요. 전 갑이란 사람에게 호감이 가는 걸요.
늘푸른	갑은 한 사람과 한 번씩만 사귀고 말 건가요. 아니면 파트너를 유치원에서나 찾아보든지.
명경지수	술과 물이 같은가요? 사기꾼은 가져갈 것이 없는데...하긴 술을 물 마시듯하는 사람들도 있지요.
머슴	물은 물이로되 술은 술이로다....

comment [   ]

5. 왕과 아첨꾼

제(齊)나라 선왕(宣王)은 활쏘기를 좋아해서, 남들이 강한 활도 잘 당긴다고 칭찬해주는 것을 즐거워했다. 선왕의 활은 불과 삼백 근을 들 수 있는 힘이면 쏠 수 있는 것이었지만, 그는 늘 신하들 앞에서 뽐내며 활을 쏘았다. 그러면 신하들은 선왕에게 아첨하느라 모두 거짓으로 꾸며 힘든 척 반쯤만 당기고는 짐짓 놀란 듯이 말했다.

"와! 이 활을 당기려면 최소한 구백 근을 들 수 있는 힘이 있어야 하는데, 대왕이 아니고서야 누가 이렇게 강한 활을 쏠 수 있단 말인가."

이 말을 들은 선왕은 매우 기분이 좋았다.

선왕의 활은 삼백 근의 힘이면 사용할 수 있었지만, 그는 평생 그것을 구백 근의 힘으로 쏠 수 있는 활로 알았다. 삼백 근이 진실한 것이고, 구백 근은 한갓 허명에 불과한 것이었지만, 선왕은 실제를 보지 못하고 허명만을 좇았다.

– 『윤문자(尹文子)』「대도(大道)」

ID	reply
 엄지	허명과 아첨을 좋아하는 왕이 다스리는 나라는 망하지 않았을까요? 권력 주변에는 늘 이런 사람들이 너무 많아요. 그래서 권력자의 눈은 더 맑아야겠지만...
 만무방	이승만 정권 때와 흡사하군요. 절대권력 옆에서 살아남으려면 그 권력자를 절대시하는 태도로 일관해야겠지요. 절대권력이 절대부패하는 까닭은 그와 같은 간신배 아첨꾼들이 부패박테리아 노릇을 하기 때문이겠죠. 고작 저처럼 눈치 없는 사람들이 있어봐야, "애걔? 폐하 이건 삼백 근짜리로서 아이들도 능히 당길 것입니다" 해서 목이 날아가면 그뿐인 게지요.
 늘푸른	때로는 아첨이 사람의 용기를 부추기고 도전할 원동력을 주기도 합니다. 우리는 학생들에게 이런 아첨을 하지요. 누구나 할 수 있는 평범한 이야기를 한 학생에게도 "야! 대단한 걸. 넌 분석력이 뛰어나. 그 능력을 살려보렴." 아첨이 위로만 향하지 말고 실의에 빠진 사람에게 힘을 주는 데 쓰이길.
 머슴	피그말리온 효과...나중엔 피를 말리는 효과가 될지도 모르죠...

comment

6. 정직한 아이

　어떤 부인이 이웃집 양 한 마리를 훔쳐서 상 밑에 숨겨두고는 아이에게 절대로 발설하지 말라고 당부했다. 조금 지난 뒤, 이웃 사람이 양을 도둑맞은 것을 알고서 길거리를 다니며 소리를 질렀다. 그러자 양을 훔친 부인의 아이가 이웃 사람에게 말했다.

　"우리 엄마는 아저씨네 양을 훔치지 않았어요."

　양을 훔친 부인은 일이 탄로날까 봐 자기 아이에게 눈을 부릅떴다. 그러자 아이는 자기 어머니를 가리키면서 이웃 사람에게 말했다.

　"우리 엄마 눈 좀 보세요. 마치 상 밑에 있는 양의 눈처럼 똥그래요!"

– 청(淸)나라 석성금(石成金)의 『소득호(笑得好)』

ID	reply
범생	아이의 정직함은 돋보이지만 총명함은 부족하군요. 엄마가 양을 훔치고 왔으면 단호히 안 된다고 말할 수 있어야겠고, 그렇지 못할 상황이라면 엄마 몰래 살짝 내보낸다든가 하여 엄마의 잘못이 드러나지 않도록 하는 현명함이 있었으면. 잘못을 밝히는 것도 중요하지만 사전에 막는 지혜가 더 필요하지 않은지.
늘푸른	쫌 지나면 엄마는 아이 덕에 수렁에서 나오게 됐다는 걸 알게 될 거고, 아이는 어른의 스승이었음을 깨닫게 될 겁니다. 우리는 세상이 맑아지길 기대하면서도 우리 아이만은 융통성(?)을 갖길 바라는 게 문제라는데....
만무방	가끔 철드는 게 뭔가 하는 생각을 하죠. 천연덕스럽게 속이고 모른 척 속아주고, 적당히 아부할 줄 알고, 우리 편이라면 똥도 버리지 않고.... 철부지 동심이 아름답죠. 자, 아이들아, 다 함께 큰소리로, "아빠가 집에 없다고 하래요!"
머슴	아마 어머니에게는 무슨 말못할 사정이 있었음이 틀림없습니다. 저는 이 세상의 모든 어머니를 믿습니다.
제비꽃	장면이 눈앞에 그려져요. 아이의 눈동자가 정말 맑네요. 상 밑에 있는 어린 양처럼.

comment ________________________________

7. 냄새나는 사람

온몸에서 이상한 악취가 나는 사람이 있었다. 그의 부모나 형제, 아내와 친구 모두 그와 함께 살지 않으려고 했다. 그 스스로도 매우 괴로워서 어느 바닷가로 피신해서 살게 되었다. 그런데 그 바닷가에 살고 있던 한 사람은 도리어 그의 몸에서 나는 냄새를 좋아해, 밤낮으로 그를 그림자처럼 따라다니며 떠날 줄을 몰랐다.

-『여씨춘추(呂氏春秋)』「우합(遇合)」

ID	reply
 숙경낭자	나 자신도 싫어하는 나의 냄새를 좋아서 그림자처럼 따라다니는 남자가 있었으면… 그런 남자를 내가 좋아할지는 모르지만요. 아마 안 좋아할 거예요.
 만무방	유유상종하는 즐거움? 백호주의나 kkk단. 같은 냄새 같은 색깔만 추구하면 인종차별주의가 생기지요. 교복 벗고, 머리색깔을 빨주노초파남보로, 머리 모양도 마음대로 하고, 선택과목 뜻에 따라 교과교실 옮겨다니며 공부할 수 있는 학교 만들기가 꿈인데, 어때요? 말도 안 되겠죠?
 늘푸른	나의 냄새를 나만의 향기로 맡아주기. 그리고 필수. 죽을 때까지 그 향기를 냄새로 느낄 수 없기.
 머슴	내가 그의 향기를 느꼈을 때 그는 내게로 와 꽃이 되었다.…
 봄내	결함 없는 사람이 어디 있을까요.….자신의 결함이 타인에게 고통임을 감지하고 그들의 평화를 위해 사랑하는 사람들까지 뒤로하고 떠날 수 있음의 결단이 그 스스로를 해방시켰을 뿐 아니라, 그를 꼭 필요로 하는 사람을 만나는 축복에까지 이르렀네요. 아주 아프고 저린 말씀이면서 결함이 많은 제겐 참 큰 희망의 언어입니다. 또한 상식적으로 쉽게들 말하는 타인의 단점에서 장점을 찾아내는 적극적인 태도를 함양해야겠다고 마음 다잡아봅니다.

comment [   ]

8. 호인(好人)

　후한(後漢) 때에 사마휘(司馬徽)라는 사람이 있었는데, 그는 지금까지 다른 사람의 단점을 말해본 적이 없었다. 그는 다른 사람과 이야기를 할 때 상대방이 좋건 나쁘건 간에 무조건 좋다고만 말했다. 어떤 사람이 그에게 평안한지를 물으면 그는 "좋습니다"라고 대답했다. 그런데 하루는 어떤 사람이 그에게 자기 아들이 죽었다고 말하는데도 그는 "아주 좋아요"라고 대답했다. 그러자 그의 말을 들은 아내가 꾸짖어 말했다.

　"그 사람은 당신이 덕이 있다고 생각해서 자기 사정을 당신에게 털어놓는데, 당신은 도대체 왜 그 사람의 아들이 죽었다고 하는데도 어떻게 좋다고 말할 수 있지요?"

　그는 아내의 말을 듣고서 이렇게 대답했다.

　"당신이 한 말도 역시 참 좋은 말이요."

– 명(明)나라 풍몽룡(馮夢龍)의 『고금담개(古今譚槪)』

ID	reply
엄지	그는 무슨 생각에서 무조건 '좋다'고만 대답했을까요? 예전에 제가 알던 분 중에 어떤 분은, 자기를 괴롭히는 사람도 누가 그에 대해 나쁜 말을 하면 편들고 그랬어요. 좋은 사람이라고. 처음엔 호인이라고 생각했는데 나중엔 염증이 나고 싫어지더라구요. 진심을 알 수 없으니 말해봤자 소용없다는 생각이 들어 나중엔 아무 말도 안 하게 되었지요.
늘푸른	'나' 외에는 관심이 없고, 시끄러운 것도 싫어하는 사람인가 봐요. '좋다' 하고 나면 항의가 없으니 귀찮은 일은 안 생길 테니.
불초	하오 하오… '좋은 게 좋은 거지'는 누이와 매부의 관계처럼 집단 이기주의적 태도를 드러냅니다. 가치판단은 객관적 기준에 근거해야겠죠. '쓸개가 빠진 사람'과 '무골호인'의 유래는 어떠한지요?
공주	모든 분의 말씀이 다 좋으시네요. 에헴~
머슴	"나쁘다"고 말해서 얻어질 것은 무엇인가… 죽은 아들이 살아날 것도 아닌데… 역시 좋은 게 좋은가 봅니다.

comment ____

9. 경박한 사람

　시골의 어떤 선비가 친구들과 길에서 노닐고 있었다. 그때 문득 멀리 바라보니 한 색시가 노새를 타고 앞으로 오는 것이 아닌가. 장난기가 발동한 그가 말했다.

　"저길 보게. 대단한 미인 아닌가!"

　그런 뒤 고개를 돌려 친구들에게 같이 쫓아가보자고 한 뒤 소리를 지르며 말을 달렸다. 곧 젊은 색시 앞에 도착하여 쳐다보니 자기의 며느리가 아닌가. 그 선비는 창피해서 얼굴이 달아올라 고개를 못 들고 말도 하지 못했다. 친구들은 모른 척하고 젊은 색시에 대해 어러쿵 저러쿵 평하면서 매우 방탕하게 굴었다.

　선비는 얼굴이 붉어져서 더듬거리며 친구들에게 말했다.

　"이 색시는 내 맏며느리일세."

　친구들은 껄껄 웃으며 흩어졌다.

－청(淸)나라 포송령(蒲松齡)의 『요재지이(聊齋志異)』

ID	reply
 범생	임금은 임금답게, 선비는 선비답게… 처신하기가 참 어려운 세상이지요? 선비도 사람이니까, 하지만 해서는 안될 행동은 반드시 있는 법. 교육자들 사이에 만연되어 있는 다단계판매를 일절 금지시킨다는 교육인적자원부의 발표가 있었는데….
 명경지수	학생들에게는 오락하지 말고 일찍 자라고 하면서 밤늦게 오락하는 저는 뭡니까? 언젠가는 머드게임을 하다가 가르치던 학생을 만난 적도 있답니다. 부끄러워서 참 내…
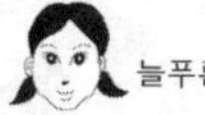 늘푸른	그래도 그게 어딥니까? 맏며느리가 멀리서도 눈에 띄는 미인이었음을 여러 친구와 함께 확인하였으니. 급히 달려가 "내 너를 멀리서 보고 반가와 이리 달려왔노라"고 말하세요. 그리고 다신 그런 실수일랑 하지 마시고요.
 머슴	흠….미인 며느리 자랑하려고 했던 일이 그렇게 된 건 아닐까….?

comment

10. 홀아비가 된 사연

뽕나무 잎을 따는 계절이 되어 이웃집의 부부가 함께 들에 나갔다. 남편이 뽕나무 숲으로 들어가 보니 어떤 아가씨가 뽕을 따고 있지 않은가. 그래서 뽕 따는 아가씨를 쫓아갔으나 결국 그녀를 잡지 못했다. 하는 수 없이 집에 돌아왔는데, 그의 아내는 화가 나서 이미 집을 나가버렸다. 결국 그 남자는 홀아비가 되고 말았다.

-한(漢)나라 유향(劉向)의 『설원(說苑)』「정간(正諫)」

ID	reply
 만무방	뽕도 따고 님도 보고가 한나라에서 유래? 속담에 비슷한 게 또 있죠? 멧토끼 쫓다가 집토끼 놓친다던가? 한눈 팔면 사고 나죠.
 제비꽃	뽕나무 어떻게 생겼는지 보고 싶네요. 그 나무 사이로 바라보면 누구든 로맨틱하게 보일 것 같아요. 홀아비가 된 이웃집 남자의 사연도 로맨틱하게 느껴지는군요, 뽕나무 사이에서 바라보면……
 숙경낭자	제비꽃 님, 뽕나무에 붙은 징그러운 누에를 안 보면 로맨틱하겠지요. 그게 얼마나 징그러운데요. 그렇게 징그러운 몸이 새알처럼 하얀 고치를 짓는 걸 보면 가상한 변신이란 생각도 들지만…전 뽕나무보다 그 열매 '오디'가 좋아요. 징그러운 벌레에 대한 공포를 잊을 만큼 그 맛이 매력적이거든요.
 명경지수	같은 뽕밭에서 뽕을 따도, 뽕따는 아가씨는 예뻐 보이고 뽕따는 마누라는 안 예뻐 보이는 이유는 뭘까요? 1. 젊어서 2. 워낙 미인이라서 3. 남의 떡이 커 보여서 4. 여자는 다 내 꺼니까
 봄내	지금 내가 가진 것의 소중함을 일깨워주는 말씀입니다. 내 가진 작은 것의 귀함을 소홀히 하고 허욕을 좇게 되면 처량한 홀아비 신세마냥 되겠지요. 요샌 홀아비 신세가 더 좋다는 검증 안 된 설도 장안에 파다하더구먼요.

comment [____________________________]

11. 주인 노릇

　어떤 스님이 여름밤에 윗도리를 벗은 채 산자락에 앉아 입으로 끊임없이 염불을 외었다. 몸은 모기가 뜯어먹도록 내맡겨두고, 전심으로 부처가 되려는 수행을 하자는 것이었다.

　관음대사가 그가 진심으로 그렇게 하는 것인지, 아니면 꾸며서 그렇게 하는 것인지를 시험하기 위해 호랑이로 변하여 산자락에 내려와, 그가 그래도 호랑이에게도 몸을 맡기는지 알아보려고 했다. 호랑이가 소리를 지르며 다가오자 스님은 황급히 일어나 이렇게 말했다.

　"오늘 저녁에 이렇게 큰 손님을 모시는데, 제가 어찌 손님을 접대할 자격이 있겠습니까?"

－명(明)나라　풍몽룡(馮夢龍)의　『광소부(廣笑府)』

ID	reply
불초	모기손님과 범손님을 차별하다니.. 부처가 되고자 하는 스님께서 그릇이 작군요. 그래서 부처는 아무나 되는 게 아닌가 봅니다.
머슴	아마도 스님은 호랑이가 관음대사임을 알고 일어난 것이 아닐까요? 윗사람을 공손히 대접하지 못하는 부처가 어찌 부처라 할 수 있겠습니까?
제비꽃	관음대사님, 너무 해요.ㅠ.ㅜ 호랑이에게 몸을 뜯기면서까지 부처가 되고 싶지 않은 걸요.
숙경낭자	진짜 스님이군요. 그래도 부처에까지는 이르지 못해 호랑이 밥이 될 수는 없노라 멋지게 대꾸했네요.
공주	어차피 부끄러운 지경에 이를 텐데, 모기한테 뜯긴 것도 아깝네요. 저는요, 괜한 호기 안 부리고 안전빵으로 살아가겠습니다. --;
늘푸른	시험에 들지 말게 하옵시고....

comment

12. 수레꾼의 엉덩이

　어떤 수레꾼이 무거운 짐을 실은 수레를 밀면서 언덕을 오르려 안간힘을 쓰는데, 이리 한 마리가 달려와 그의 엉덩이를 깨물었다. 수레꾼은 수레를 놓아버릴까 생각했지만, 수레 위의 물건들이 쏟아져 깨어지고 자기 몸을 덮칠까 봐 심한 고통을 참고 수레를 계속 언덕 위로 밀어 올렸다. 언덕 꼭대기에 다다랐을 때는 이리가 이미 그의 엉덩이를 뜯어먹고 달아나 버린 뒤였다.

-청(淸)나라　포송령(蒲松齡)의　『요재지이(聊齋志異)』

ID	reply

동락

엉덩이 뜯긴 이야기를 하니까 생각나는 게 하나 있습니다. 중국 운남성박물관 앞에 그 지방에서 전해 내려오는 설화를 조각한 작품이 있습니다. 사자가 어린 송아지를 잡아먹으러 달려오니까, 어미소가 송아지를 자기의 네 발 안에 보호하고 자기 엉덩이를 사자에게 물어뜯기고 있는 조각입니다. 어머니의 살신성인의 사랑을 표현한 것이겠지요. 그래서 어머니다운 것만이 인류를 구원해낼 수 있다고 하는지 모르겠습니다.

從者

생산과 양육이 어머니에게 달려 있으니, 돈이나 미모나 학벌이 아닌 인의예지(仁義禮智)를 자식에게 물려주면 세상이 바르게 되겠지요. 내 자식만 잘 키우겠다는 한국식 가정교육이 고쳐져야. 우리나라 가정교육학과에서는 무엇을 가르치지요?

봄내

손수레에 담긴 물건이 자식과도 같은 가치를 지닌 것이라면 기꺼이 엉덩이 살점을 내 주고 말겠습니다.

범생

집착이 화를 부르는군요. 사실 집착의 이면에는 욕심보다 두려움이 더 작용을 하지 않나 싶습니다. 자기가 하고 있는 것을 놓아버리면 어떤 문제가 생길 것 같은 두려움, 어떤 영화에서 가장 무서운 적은 우리 마음 속에 있는 두려움이라고 하던 말이 생각나는군요.

불초

범인에겐 딜레마이나 소중한 것에 대한 확신이 있는 사람에겐 망설일 것이 없겠죠. 운남성의 소나 우리 민담의 떡장수 어머니나… 내가 목숨보다 먼저 지켜야 할 바는 무엇인지… 또 붙잡고 사는 것이 고작 수레에 실린 짐 따위나 아닌지 반성하게 합니다.

comment ____

13. 힘 모으기

토곡혼(吐谷渾)의 수령 아시(阿豺)에게 스무 명의 아들이 있었다. 어느 날 아시가 아들들에게 말했다.

"너희들은 각자 화살 하나씩을 내게 가져오너라."

그는 아들이 화살 하나를 가져오자 꺾어서 땅에 버렸다.

조금 있다가 그의 동생 모리연(慕利延)이 왔다. 아시는 나머지 열아홉 개의 화살을 가리키면서 말했다.

"네가 이 화살 열아홉 개를 한꺼번에 꺾어보아라."

모리연은 꺾을 수가 없었다. 그러자 아시는 그의 동생과 아들들에게 말했다.

"너희들은 모두 보았느냐? 화살 하나는 쉽게 꺾을 수 있지만, 많은 화살을 한꺼번에 꺾을 수는 없다. 이것은 우리들이 한마음으로 힘을 모은다면 이 나라를 무너지지 않을 견고한 나라로 만들 수 있다는 것을 말해주는 것이 아니겠느냐."

－위수(魏收)의 『위서(魏書)』「토곡혼전(吐谷渾傳)」

ID	reply
 sun	스무 명의 아들들이라니…. 쉽지 않겠는데요, 함께 모이기가 말이죠. 우리나라 아들 삼형제라면 몰라도. 스물이나 되는 화살을 한 손에 몰아쥐기가 그것을 꺾는 일보다 힘들지 않을까요?
 만무방	전에는 흩어지면 죽고 뭉치면 산다가 통치 덕목이었는데, 요즘 경제논리는 흩어지면 살고 뭉치면 한꺼번에 망한다지요. 클라이언트의 네트워크화가 앞서가는 한국은 명절도 흩어져서 화상통신으로 세배하고 차례 올리겠네요.
 동락	민주주의의 원리는 분권과 다양성을 존중하는 것이겠지요. 그런 면에서 자기 민족의 우월성을 강조하는 민족주의의 역기능과 폐쇄성에 대해서도 비판할 필요가 있을 것 같아요.

comment [   ]

14. 머리가 아홉 달린 새

얼요산(孽搖山) 속에 새 한 마리가 살고 있었는데, 몸 하나에 머리는 아홉이었다. 먹을 것을 보면 머리 아홉 개가 모두 깍깍거리며 쟁탈전을 벌였다. 서로 깨물고는 놓지를 않아 피가 낭자하고 터럭이 휘날려, 음식이 목구멍에 들어가기도 전에 머리 아홉 개가 모두 상처를 입었다.

바다의 물오리가 그들이 다투는 모습을 보고 비웃으며 말했다.

"너희들은 아홉 개의 입으로 음식을 먹어도 모두 한 뱃속으로 들어가는 것을 생각하지 않고, 어찌 서로 다툰단 말이냐."

–명(明)나라 유기(劉基)의 『욱리자(郁离子)』「성적(省敵)」

ID	reply
 sun	탈무드에 보면 머리 둘 달린 사람을 어떻게 셈하느냐는 문제가 나오잖아요. 아시죠? 둘 중 하나의 머리에 뜨거운 물을 부어서 둘 다 괴로워하면 한 사람, 다른 머리가 아무렇지도 않으면 두 사람으로 봐야 한다죠. 그렇다면 이 경우, 새는 아홉 마리로 봐야 하지 않을까요? 몸통이 하나라고, 저마다의 머리 속에 든 생각과 감정과 지각이 같을 수는 없는 법. –이런 우언은 곧잘 전체주의를 정당화하고 개인이나 개성을 억압할 때 인용되곤 하죠
 엄지	아무리 한 뱃속으로 들어간다 해도 포만감을 느끼는 것은 결국 머리 속에 있는 뇌의 작용이지요. 나머지 여덟 개의 머리가 배고프다고 느끼면 그 새는 결코 행복할 수 없을 걸요. 차라리 저라면 싸우지 않고 협상을 해서 아홉 조각으로 공평하게 나누어 먹겠어요. 그래서 아홉 개의 머리가 모두 행복하다고 느낀다면 세상도 더 평화로워지련만…
 공주	한 몸에 달린 머리들이면서도 같이 아파할 줄 모르다니, 역시 괴물이라 할 만하네요. 감각적으로 통증이 없더라도 생각으로 같이 아파했으면 좋겠네요.
늘푸른	결국 같은 배 안에 먹이가 모일지라도 각자가 역할을 충실히 하고자 하는 점은 칭찬할 만하네요. 최선을 다하는 모습은 언제나 아름답잖아요? 그런데 그 한계가 모호하단 말예요. 머리가 터져 피를 흘리면서도 열중하고 있으니 말이죠.

comment

15. 남의 축의금

　시골의 한 부잣집에서 혼례식을 치르는데, 축의금이 가득찬 대바구니가 우공(迂公)의 대문 앞을 지나갔다. 우공 부부가 함께 이 모습을 보고 서로 저 바구니에 돈이 얼마나 들었는지 맞춰보자고 했다.

　먼저 아내가 말했다.

　"이백 냥 정도일거요."

　우공이 말했다.

　"내가 보기엔 오백 냥은 될 거 같소."

　아내가 그렇게 많지는 않을 거라고 하자, 우공은 그 정도는 될 거라고 우겼다. 서로 말다툼이 길어져 급기야 때리면서 싸우기 시작했다.

　아내가 말했다.

　"아이고, 짜증나네. 그냥 삼백 냥이라고 합시다."

　그래도 우공이 아내와 계속 다투자 이웃 사람이 화해를 권했다. 그러자 우공이 말했다.

　"아직도 이백 냥에 대한 계산이 분명하지 않은데, 어찌 이것이 사소한 일이란 말이오?"

－명(明)나라　장이령(張夷令)의　『우선별기(迂仙別記)』

ID	reply
 늘푸른	싸우다 보면 왜 다툼이 시작되었는지 황당할 때도 있지요. 싸움 중에 필수~ 중간중간 원인을 점검해볼 것. 그럼 시시해지지요.
 제비꽃	바구니에 가득 찬 축의금은 서민에겐 그림의 떡이겠죠? 그림 속의 떡일망정 상상만으로 충분히 즐겨야 하지 않겠어요? 가난한 두 부부는 바구니 속에 든 허상을 자신의 것으로 잠시 착각하면서 행복했을 거예요. 그들의 다툼이 끝나지 않는 건, 단꿈에서 깨고 싶지 않기 때문 아닐까요?
 명경지수	이 교훈을 잘 새기고 실천한다면 평생 싸울 일이 없을 것 같아요. 정말 나를 위하고 상대를 위해서 싸우는 일이 얼마나 될까요? 빨리 통일이 됐으면 좋겠어요.

comment ___________________________

16. 가죽 모자

　요(堯)임금이 천하를 다스리는 중책(重責)을 허유(許由)에게 넘겨주려
하자, 허유는 그 자리를 받으려는 마음이 없어 도망을 가 어느 민가에
머물게 되었다. 그 주인은 허유가 찾아왔을 때 황망히 자기의 가죽 모자
를 숨겼다.

　허유는 천하도 쉽게 버린 사람인데, 민가의 평민은 도리어 자기의 가
죽 모자를 숨겼으니, 참으로 허유가 어떤 사람인지 몰랐던 것이다.

－『한비자(韓非子)』「설림(說林)」

ID	reply
숙경낭자	평민가의 주인이 가죽모자를 숨긴 이유는 허유가 그 모자를 탐낼까 봐 그랬을까요? 천하도 싫다고 포기한 사람이 그럴 리야. 하지만 큰 욕심 없는 사람이라도 작은 욕심 많은 것 가능한 일이지요.
머슴	항상 높은 자리에 있는 세도가들은 아랫사람들을 착취해왔으니 당연히 그럴 만도 하죠. 노이로제라고나 할까...
만무방	소부 허유가 기산 영수에서 문답하던 고사말고 또 있군요. 참 요임금이나 허유나 질긴 사람들이었군요. 가죽 모자를 소탐(小貪)하여 천하의 귀퉁이도 얻지 못하는 대실(大失)을 하는 집주인을 두고 소탐대실이라 하나요? 하하.
혼자가는 먼집	허유가 버린 천하보다 더 소중한 나의 가죽 모자. 허유보다 더 부자인 사나이.
늘푸른	누구나 절대권력을 추구하는 것은 아니죠. 권력을 날개로 생각하는 사람이 많지만 권력이 족쇄라고 생각하는 사람도 있으니. 소유나 권력도 작은 것부터 시작한다고 봐요. 점점 큰 것으로....

comment

17. 선비의 도굴법

두 선비가 시례(詩禮)의 교양을 갖추고 무덤을 도굴했다. 날이 밝아오자 큰 선비는 무덤 앞에 서서 굴 속에 들어가 있는 작은 선비에게 나직히 말했다.

"태양이 동쪽에서 밝아오려고 하는데 작업은 잘 진행되고 있는가?"

작은 선비가 말했다.

"아직 치마와 짧은 웃옷도 다 못 벗겼고, 보석도 입 속에 있습니다."

큰 선비가 말했다.

"『시경』에 '푸른 보리싹은 언덕과 구릉에서 자라나네. 살았을 때 선행을 베풀지 않고, 죽어서 보석을 입에 담고 있으면 무슨 소용이 있는가'라고 하였지. 자네는 시체의 머리 옆을 쥐고 그 턱수염을 누르며, 쇠뭉치로 시체의 이마를 가볍게 두드리고 천천히 그 볼을 벌리되, 입 속의 보석은 상하지 않도록 조심하게나."

– 『장자(莊子)』 「외물(外物)」

ID	reply
 숙경낭자	도굴도 시경에서 배운 것을 실천하는 현장학습이라니 꽤 여유 있는 도둑들이군요. 많이 배운 사람들의 부적절한 논리적 합리화를 여기서도 볼 수 있군요. 이런 도굴꾼은 잡혀도 반성이나 양심의 가책은 없을 테니 더 큰일입니다.
 만무방	우리 상례에 보면 염습을 할 때 입 속에 쌀을 넣어 저승길의 양식으로 삼는다 하였는데, 전국시대에는 보석을 넣어두어 가난한 자들이 캐어 양식을 삼게 하였더라? 게다가 『시경』이 그 일을 정당화시켜주었으니, 오, 역시 대국이로다.
 혼자가는 먼집	열매맺는 나무가 팔매질을 당하듯, 값비싼 보석 덕분에 죽어서도 망치질을 당해야 하는군요.....
 늘푸른	개그콘서트 보셨나요? 사뭇 진지하고 준엄한 태도로 연기하나 내용은 배꼽을 쥐게 만들죠. 그러나 배우의 표정이 너무 진지해 웃으면 안 될 것 같은. 코미디 한 장면 같은데 도처에서 일어나고 있는 우리 시대의 현실이니 씁쓸합니다.

comment

18. 아내의 기도

위(衛)나라에 어떤 부부가 함께 기도를 드리는데, 그 아내가 이렇게 기도했다.

"천지신명이시여, 저희를 편안케 하시고, 돈은 백 냥만 내려주옵소서."

그러자 그녀의 남편이 말했다.

"왜 요구하는 액수가 그렇게 적단 말이오?"

아내가 대답했다.

"돈이 그보다 더 많아지면 당신은 그 돈으로 곧장 첩을 얻으려 할 것이 아니오?"

– 『한비자(韓非子)』「내저설(內儲說)」

ID	reply
숙경낭자	남편 있는 여자들은 항상 남편 지키기에 급급한가요? 요즘 여자들은 오히려 돈 많으면 자기가 먼저 멋진 남자 구하려고 하진 않을지?
만무방	고대 중국의 사회상을 시사하는 재미있는 우언이군요. 부의 수준은 처첩의 수에 비례? 양소유가 2처6첩을 거느렸다니, 취미궁(翠微宮)이 화려할 만도 하겠군요. 음.. 경험에 비추어 보건대, 어쨌든 부부지간에 분수가 다르면 문제가 생기더군요.
제비꽃	소박한 기도를 올리는 아내와 함께 사는 남자가 행복해 보이네요.
늘푸른	백 냥이 주어지면 아내는 뭐라 할까요…… 생각해보니 천 냥이 필요했답니다.
머슴	백치 아다다가 생각납니다. 아다다의 꿈과 행복을 앗아가버린…돈….전 돈이 없는 나라에서 살고 싶어요…그래서 난 공짜가 좋아~

comment [   ]

19. 사냥꾼과 코끼리

월(粵) 지방에 한 사냥꾼이 활을 가지고 산 속으로 들어갔다. 나무 밑에서 쉬고 있다가 자기도 모르는 새 그만 깜박 잠이 들었다. 그때 큰 코끼리가 코로 사냥꾼을 말아 올리자, 그는 코끼리에게 꼼짝없이 화를 당하는구나라고 생각했다. 조금 있으니까 코끼리가 그를 큰 나무 아래 내려 놓고 고개를 숙이면서 긴 울음소리를 내자, 여러 마리의 코끼리들이 몰려나와 이 사냥꾼을 에워싸는데 마치 무엇을 간절히 바라는 게 있는 것 같았다. 앞에 있는 코끼리가 큰 나무 아래 엎드려서 고개를 들어 나무를 쳐다봤다가 고개를 숙여 사람을 보는 것이 마치 그에게 나무 위로 올라가라고 하는 것 같았다. 사냥꾼은 그 뜻을 알아차리고 발로 코끼리 등을 밟고 큰 나무 위로 올라갔다. 그는 나무 꼭대기에 올라가도록 코끼리의 의도를 알 수 없었다.

그런데 조금 지나자 사자 한 마리가 어슬렁거리며 다가오자 뭇 코끼리들이 땅에 엎드리는 것이 아닌가. 사자는 살찐 코끼리 한 마리를 골라 잡아먹으려고 했다. 코끼리는 감히 도망가지 못하고 두려움에 떨면서 모두 나무 위를 쳐다보면서 살려달라고 하는 것 같았다. 그제야 사냥꾼은 코끼리의 의도를 알아채고, 사자를 겨냥한 뒤 활을 당겨 사자를 쓰러뜨렸다. 코끼리들이 하늘을 쳐다보는 것이 그에게 환호하며 인사를 하는 것 같았다.

그가 나무에서 내려오자 코끼리가 땅에 엎드려서 긴 코로 그의 옷을 잡아끄는 것이 마치 등에 올라타라는 것 같았다. 사냥꾼이 코끼리 등 위

에 걸터앉자 코끼리가 어디론가 갔다. 어떤 곳에 이르러 코끼리가 앞발
로 구덩이를 파자 거기에서 무수한 상아가 나왔다. 사냥꾼은 코끼리 등
에서 내려와 그 상아들을 단단히 묶어 코끼리 등에 싣고 산에서 내려와
집으로 돌아왔다.

- 청(淸)나라 포송령(蒲松齡)의 『요재지이(聊齋志異)』

ID	reply
 숙경낭자	갑자기 코끼리 등에 타보고 싶네요. 그런데 그 엄청난 덩치의 여러 마리 코끼리가 사자 한 마리를 못 당해 사냥꾼의 도움을 얻으려고 하는 것이 인상깊군요. 코끼리는 정말 그렇게 순한 동물인가요?
 제비꽃	인간보다 영성이 강한 동물들은 한결같이 크고 슬픈 눈망울을 가지고 있는 것 같아요. 그들이 영혼의 눈으로 바라보는 세계는 어떤 것일까요?
 동락	신세를 지고도 배신 때리기를 일삼는 우리 인간들에 비해 자기를 살려주었다고 푸짐한 상아로 은혜를 갚는 코끼리의 순박함이 마음을 울리는군요. 코끼리는 덩치가 크고 힘도 세지만 어쩐지 착하고 순한 느낌을 주는 것 같아요. 그런데 우리 인간들은 돈 때문에 눈이 벌개져서 아프리카 밀림에서 상아를 얻으려고 이 착한 코끼리를 찾고 있지요.
 불초	지능은 떨어져도 감성은 발달하여, 짐승들도 우호적인 감정을 품고 가까이 하면 경계하거나 해치지 않는 것 같아요. 동물보은설화의 보편적 전승을 보면 옛날엔 필시 인간과 짐승들이 평화롭게 살았던 시절이 있었을 것 같군요.
 아수	말 못하는 동물도 분명 감정이 있고 어떤 의사를 끊임없이 표시하지만 어리석은 우리 인간들은 그저 돈벌이와 보신에 눈멀어 무작정 살해합니다. 곰쓸개 보신관광과 같은 행위가 언제면 근절될까요?

comment [   ]

20. 두루 사랑하기

무마자(巫馬子)가 묵자(墨子)에게 말했다.

"그대는 천하를 두루 사랑해야 한다고 주장하지만 실익이 없고, 나는 천하를 두루 사랑할 필요가 없다고 하는데도 아무런 해가 없다네. 두 사람의 공(功)이 모두 드러나지 않는데도, 그대는 어찌 그대 주장은 옳고 나의 생각은 틀리다고 말하는가?"

묵자가 말했다.

"지금 여기 불이 났다고 해보세. 어떤 사람은 물로 그 불을 끄려 하고 또 어떤 사람은 불을 가지고 와 더욱 불이 세게 나도록 했다고 한다면, 결국 두 사람의 노력이 다 목적을 이루지 못했다고 하더라도, 그대는 누구의 행위가 더 옳았다고 생각하는가?"

무마자가 말했다.

"그야 물로 불을 끄려는 사람이 옳겠지."

그러자 묵자가 말했다.

"그것이 바로 내 말이 옳고, 자네의 주장이 틀린 이유일세."

―『묵자(墨子)』「경주(耕株)」

ID	reply
만무방	결과보다 과정이 중요하더란 말씀이군요. 우리나라 사람들, 최선을 다한 노력에도 불구, 실책으로 결과가 기대를 벗어날 때 비방하길 좋아하죠? 이을용 선수 잘했어요. 더 멋진 모습으로 우리를 기쁘게 해주길 바랍니다.
머슴	내가 주위의 모든 여인을 사랑해도 아무런 이득이나 해도 없고, 미워해도 아무런 이득이나 해도 없습니다. 무엇이 더 옳습니까?
자락	이득이 없더라도 묵자는 '끊임없는 관심과 깊은 이해, 진심에서 우러나는 존경과 관대한 마음으로 늘 주려는 마음'을 가지라고 했어요. 선을 하다가 낙심하지 말라, 때가 이르면 거두리니!
숙경낭자	실익이 없더라도 옳은 행위는 그 자체로 의미가 있을까요? 세상을 움직이는 보이지 않는 힘의 주인은 바로 묵자처럼 실익을 생각지 않고 옳은 일을 하는 사람인가 봅니다.

comment [   ]

인생을 슬기롭게

　"비둘기 같이 온순하고 뱀 같이 슬기롭게"라는 말이 있지만, 바쁜 생활에 쫓기다 보면 마음의 여유를 갖지 못하고 생각나는 대로 말하고 기분나는 대로 행동하는 경우가 얼마나 많은가.

　여기에 실린 당나라 유종원(柳宗元)과 송나라 소동파(蘇東坡)의 우언은 쥐, 뱀, 고양이, 호랑이, 사슴, 소, 곰, 오징어, 두꺼비, 새, 오리, 전갈 등과 같은 동물을 소재로 하여 재미있고 의미 있는 이야기를 들려준다.

1. 사냥꾼의 피리

사슴은 맹수 추를 두려워하고, 추는 호랑이를 두려워하고, 호랑이는 또 큰곰을 두려워한다. 큰곰은 머리에 어지럽게 털이 나 있고, 그 모습이 마치 사람과 비슷하다. 그리고 매우 힘이 세고 흉포해서 사람을 능히 해칠 수도 있다.

초(楚)나라 남쪽에 피리로 온갖 짐승 소리를 낼 수 있는 어떤 사냥꾼이 살고 있었다. 그가 활과 화기(火器)를 챙겨서 산속으로 갔다. 그는 먼저 피리를 꺼내 사슴 우는 소리를 내어 사슴 무리를 유인한 뒤 화기를 쏘아 그들을 잡았다. 그때 맹수인 추가 사슴의 울부짖는 소리를 듣고 달려왔다. 그러자 사냥꾼은 놀라서 피리로 호랑이의 포효하는 소리를 내어서 추를 내쫓았다. 그런데 이번에는 정말로 호랑이가 그 소리를 듣고 왔다. 사냥꾼은 더욱 두려워서 피리로 큰곰 소리를 흉내내었더니 호랑이도 도망을 쳤다. 큰곰은 그 소리를 듣고 자기 친구들인 줄 알고 급히 찾으러 왔다가, 사람인 걸 보고 입을 쫙 벌리고 발을 흔들면서 그 사냥꾼을 잡아먹어버렸다.

-유종원(柳宗元)의 『유종원집(柳宗元集)』

ID	reply
머슴	눈앞의 이익을 좇아 잔꾀를 부리다 더 큰 화를 당하는… 마치 부나방 같은 저의 모습을 봅니다.
불초	무지한 현대인도 거대한 곰의 그림자가 엄습하리라는 걸 모르고 새끼곰을 희롱하지요. 더 한심한 것은 안분지족(安分知足)의 가치도, 무소유의 역리도 다 알면서 실천을 못하는 속물로 살아가는 제 모습이죠.
엄지	자신의 힘을 기를 생각은 않고 잔재주에 의지해 먹이를 노리다 결국 자기가 먹이가 되었군요. 우리도 이 어리석은 사냥꾼의 이야기를 타산지석의 교훈으로 여겨 힘을 길러야 합니다. 그래야 어떤 싸움에서도 남의 먹이가 되는 걸 피할 수 있지요.

comment

2. 어린아이와 호랑이

　어떤 부인이 낮에 두 아이를 강가 모래밭에 데리고 가서 아이들은 놀게 하고, 자기는 물가에서 빨래를 하고 있었다. 그때 갑자기 호랑이가 산에서 물을 먹으러 내려오자 그 부인은 당황해서 자기만 물에 뛰어들었다. 모래밭에 있던 두 아이는 여전히 재미있게 놀고 있었다. 호랑이는 아이들을 오랫동안 바라보다가 머리로 건드려보았으나 그 아이들이 아무것도 모르고 천진스럽게 놀자, 결국 그냥 가버렸다.

—소식(蘇軾)의 『동파전집(東坡全集)』

ID	reply
 숙경낭자	설화 속에서 드물지 않게 보는 이야기지요. 아무것도 모르는 천진한 아이들을 호랑이(구렁이 이야기도 있지요. 그 이야기에서는 구렁이와 아기가 친구가 되어 같이 놉니다.)도 건드리지 않는데 오직 인간만이 천진함을 이용하는 무자비한 만행을 저지릅니다. 여기선 비인간성이니 동물적이라는 말은 못하겠습니다 .
 범생	동물도 상대를 해줘야 해치는 습성이 있군요. 그런데 인간은 가만히 있어도 어떻게든지 못살게 굴어야 직성이 풀리니 그런 점에서 호랑이가 오히려 낫다는 생각이 듭니다.
 혼자가는 먼집	호랑이도 건드리지 못하는 천국의 아이들….. 그 아이들의 천국에 다시 갈 수 있었으면!
 從者	기르는 강아지도 야단을 치면 이빨을 드러내 항거합니다. 적대감이나 살의를 풍기지 않으면 대부분 동물들은 공격하지 않는다고 해요. <고양이를 부탁해>란 영화에서, 고양이를 영물이니 집에 두지 말아라 했다가 참변을 당하죠. 철창우리의 호랑이에게 천진한 미소로 다가가 봐야 소용없구요. 호환, 죽음, 지옥 이런 도그마들이 인간을 자연의 섭리로부터 이간질시킵니다. 안타까운 일이지요.
 공주	그런데 정말 본 척도 안 하면 안 잡아먹나요? 동물의 왕국 보면 멀리서 아기사슴 노려보고 있다가 덮치던데요? 배고플 때라서 그런가요? 그러니까… 그냥 기분 나빠서 공격하는 것에 대해서로군요. 맞아요. 나를 무서워하면 기분 나빠요. --

comment [　　　　　　　　　　　　　　　　　　　]

3. 약은 쥐

소식(蘇軾)이 밤에 책을 읽고 있을 때 쥐가 물건을 갉아먹는 소리가 들렸다. 그는 책상을 치면서 쥐를 쫓아내려고 했으나 조금 있으면 또 소리가 들렸다. 그래서 아이로 하여금 등을 들고 소리나는 곳을 비춰보게 했더니, 빈 자루가 하나 있을 뿐이었다. '사각사각' 하는 소리는 바로 이 자루에서 나는 것이었다. 아이가 말했다.

"흠, 쥐가 이 자루 속에 갇혀 있으니 도망갈 수가 없겠지."

자루를 열어보니 바닥에 아무것도 없는 것 같았다. 그래서 등불을 켜고 자세히 보니 죽은 쥐 한 마리가 있지 않은가. 아이가 이상하게 여기면서 말했다.

"이 쥐는 방금까지 물건을 갉아먹고 있었는데 어떻게 갑자기 죽었을까? 조금 전에 소리를 낸 것은 귀신이 장난을 한 것인가?"

그러면서 자루를 뒤집어서 죽은 쥐를 바닥에 떨어뜨리자, 그 쥐는 재빨리 도망을 가버렸다.

-『동파전집(東坡全集)』

ID	reply
 제비꽃	약은 쥐에게 한 방 먹은 동파 님은 어떤 표정을 지었을까요? 그러기에 왜 쥐를 자루 속에 넣어 두었나요? 갇혀 있는 생명들이 자유를 향한 탈출에 제 목숨을 건다는 것, 그리고 하늘이 그의 지혜를 돕는다는 것, 아셨는지요.....
 범생	호랑이에게 잡혀가도 정신만 차리면 산다. 한낱 미물에 불과한 쥐가 지혜롭게 위기를 모면하는 모습이 기특하군요. 그런데 얼마나 먹을 것이 없었으면 쥐가 빈 자루를 갉아먹고 있었을까요. 그래도 시궁창을 헤매는 지금보다 사람과 함께 살면서 배고픔을 달래던 옛날을 쥐들도 그리워하지 않을까요?.
 공주	저는 정말로 쥐를 무서워하는데, 이제 보니 어릴 때 본 끔찍한 영화 때문인 것 같아요. 어떤 사이코 박사가 거인 되는 약을 만들어서 그걸 하수구에 버려서, 쥐가 그걸 먹고 커졌다나 뭐라나. 하수구 저편에 커다란 괴물 쥐가 눈을 번뜩이고 있더라구요. 또, 뻑 하면 하수구를 지나다가 쥐들의 동시공격을 받는 영화들도 많죠. 음악은 섬 찟하고..... 찍찍~ 찌지직~ 우리나라 옛이야기에서는 쥐가 항상 정다운데요.

comment [　　　　　　　　　　　]

4. 어리석은 쥐

　쥐는 밤에 곡식을 훔쳐먹는다. 어떤 월(越)나라 사람이 주둥이가 넓은 항아리에 곡식을 담아두고 쥐가 마음대로 먹게 내버려두었다. 그러자 쥐는 동무들을 모두 불러 항아리 속으로 뛰어들어가 실컷 배를 채우고는 돌아갔다. 그러자 월나라 사람은 항아리의 곡식을 깨끗이 비우고 물을 부은 뒤 쌀겨를 띄워 놓았다. 밤이 되자 쥐들은 그것도 모르고 떼지어 항아리 속으로 뛰어들었다가 모두 빠져죽고 말았다.

－명(明)나라　송렴(宋濂)의　『연서(燕書)』

ID	reply
 불초	시궁쥐들처럼 수영을 좀 배워두지... 꾀 많은 쥐라더니 다 헛말입니다. 뜻밖의 복이 재앙이 될 수도 있다는 새옹의 가르침을 새겨봅니다.
 혼자가는 먼집	복락이 넘치던 천국의 항아리가 예고도 없이 아비규환의 지옥으로 돌변하게 될 줄을 훔쳐먹기 좋아하는 어린 쥐들이 어찌 알았으랴. 온갖 재물과 영예와 권력이 담긴 항아리 속에 무작정 뛰어드는 사람들. 쌀겨처럼 얄팍한 허상으로 뒤덮인 천길 나락인 줄도 모르고.
 자락	타성이 화를 불렀군요. 오늘도 어제 같으려니 하고 관성에 따라 움직인 쥐들이 그만 수장을 당하고 말았네요. 자기가 하는 일에 대한 반성 없이 그날그날 적당히 살아가는 우리들에게는 수장의 위험은 없는 것일까요.
 숙경낭자	뜻밖의 행운은 늘 조심해야 합니다. 이게 함정이 될 수 있다니까요. 어리석은 쥐들이라니... 인간들이 어떤 자들인데 하루면 모를까 다음날까지 쥐들에게 그리 많은 곡식을 무상제공하려고 했겠습니까?
 범생	요즘도 쥐와 같이 어리석은 사람을 노리는 사람이 많으니 조심해야 합니다. 뜻밖의 행운이 찾아올 줄 알고 도박, 투기했다가는 날벼락 맞기가 십상이지요. 열심히 노력하여 번 돈을 가지고 알뜰하게 쓰는 지혜를 우리 후손들에게 물려줘야 하지 않겠어요?

comment [　　　　　　　　　　　　　]

5. 사자고양이

  명(明)나라 만력(萬歷) 시대 때 황궁 안에 쥐 한 마리가 살고 있었다. 그 크기가 고양이만 했을 뿐만 아니라 피해도 심각했다. 그래서 조정에서는 사람을 파견해 이 큰 쥐를 잡을 고양이를 찾았지만, 데려온 고양이마다 모두 쥐에게 잡아먹혔다.

  그럴 때 마침 다른 나라에서 사자고양이 한 마리를 갖다 주었는데, 털 빛깔이 눈처럼 희었다. 궁인(宮人)이 사자고양이를 쥐가 있는 방에 놓아두고 문을 잠근 뒤 어떻게 하나 몰래 살펴보았다.

  사자고양이가 그 자리에 꽤 오래 앉아 있자 큰 쥐가 쥐구멍에서 나와보고는 성을 내며 달려들었다. 그러자 고양이는 책상 위로 피했다. 쥐가 또 뛰어올라오자 고양이는 아래로 도망갔다. 이렇게 왔다갔다하기를 백여 차례나 하였다.

  이런 광경을 보고 모두들 고양이가 두려워서 그런다고 여기고, 이 사자고양이도 어쩔 수 없다고 생각했다. 차츰 시간이 지나자 쥐가 뛰는 움직임이 둔해지고 배를 헐떡거리며 숨을 가쁘게 몰아쉬고 급기야 땅바닥에 앉아 쉬려고 했다. 그때 사자고양이가 재빨리 뛰어내려가 발톱으로 쥐의 목덜미를 거머쥐고 날카로운 이빨로 머리를 깨물었다.

　사자고양이와 큰 쥐는 서로 뒹굴며 싸우는데, 사자고양이는 '야옹' 하며 더욱 기세를 올리고 쥐는 '찍찍' 하고 비명을 질렀다. 사람들이 급히 방문을 열어보자 쥐는 이미 만신창이가 되어 있었다. 그제서야 사람들은 사자고양이가 처음에 쥐를 피한 것이 두려워서가 아니라 쥐가 방심할 때를 기다린 것이었음을 알았다.

-청(清)나라　포송령(蒲松齡)의　『요재지이(聊齋志異)』

ID	reply
 동락	적절한 때에 공격하는 것이 지리적인 요충지를 얻는 것만 못하고 지리적인 요충지를 확보하는 것이 병사들의 인화단결보다는 못하다는 맹자의 말이 있기는 하지만, 그래도 싸움에서 공격할 때와 기다릴 때를 아는 것은 가장 기본적인 전략전술 가운데 하나이겠지요.
 섭섭	무릇 사람을 평할 때도 이와 같지 않을까 생각합니다. 사람의 능력과 진정한 모습은 그가 꼭 필요하다고 느낄 때 드러내는 것이 아닐까 생각합니다. 아무 때고 설치고 잘난 척한다면 꼭 화를 입더라구요.
 sun	성급하게 나서서 화를 자초하지 말고, 준비된 자세로 때를 기다리라. 기회가 왔을 때는 즉각 포착하라. 전략과 전술에 뛰어난, 특히 심리전에 능한 흰털 사자고양이의 이름을 '히동구'라 불러야겠군요.
 범생	순간의 방심이 화를 자초한다? 끊임없이 공격하면서도 적을 파악하는 자세가 필요합니다. 또한 선제공격으로 단 몇십 초 만에 골을 넣어주었던 아픔도 잊지 말아야겠습니다.
 만무방	비에리나 피구 선수를 두 손 들게 한 최진철, 송종국, 김남일 선수 같군요. 두려움 없이 용의주도한 심리적 교란전술로 막강한 적을 굴복시키는 지혜. 우리 집엔 자그마한 사자개(포메라이언)가 있었는데, 산책할 때 큰 개들이 컹컹 짖어대며 얼러대도 소 닭보듯이 꿈적 않고 빤히 바라보고 서 있어요. 마침내 큰놈들이 헐떡거리다 하릴없이 꽁무니를 보이는 걸 보면..역시 무늬만 라이언이라도 경지가 다른가 봐요.

comment [　　　　　　　　　　　　　　　　　]

6. 쥐며느리

쥐며느리는 등에 물건을 잘 지는 벌레다. 이 벌레는 길을 가다가 물건을 보면 꼭 그것을 등에 졌다. 등에 진 물건이 점점 더 무거워져 힘들어도 그 일을 멈추지 않았다. 쥐며느리의 등은 미끄럽지 않아 물건을 쌓아도 흩어지지 않는다. 그래서 짐을 너무 많이 실은 쥐며느리는 나중에는 넘어져도 일어날 수가 없었다.

어떤 사람이 그 광경을 보고 쥐며느리 등 위에 실려 있는 물건들을 덜어주었다. 그러나 다시 길을 가게 되자 쥐며느리는 예전처럼 짐을 지기 시작했다. 또 그 벌레는 높은 데 올라가기를 좋아해서, 짐을 진 채 있는 힘을 다해 높은 곳을 기어올라갔다가 결국에는 떨어져 죽고 말았다.

－『유종원집(柳宗元集)』

ID	reply
 불초	습한 온실, 하우스 등에 많이 살며 식물의 줄기를 갉아먹는다는 회색의 타원형 해충. 뜨거운 물을 홱 뿌리면 몰사한다는...바벨탑을 쌓던 바빌론 사람들..신이 탑을 무너뜨려 불경을 다스렸으나, 여러 부족과 언어로 분열되고 분쟁을 거듭하면서도 지금도 오만의 탑을 계속 쌓아올리는 인간들 같습니다. 결국 큰곰의 콧김에 날아가 버릴 신세일 텐데..
 숙경낭자	물건을 등에 지기를 잘하는 벌레라니... 넘어져서 일어날 수 없을 때까지 짐을 져야만 하는 쥐며느리의 숙명이 눈물납니다. 집시처녀 에스메랄다에 대한 사랑을 벗지 못할 숙명으로 여기며 고통스럽게 절규했던 노틀담 사원의 수도사처럼. 오늘도 "아낭케!... 아낭케!..." 피의 절규가 들리는 듯합니다.
 범생	불 속으로 뛰어드는 나방, 새끼를 낳기 위해 강물을 거슬러 올라가는 연어, 하루 몇 잔씩의 커피를 마시며 일에 치이고 스트레스를 받으면서도 일이 없으면 허전해 또 일을 벌이는 나, 쥐며느리와 다를 게 없군요.
 늘푸른	누가 묵묵히 자기 등에다가 짐을 올려놓아 그 짐에 지치고 치어 넘어지고 일어나지 못하고 구르는 쥐며느리에게 돌을 던질 것인가. 남의 등도 아닌 자기 등에 짊어지는 쥐며느리에게!

comment

7. 두꺼비의 근심

애자가 배를 타고 바다를 건너다가 밤이 되어 어느 섬에 정박했다. 밤 중에 물 속에서 우는 소리가 들리는데, 마치 사람의 말 같아서 귀를 기울여 들어보았다.

한 악어가 말했다.

"어제 용왕이 '물 속에 살고 있는 것 중에 꼬리가 있는 것은 모두 죽여버린다'는 명령을 내렸지. 나는 꼬리가 긴 악어라서 죽는 것이 겁이 나 울고 있어. 그런데 두꺼비 너는 꼬리가 없는데도 왜 울고 있느냐?"

그러자 두꺼비가 말했다.

"나는 지금 다행스럽게도 꼬리가 없지만, 내가 올챙이였을 적에는 꼬리가 있었거든!"

－소식(蘇軾)의 『애자잡설(艾子雜說)』

ID	reply
엄지	기특하게도 올챙이 적 생각을 하는 두꺼비로군요. 그렇죠. 올챙이가 살아남지 못하면 당연히 두꺼비도 있을 수 없겠죠. 씨를 말리는 일인데... 이런 일은 특히 인간들의 장기이지요.
혼자가는 면집	우언들이 참 슬프다.... 소동파는 아마도 슬픔의 달인이 아니었을지! 슬픈 우언들이 내 마음을 위로하누나.
범생	근심이 지나친 것도 문제로군요. 악어에게는 두꺼비의 말이 아마도 자신을 놀리는 말이라 생각될지도 모릅니다. 나의 근심이 남에게는 한낱 웃음거리가 될 수도 있다는 뜻이겠지요. 내가 지닌 근심이 두꺼비가 지닌 근심인지 악어가 지닌 근심인지 돌아보는 여유를 가지고 마음을 좀더 넓게 가져보는 것도 좋을 듯하네요.
불초	옛날 이야기로군요. 지금은 두꺼비가 용왕이 되었어요. 그 용왕 왓땁니다. 용왕이 꼬리가 있다고 해서 꼬리 가진 많은 물짐승들을 죽이기 시작했지요. 두꺼비가 근심 끝에 검은 밤 곧은 소리로 울어댔더니 저항의 소용돌이가 물나라에 확산되어, 마침내 혁명의.. 퇴화한 내 꼬리뼈가 근질거리네요. 박통, 전통 시절 생각나고요.
공주	저는 박통 죽었을 때 텔레비전에 대고 추모의 절을 하고 엉엉 울었더랬습니다. 문디....(－..－)

comment [   ]

8. 길들여진 사슴

강가에 사는 어떤 사람이 사냥을 가서 새끼 사슴 한 마리를 잡아와 기르려고 했다. 문을 들어서자 집에서 기르던 개들이 침을 흘리고 꼬리를 흔들면서 새끼 사슴을 향해 달려들었다. 주인은 화가 나서 개들을 야단쳤다. 그런 뒤 주인은 매일 새끼 사슴을 껴안고 개들에게 가까이 가서, 늘 개들이 어린 사슴을 보게 했다. 점차 개와 새끼 사슴은 친해져 같이 놀기도 하고, 주인을 함께 따라다니기도 했다.

오랜 기간 동안 이런 가운데서 성장한 새끼 사슴은 급기야 자기가 사슴인 것조차 잊어버리고, 개를 자기의 친구로 여겨 그들과 뒹굴고 놀면서 더욱 친해졌다. 개는 주인을 두려워해 새끼 사슴과 장난을 치고 잘 지냈지만, 늘 혀에 침을 흘리며 잡아먹을 생각을 하였다.

이렇게 3년이 지난 뒤 사슴이 주인집 문을 나갔다. 길 여러 곳에 개들이 있는 것을 보고 그들과 놀려고 앞으로 걸어갔다. 그랬더니 도처의 개들이 신이 나서 달려와 사슴을 물어 죽이고는 잡아먹었다. 이렇게 죽으면서도 사슴은 자기가 잡아먹히는 이유를 알지 못했다.

-「유종원집(柳宗元集)」

ID	reply
 불초	길들여진다는 게 이렇게 위험한 것이죠? 인간 역사가 권세와 도그마에 길들여져 조종되어온 역사 아닌가요? 그래서 전 개도 고양이도 길들이질 못해요. 길들어야 할 유일한 것은 생명의 섭리, 자연의 법칙이 아닌가 해요. 인간 정체성의 원점이 그곳에 있지 않을까 해서요.
 제비꽃	어릴 때 밤비라는 사슴을 좋아했었죠. 동물의 나라엔 거울이 없으므로 사슴은 마주 보는 개의 얼굴을 자신이라고 생각할 수밖에요. 그런데 유종원의 우언은 안데르센 동화처럼 따뜻하지 않네요. 미운 오리새끼에겐 백조가 나타나 그의 정체성을 깨우쳐 주잖아요?
 엄지	자기의 본성을 잃어버린 사슴과 잃지 않은 개, 과보호 속에서 자신을 지키는 법을 터득하지 못한 사슴은 결국 비참한 말로를 맞이하게 되는군요. 인간도 과보호 속에 있으면 이런 운명을 피할 수 없을 것인데...

comment

9. 방자한 쥐

　영주(永州)에 어떤 사람이 띠의 길흉에 대한 미신을 특별히 심하게 믿었다. 그는 쥐띠라 쥐를 끔찍이 여겨, 집에 고양이도 기르지 않고, 노복들이 쥐를 잡지도 못하게 하였다. 얼마 지나지 않아 양식 곳간과 주방은 쥐가 설치게 되었다. 이렇게 되자 동네 쥐들이 죄다 그 집에 모여들었다. 쥐들은 아무런 걱정 없이 종일 배불리 먹을 수 있었다.

　그 집에는 완전하게 남아 있는 것이 없었다. 옷걸이에는 성한 옷이 없었고, 마실 것과 먹을 것은 모두 쥐가 먹다가 남은 것이었다. 급기야 대낮에도 쥐들이 사람과 같이 설치고, 밤에는 앞다투어 물건을 갉아대는 소리에 잠을 못 잘 정도였다. 그래도 그는 끝내 쥐들을 쫓아내지 않았다.

　몇 년 후 이 사람이 다른 곳으로 이사를 갔다. 다른 사람이 왔는데도 쥐들은 여전히 곡식을 훔쳐먹고 물건을 훼손하고 다녔다. 새로 온 주인이 말했다.

　"쥐는 어두울 때 물건을 훔치고 훼손하는 것이 심한 동물인데, 어떻게 이토록 방자하게 굴도록 내버려두었단 말인가."

　이에 고양이를 빌려오고 문을 단속하며, 쥐구멍에 뜨거운 물을 붓고, 일꾼들에게 쥐를 잡게 했다. 이렇게 잡은 쥐들이 작은 산을 이룰 정도였다.

－『유종원집(柳宗元集)』

ID	reply
 범생	우리 사회에 깔려 있는 수많은 미신들이 생각나는군요. 그 미신들 때문에 우리 사회는 유지되고 있는 것 같지만 결국은 퇴보하고 있지 않은지?
 머슴	곡식은 비록 축났을지라도 그 전 주인의 마음은 편하지 않았을까요? 다만 변화된 상황에 능동적으로 현명하게 대처하지 못한 쥐들만 고초를 당한 것이죠.
 늘푸른	쥐띠는 아니지만 쥐들도 세상을 살 권리를 갖고 태어났으니 함께 살아가는 방법을 찾았으면 좋겠네요. 그러나 자기 권리가 남의 권리를 침해하지 않아야 한다는 걸 지키기가 어려운 세상이라 걱정입니다. 내 인생이지만 남의 잔을 마셔버리지 않는 범위 내에서 살아가는 양심 말입니다.

comment [   ]

10. 짐새와 독사

짐새(깃에 독이 있는 새)와 독사가 길에서 만났다. 짐새가 앞으로 나가 독사를 쪼아먹으려고 했다. 그러자 독사가 말했다.

"세상 사람들은 모두 네가 독이 있어서 싫어해. '독 있는 동물'이라는 이름은 정말 불명예스러워. 그런 이름은 네가 나를 잡아먹기 때문에 생긴 것이야. 네가 나를 잡아먹지 않으면, 그런 좋지 않은 이름은 사라질 거야."

그러자 짐새가 가소롭다는 듯이 말했다.

"네가 어찌 사람들에게 해독을 끼치지 않는다고 할 수 있느냐. 그런데도 도리어 나를 독이 있다고 하는 것은 나를 속이는 것이지. 네가 사람들에게 좋지 못한 말을 듣는 것은 늘 사람을 물려고 하기 때문이야. 나는 네가 사람을 무는 행위를 매우 싫어해서 너를 잡아먹음으로써 징벌하려는 거야. 사람들이 이것을 알고 나를 길러 너를 막으려는 것이지. 또 네 몸에 있는 독이 내 깃털에 옮겨와 사람을 죽이는 데 쓰이지. 말하자면 내 깃털의 독은 원래 너의 독이거든. 나는 단지 이 깃털의 독 때문에 독조라는 불명예스런 이름을 얻은 것뿐이야. 그리고 내 깃털의 독으로 사람을 죽이는 것은 사실 사람들이 하는 것으로, 마치 병기를 가지고 사람을 죽이는 것과 같은 이치지. 창과 칼로 사람을 죽인다면 이것은 병기의 책임인가, 사람의 책임인가."

짐새는 말을 계속 했다.

"이렇게 보면 내가 독으로 사람을 죽이지 않는다는 것이 확실해. 그리고 사람들이 나를 키우고 너를 키우려 하지 않는 이유도 분명해지지.

나는 사람을 독살하려는 마음이 전혀 없으나, 사람들이 내 깃털의 독을 이용하고, 나는 그 덕분에 내 몸을 보전하고 있어. 내 몸을 보전하고 있기 때문에 독조라는 불명예를 감수하고 살고 있지. 그런데 독사 너는 늘 사람을 해치려는 마음을 품고 고개를 쳐들어 눈을 부릅뜨고 숲속에 숨어서 사람이 오기를 기다렸다가, 사람을 깨물어 죽이는 일을 능사로 여기고 있지. 오늘 네가 나를 만난 것은 하늘의 뜻인데, 네가 어찌 궤변으로 이것을 모면하려 하느냐?"

독사가 이 말을 듣고 대답을 못하자, 짐새는 독사를 쪼아먹어버렸다.

–무명씨(無名氏)의 『무명자(無名子)』

ID	reply
 만무방	독사 위에 짐새, 짐새 위에 사람이군요. 독사도 목숨을 보전하기 위해 어쩔 수 없이 독을 품고, 독사를 이기는 짐새는 본의 아니게 묻은 독이 사람에게 유용하게 쓰여 몸을 보전하고, 사람도 제 몸 보전하느라 남의 독을 이용하니, 독이야말로 생명보전의 상책이란 말인가요. 평화를 위해 군비를 확충한다는 논리도 거기서? 이렇게 서로 물고 먹는 세상에서는 독을 차고 살아야 한다는 생각이 들기도 하지요.
 제비꽃	사람에게 이용당하는 용병 주제에 꽤나 말이 번지르한 짐새가 얄밉네요. 자위적인 수단으로 독을 생산할 수밖에 없었을 독사의 지난한 유전형질 형성과정 대신 그저 사람들로부터 얻은 독으로 자신을 보존할 뿐만 아니라 적극적으로 독살에 앞장서면서도 자기 반성은커녕 오히려 독사를 나무라고 자신을 합리화하고 있군요.
 동락	독사는 스스로 남을 해치지만, 짐새는 사람에게 이용당하고 억울하게 '독 있는 새'라는 악명을 듣고 있는 것 아닌가요. 칼도 쓰는 사람에 따라 폭력의 수단이 되기도 하고, 정의의 무기가 되기도 하지요.

comment [   ]

11. 지옥에서 생긴 일

애자가 병이 나 혼미해져 있을 때, 꿈속에 명부(冥府)에 가서 염라대왕이 일 처리하는 것을 보게 되었다.

귀신 몇이 한 사람을 끌고 왔다. 한 관리가 염라대왕에게 보고했다.

"이 사람은 인간 세상에 있을 때에 남의 약점이나 사생활을 전문적으로 조사해서, 그것으로 남을 겁주어 재물을 취한 자입니다. 아무 잘못도 없는 사람이라도 교묘하게 사건을 날조하고 유혹해서 음해한 뒤 죄를 뒤집어 씌워 법률의 제재를 받게 한 놈입니다. 이 자는 마땅히 오백억만 근의 시초(柴草)를 불태워 가마솥에 끓인 뒤에 내보내는 것이 마땅합니다."

염라대왕은 이 판결에 동의하고는 감옥의 관리에게 이를 집행하도록 명령했다. 그때 소머리귀신이 그를 붙잡고 갔다. 그 사람은 은밀히 소머리귀신에게 말했다.

"당신은 무엇을 하는 귀신인가?"

소머리 귀신이 대답했다.

"나는 탕옥(湯獄)을 주관하고 옥중의 일도 모두 책임지고 있다."

그러자 그 사람은 말했다.

"옥의 일을 주관하는 걸 보니 필시 최고 우두머리가 아니오. 그런데 당신이 입고 있는 표범가죽 바지는 왜 이렇게 떨어졌소?"

소머리귀신이 말했다.

"이 지옥에는 이런 짐승가죽이 없고, 내 이름이 세상에는 잘 알려지지 않아 새 표범가죽을 갖다줄 사람이 없지."

그 사람이 말했다.

"우리 외할아버지가 사냥을 하시는데 집에는 언제나 표범가죽이 있다오. 만약 나를 동정해서 물을 끓일 때 시초를 줄여서 나를 살려서 돌려 보내준다면 나는 당신이 가죽바지를 만들어 입을 수 있도록 반드시 표범가죽 열 장을 가져오겠소."

소머리귀신은 기분이 좋아서 말했다.

"너를 위해서 시초의 수자에서 '억만' 두 자를 빼고 거기 있는 귀신들을 속여서 네가 빨리 집에 돌아갈 수 있도록 하고, 동시에 끓이는 고통의 3분의 2를 면해주겠다."

이에 귀신들이 그 사람을 뜨거운 가마솥에 넣고 끓일 때 소머리귀신이 시시로 왔다갔다하면서 참견하니, 감옥관이 그를 비호하는 것을 알아채고는 감히 불을 세게 하지 못하고 시초의 수량을 다 태운 것으로 보고했다.

그 사람이 뜨거운 물솥에서 나와 옷을 입고 모자를 쓴 뒤 집에 돌아갈 채비를 했다. 그때 소머리귀신이 말했다.

"표범가죽을 잊지 말아라."

그 사람은 몸을 돌리면서 말했다.

"내가 시 한 수를 주겠소. 소머리귀신은 아는가. 권세가 염라대왕에게 있고, 그대에게 없음을. 시초를 감해준 것은 좋으나, 부정한 방법으로 표범가죽 바지를 구하려 하다니."

소머리귀신은 이 시를 듣고 매우 화가 나서, 그를 다시 뜨거운 가마솥에 넣고 시초를 더욱 많이 때면서 끓였다.

— 『애자잡설(艾子雜說)』

ID	reply
 명경지수	무사히 지옥을 빠져나올 수도 있었겠군요. 수단이 좋은 사람이네요. 요즘은 이런 사람들을 똑똑한 사람, 유능한 사람이라고 하지 않나요? 정의는 반드시 승리하는 걸까요 정말? 정직한 사람들이 잘사는 세상이 되었으면 좋겠습니다.
 불초	뇌물 주고도 잘 안 풀리면 뇌물수수로 고발해서 뒤집어씌우는 못된 놈들이 그 옛날에도.... 그런데 소머리귀신이 그 정도라면 염라대왕도 임기 말에 레임덕 현상이 있었단 말? 소머리귀신은 어떻게 지옥에 보내나?

comment

12. 어리석은 복어

 어느 강에 복어가 살고 있었다. 어느 날 복어가 유영을 하다가 다리 아래의 기둥을 들이받았다. 그래도 복어는 멀리 피해 돌아갈 줄 모르고, 도리어 다리의 기둥이 자기를 들이받았다고 생각하면서 크게 화를 내었다. 그리고는 아가미를 벌리고 지느러미를 세우며 배를 탱탱하게 한 채 물 위로 떠올라 오랫동안 꼼짝하지 않았다. 이때 공중에서 매 한 마리가 날아와 발톱으로 복어를 꽉 잡아챈 뒤 그 창자를 찢어 먹어버렸다.

－유종원(柳宗元)의　『유하동집(柳河東集)』「부록(附錄)」

ID	reply
 숙경낭자	안 되는 상대에게는 맞서지 말고 조용히 물러나는 게 현명한 걸까요, 비겁한 걸까요? 생각이 모자라 늘 화부터 내고 꼭 후회하고 마는 저는 어리석은 복어랑 한 집안이로군요. 적어도 남의 먹이가 되는 일만은 피하고 싶은데……
 머슴	작은 거슬림에 분노하지 않고 의연한 자세로 자연의 섭리에 따라 처벌받도록 두는 그 교각이 부럽습니다. 오늘은 복어집에 가렵니다 .복어가 나를 희롱할 때 나는 어떻게 대처할까... 자성하고 오렵니다.
 만무방	술 곤죽이 되어 비틀대다가 전봇대에 정수리 한 방 맞고 화가 치밀어 웃통 벗고 전봇대와 한판 붙다가 아리랑치기 당하는 꼴이죠. 정신차리고 살아야지요. 이젠 저돌보다는 유연이 상수가 아닌가 해요.
 혼자가는 먼집	이게 웬 떡이냐고 씩씩거리는 복어를 잡아채서 찢어먹은 매는 어떻게 되었을까? (복어의 내장엔 맹독이 있다던데….) 복어를 성질나게 한 그 교각처럼, 뻣뻣하고 무신경한 것들이 내 마음의 유영을 방해하는 때가 가끔 있다. 콘크리트 기둥을 피해 가는 법을 터득하지 못한 가련한 복어처럼 나는 머리에 혹이 난 채 분기탱천하여 꼼짝도 안한다. 굶주린 새떼들의 먹잇감이 되기 딱 좋은 꼴이다.
명경지수	암튼 화내면 화낸 사람이 손해라니까요. 전 얼마 전 집에서 숯불구이 치킨을 시켰는데, 배달도 엄청 늦은데다가 주문한 대로 안 와서 엄청 화내고 삐쳐 있었어요. 어디 화낼 데가 뽀족이 없더라구요. 아무튼 삐쳐 있는 동안 결국 남편 혼자 다 먹었어요. －..－

comment

13. 오징어의 처신

　바다에 살고 있는 오징어는 입으로 먹물을 뿜어내 그 주위의 바닷물을 검게 만들 수 있다. 어느 날 오징어가 바닷가 얕은 물에서 놀면서 다른 동물들이 자기를 발견할까 겁이 나 입으로 먹물을 뿜어 자기를 숨기려고 했다. 마침 그 위를 날던 바닷새가 갑자기 변한 바닷물을 의혹스럽게 내려보다가 오징어를 발견하고 발로 채서 잡아먹었다.

−소식(蘇軾)의 『동파전집(東坡全集)』

ID	reply
엄지	자기를 숨기려는 계략이 오히려 잡아먹히는 빌미가 되었네요. 어설픈 계략은 한 수 위에서 바라보면 곧 들키고 만다는 걸 세상의 모든 먹물들이 좀 깨달았으면 좋겠군요. 다른 입장에서 보면 오징어는 약자고 바다새는 강자로 볼 수도 있겠네요. 오징어가 자기를 지키려고 먹물을 뿌리며 조심해도 결국 강자의 먹이가 되고 만다는.
sun	지적인 오만으로 자신의 헐벗음을 위장하고 실존의 허무를 극복하려던 오징어도 결국 죽음만은 면할 수 없죠. 먹물 든 인간의 운명 또한 다를 바 없겠죠.
범생	옛날의 은사들은 자신을 드러내지 않는 것을 미덕으로 삼았지요. 요즘은 오히려 자신을 드러내는 것이 미덕이 될 만큼 세상이 변했습니다. 오징어처럼 하다가는 의혹의 대상이 되고 다른 사람의 밥이 되는 냉혹한 세상이 되어버렸군요.
불초	오징어는 투명하죠. 위에서 안보여요. 그래도 눈에 띌까. 먹물을 비장하고 다니는데 그 비장의 생존무기마저 여지없이 무력화되는군요. 불쌍한 오징어. 여우 피하려다 독수리 만났으니. 서민들이 아무리 살겠다고 몸부림쳐도 흉포한 권력은 인정사정 볼 것 없다 그거죠. 빅브라더 형님 우리는 어쩌라굽쇼~!
공주	아무리 좋은 무기도 시기 적절하게 사용해야겠네요. 미련하게 같은 수법을 다른 상황에 적용하다니... 제가 잘 그래요. 가끔은 스스로 무덤을 파기도 합니다.

comment [　　　　　　　　　　　　　　]

14. 오리의 항변

옛날에 어떤 사람이 사냥을 하려고 하는데, 토끼를 잡을 줄 아는 매도 식별할 줄 몰라서 오리를 매인 줄 알고 샀다. 그는 교외에 나가 토끼가 뛰어가는 것을 보고 오리를 공중에 날려 그 토끼를 잡으려 했으나, 오리는 날지를 못하고 땅에 떨어졌다. 몇 차례 계속 오리를 공중에 날려보았지만 결국 땅에 떨어지기만 했다. 그러자 오리가 뒤뚱거리면서 갑자기 사람의 말을 했다.

"나는 오리로서 사람들의 먹잇감이 되는 것이 내 본분인데, 왜 이렇게 나를 들어 던지면서 못살게 구는 거요?"

그 사람이 말했다.

"나는 네가 토끼를 잡을 수 있는 매인 줄 알았는데, 어떻게 오리란 말인가?"

그러자 오리는 물갈퀴를 들어 보이고 웃으며 말했다.

"그대는 이 물갈퀴를 보면서도 토끼를 능히 잡을 수 있다고 생각했단 말이오!"

– 『애자잡설(艾子雜說)』

ID	reply
 머슴	남들이 나의 본질을 제대로 알지 못하면서 멋대로 포장하여 그 포장대로 행동하길 원하는 모습이 정말 싫을 때가 있어요...^^;
 불초	저도 가끔 사람의 말을 빌려 "나는 사람이 아니라 불초란 동물이다"라고 하소연하지만, 사람들은 고기잡이 명수인 오리를 한낱 먹잇감으로 생각하죠. 각기 본연의 생태를 가진 만휘군상이 인간의 횡포로 매양 뒤죽박죽되고 마니....
 혼자가는 편집	오리는 날개가 있어 날 수 있다. 다리가 있어서 걸을 수도 있다. 물갈퀴로는 헤엄도 칠 수 있다. 말하자면 육해공에 모두 능한 멀티플레이어인 셈. 하지만 그 날개로는 멀리 날 수 없고, 그 다리로는 뒤뚱거리며 걸을 뿐 달릴 수가 없다. 두 개의 물갈퀴를 가졌지만 먼 바다로 떠날 수가 없다. 나 아닌가?

comment [   ]

15. 억울한 호랑이

　어떤 사람이 심양(沈陽)에 있을 때에 산 정상에서 손님을 위해 연회를 베풀고 있었다. 그때 산 아래를 내려다보니, 호랑이 한 마리가 무엇을 물고 와서 앞발로 흙구덩이를 판 뒤 그 물건을 묻고 가는 것이 아닌가. 그 사람은 하인을 보내 호랑이가 파묻은 물건을 꺼내게 하였는데, 그것은 죽은 사슴이었다. 이 사람은 죽은 사슴을 꺼낸 뒤 흙구덩이를 원래대로 메워두었다.

　얼마 지나자 호랑이가 흑수(黑獸: 검은 짐승) 한 마리를 인도해서 오는데, 그 검은 짐승에게 난 털이 몇 발이나 되었다. 호랑이가 앞에서 길을 안내하는 것이 마치 존귀한 손님을 모시는 것 같았다. 흙더미 부근에 이르자 흑수는 쭈그리고 앉아 그곳을 바라보고 있었다. 호랑이는 그 흙구덩이를 파보았지만 죽은 사슴이 보이지 않자 전전긍긍하며 땅에 엎드려 움직이질 못했다. 그러자 흑수는 매우 성이 나서 자기를 속인 것이라 생각하고는 날카로운 발톱으로 호랑이 머리를 사납게 공격하여, 호랑이를 금방 죽여버렸다.

－청(淸)나라 포송령(蒲松齡)의 『요재지이(聊齋志異)』

ID	reply
 제비꽃	짐승의 것을 훔치는 것도 도둑질 아닌가요? 사람은 호기심과 재미로 호랑이의 것을 훔쳤지만 그 때문에 호랑이는 목숨을 잃었네요. 변명도 못하고 한방에 맞아 죽은 호랑이가 불쌍합니다.
 자락	밥 먹을 때는 개도 안 건드린다고 했는데, 생존을 위해 보관해둔 양식마저 훔쳐먹는 인간들의 행태가 정말 호랑이만도 못하군요. 호랑이는 자기가 먹을 만큼 먹으면 다른 동물을 더 이상 건드리지 않는다고 하지 않던가요. 호랑이가 '짐승 같은 인간'이란 비유를 들으면 기분 나쁠지 모르겠군요.
 엄지	흑수도 그렇지…호랑이가 자기에게 하는 태도로 보아 어떻게 속인 거라고 생각할 수 있었을까요? 죽이기 전에 호랑이의 사연을 들어보았더라면 오히려 호랑이를 위로할 수 있었을 텐데. 억울하게 죽은 호랑이가 가엾네요.

comment ▢

16. 새의 구원

천진(天津)의 어느 사찰 처마 끝에 황새가 둥지를 틀었다. 또한 그 지붕 꼭대기에는 큰 뱀 한 마리가 항아리처럼 똬리를 틀고 있었다. 황새가 둥지에 새끼를 까놓으면 뱀이 그 새끼들을 잡아먹었다. 그러면 황새가 슬피 울다가 날아갔다.

이렇게 3년이 지나자 사람들은 황새가 다시 오지 않을 것이라고 생각했다. 그런데 다음 해에 황새는 예전처럼 날아와 둥지를 틀고 살았다. 새끼들이 제법 자라자 이 황새는 먹이를 찾으러 돌아다니다가 사흘 만에 돌아왔다. 황새는 자기 집에 들어가 '깍깍' 하고 소리를 내는 새끼들을 먹였다. 그때 뱀이 또 꿈틀거리며 기어왔다. 뱀이 둥지 가까이 다가오자 황새는 놀라 날개를 황급히 퍼덕이며 소리를 질렀다.

그런데 잠시 후에 '휙' 하는 바람소리가 나더니 삽시간에 천지가 어두워졌다. 절에 있던 사람들이 모두 놀라 웬일인가 쳐다보니, 어떤 큰 새 한 마리가 날개로 태양을 가리면서 공중에서 빠른 속도로 내려오는데 마치 비바람이 몰아치는 것 같았다. 그 새가 발톱을 세워 큰 뱀을 맹렬히 공격하자 뱀의 대가리가 땅에 떨어졌다. 그리고 그 큰 새는 날개를 털고 날아갔다. 그때 황새가 큰 새 뒤를 따르는 모양이 마치 그를 받들어 보내는 것 같았다.

　　그러나 황새의 둥지는 이미 부서져버렸고, 황새 새끼 중 한 마리는 죽고 한 마리만 겨우 살아남았다. 스님들은 살아 있는 새끼를 보살펴 종각 위에 올려놓았다. 조금 후에 황새가 다시 돌아와 예전처럼 그 새끼를 먹여 살렸다. 그 새끼가 완전히 다 자라자 황새들은 그곳을 떠나갔다.

－「요재지이(聊齋志異)」

ID	reply
 제비꽃	한 편의 장중한 다큐멘터리를 보는 것 같습니다. 가혹한 시련이 끊임없이 위협을 가한다 해도 알 수 없는 거대한 존재가 다가와 도움을 주고, 때로 따스한 인간의 손길에 힘입어 존속되는 한 생명이 더없이 고귀하게 여겨집니다.
 자락	살아 있는 모든 생명은 그 나름의 존재 이유와 스스로의 존귀함을 지니고 있지요. 새가 부화한 알들을 깨트리는 행위는 자연의 평화를 해치는 행위인 것 같습니다. 우리 어머니들은 기명물을 식힌 다음에 버렸다고 하는데, 마당의 지렁이를 죽이지 않게 하기 위해서였다고 하더군요.
 엄지	새끼를 잃을 걸 알면서도 똑같은 자리에 둥지를 트는 황새라...황새를 지속적으로 괴롭히던 뱀은 결국 인과응보의 순리대로 돌아가고, 나약하기만 한 황새는 큰 새의 도움으로 남은 새끼를 거둬 그곳을 떠나갔다는 슬픈 드라마 한 편을 연출했군요.
 범생	뱀과 새의 악연이 결국은 불행을 가져오고 말았군요. 잘못된 만남이라면 빨리 떠나는 지혜도 필요합니다. 우리나라의 동물보은 설화에도 새와 뱀의 이야기가 나오는데 뱀이 새를 괴롭히는 이유는 항상 습한 땅을 기어다녀야 하는 자신의 운명에 대한 저주가 잘못 발산된 탓은 아닐까요?
 만무방	나무관세음보살..

comment [　　　　　　　　　　　　　　　]

17. 애인과 아내

초(楚)나라에 사는 어떤 사람에게 아내가 두 명 있었다. 어떤 사람이 그의 첫째 부인을 유혹했으나 그녀로부터 호통만 들었다. 그런데 둘째 부인을 유혹했을 때는 반응을 보였다.

몇 년이 지나지 않아 초나라 사람이 죽었다. 그러자 주위 사람이 그 아내를 유혹했던 사람에게 물었다.

"지금 자네가 장가를 간다면 첫째 부인을 택하겠는가, 아니면 둘째 부인을 택하겠는가?"

두 부인을 유혹했던 사람이 말했다.

"첫째 부인을 택할 것이네."

주위 사람이 물었다.

"첫째 부인은 자네에게 호통을 치고 둘째 부인은 자네를 좋아하는데, 어째서 첫째 부인을 택하려는 것인가?"

그러자 부인들을 유혹했던 사람이 이렇게 대답했다.

"지난 날 다른 집에 살 때야 당연히 나를 좋아하는 둘째 부인과 같이 지내려 했겠지만, 이제 아내로 맞이하려 한다면 당연히 남에게 조롱받기를 거부하고 도리어 호통치는 첫째 부인이 좋지 않겠는가."

- 『전국책(戰國策)』「진일(秦一)」

ID	reply

동락

자기와 이해관계가 없는 문제에 대해서는 자유롭고 객관적인 입장을 취하지만, 직접 자기의 문제일 경우에는 주관적이 되고 심각하게 되는 것 같습니다. 대한민국 남자들이 자기 부인은 정숙하기를 바라면서, 남의 아내는 다 자유부인이기를 바라는 이중적인 의식을 갖고 있는 건 아닌가요?

여사모

현재의 사랑을 가꾸어 나가기보다는 늘 다른 사랑을 꿈꾸고 있는 남녀에게 꿈을 깨라고 찬물 한 바가지를 끼얹는 얘기네요. 다른 사랑도 이미 현실이 되면 또 다른 사랑을 찾아야 하는 걸 위의 어떤 사람은 잘 알고 있었네요.

comment [   ]

18. 목숨과 바꾼 돈

영릉(零陵) 지방에 수영을 잘하는 사람이 있었다. 어느 날 황하의 물이 불어났을 때 그는 친구들 대여섯 명과 조그만 배를 타고 강을 건넜다. 강을 건너는 도중에 배가 부서져 물이 새자 모두 배를 버리고 헤엄을 쳐서 강을 건너기 시작했다. 수영을 잘하던 그 사람은 아무리 힘을 써서 헤엄을 쳐도 멀리 가지를 못했다. 그래서 친구들이 물었다.

"자네는 평소에 수영을 제일 잘하는데, 오늘은 왜 뒤처지기만 하는가?"

그 친구가 대답했다.

"돈 천 냥을 허리에 차고 있는데, 너무 무거워서 그러네."

친구들이 말했다.

"왜 돈을 버리지 않는가?"

그 친구는 대답을 하지 않고 고개를 저었다. 얼마 지나자 그는 점점 기운이 빠졌다. 이미 강을 건넌 친구들이 강변에서 큰 소리로 말했다.

"이 바보 같은 친구야! 죽어가는 마당에 돈이 무슨 소용이 있나?"

그래도 그 친구는 고개를 가로저었다. 결국 그는 물에 빠져 죽었다.

－「유종원집(柳宗元集)」

ID	reply
숙경낭자	금전에 대한 맹목적 집착이 결국 사신(死神)을 불렀군요. 돈맛에 들리면 이렇게 죽음이 바라보여도 결국 벗어나지 못하게 되는 건가 보죠?
범생	수영실력이 뛰어나도 돈 때문에 물에 빠져 죽은 친구, 그에게는 돈 없이는 살아도 사는 의미가 없었을 것입니다. 분명 목숨보다 소중한 것이 돈은 아니지만 돈 때문에 정말 고통을 겪어본 사람은 다르겠지요? 또한 어떠한 능력이 있다 해서 그 능력을 제대로 써먹으면서 살아가는 사람이 과연 얼마나 될까요?
머슴	물에 빠진 지금 내가 집착하여 버리지 못하는 것은 무엇인가? 무소유의 완전함을 다시금 부러워하다......
공주	살아간다는 것은 선택의 연속이라고 하더군요. 물에 빠진 이 사람의 선택은 돈이었군요. 시기 적절하지 않은 선택이었지요? 저도 가끔 적절하지 않은 선택으로 진땀을 뺍니다.

comment

19. 영구의 선비

영구(營丘)에 살고 있는 어떤 선비가 별로 똑똑하지도 않으면서 일 벌이기는 좋아하고, 다른 사람과 논쟁하기도 좋아했는데, 대개 사리에도 맞지 않았다. 어느 날 그는 애자를 찾아가 이렇게 물었다.

"모든 큰 수레 밑이나 낙타의 목덜미에는 방울이 달려 있는데, 이것은 무엇 때문입니까?"

애자가 말했다.

"수레나 낙타는 형체가 매우 크고 또 밤에 길을 갈 때에 갑자기 좁은 골목에서 서로를 만나면 곤란하기 때문에, 방울소리를 울려 먼저 피해서 충돌을 막기 위함일세."

영구의 선비는 말했다.

"절의 탑 위에도 방울이 달려 있는데, 그곳에도 야간에 길을 가다 피할 일이 있는지요?"

애자가 말했다.

"자네는 참으로 답답하네. 모든 새들은 높은 데 둥지를 틀어 새똥을 아무 데나 누기 때문에, 탑 위에 방울을 달아 거기에 새집을 짓지 못하게 하려는 것일세. 그것을 어떻게 수레나 낙타의 경우에 비교하는가."

그러자 영구의 선비는 또 이렇게 말했다.

"새매의 꼬리에도 조그만 방울이 매여 있는데 새들이 그곳에도 둥지를 틀기 때문입니까?"

애자는 껄껄 웃으며 말했다.

"정말 답답하구만. 새매가 다른 동물을 잡거나 숲속으로 날아들다가 발에 매여 있는 실끈이 나뭇가지에 감기어 벗어나려고 날개짓을 하면, 사람이 그 새매 꼬리에 달린 방울소리를 듣고 쉽게 찾을 수 있다네."

영구의 선비는 또 말했다.

"저는 일찍이 상여를 인도하는 소년이 큰 방울을 딸랑거리며 만가를 부르는 것을 보면서도 왜 그러는 줄 몰랐는데, 오늘에야 나뭇가지에 발이 걸려 넘어지면 사람들이 방울소리를 듣고 그를 구하기 위한 것이라는 것을 알게 되었습니다. 그런데 만가를 부르는 소년의 발을 감은 것은 가죽끈입니까, 실끈입니까?"

애자가 그만 화를 내면서 대답했다.

"만가를 부르는 소년은 죽은 사람을 위해 장례의 의식을 치르는 것이라네. 죽은 사람이 생전에 쓸데없이 남과 쟁론하기를 좋아했기 때문에 방울을 울려 그 시신을 기쁘게 해주려는 것이야!"

-『애자잡설(艾子雜說)』

ID	reply
 sun	코미디언 심형래가 분장한 '영구'의 유래가 여기 있군요(?). 차라리 영구의 선비 목에 방울을 달고 땡칠이와 놀게 하는 게 어떨까요…. 하지만 그는 하나를 배워 열을 풀어 먹는 약삭빠른 선비보다 해롭지는 않겠지요.
 명경지수	심야토론인가 하는 방송프로그램을 생각나게 하는군요. 정치인들이 나오면 정말 괴롭고요, 언젠가 홈페이지에 누드를 올렸던 미술교사 아시죠? 그 문제를 가지고 이야기하는데, 각계 대표라는 사람들 중에서 그 홈페이지를 보지도 않고 와서 논쟁하는 사람이 다 있더군요. -..-
 머슴	다 같은 사람이라도 처한 상황에 따라 그 역할과 기능이 다른 것을 알았습니다. ^^
 만무방	영구의 선비가 보통내기가 아니군요. 애자를 아예 쥐락펴락하는군요. 요즘 같았으면 개그콘서트에 나가 재치를 한껏 자랑했겠습니다. 사상에 대하여 의문을 품고 또 묻기를 부끄러워하지 않으니 진정 선비로다.

comment ______________________________

20. 두 마리 호랑이를 잡는 법

변장자(卞莊子)가 호랑이를 잡으러 나가려고 하였다. 그때 여관에 있던 아이가 나와 말리면서 말했다.

"호랑이 두 마리가 지금 저 소를 잡아먹으려고 하고 있습니다. 저들이 잡아먹는 소의 고기 맛이 좋으면 서로 빼앗아 먹으려고 할 것입니다. 빼앗으려고 하다 보면 싸울 것이며, 싸우다 보면 작은 호랑이는 죽고 큰 호랑이도 상처를 입을 것입니다. 그때 어른께서 다친 호랑이를 잡는다면 한꺼번에 두 마리의 호랑이를 쉽게 얻을 수 있을 것입니다."

변장자는 아이의 말이 일리 있다고 여겨 기다렸다. 조금 있으니까 과연 호랑이 두 마리가 소를 몽땅 차지하기 위해 싸우기 시작했다. 그렇게 싸우더니 결국 작은 호랑이는 죽고 큰 호랑이도 상처를 많이 입었다. 변장자는 때맞춰 상처난 큰 호랑이를 잡아 한꺼번에 호랑이 두 마리를 얻었다.

－한(漢)나라　사마천(司馬遷)의　『사기(史記)』「장의열전(張儀列傳)」

ID	reply
만무방	아이의 지혜도 가상하나, 제 힘으로 잡지 못할 호랑이라면 욕심을 버려 생태계를 보호하시지..
sun	어부지리는 언제 어디서나 가능하군요. 과도한 욕심과 경쟁이 있는 곳이라면.
자락	저는 어린아이의 지혜를 받아들일 줄 아는 변장자의 자세를 주목하고 싶군요. 박지원 선생도 모르는 것이 있으면 길 가는 사람이나 노복들에게 물어보라고 했는데, 바로 변장자가 그런 사람은 아닐는지요? 어린아이의 말을 경청할 줄 아는 그는 분명 진리를 향한 열린 마음을 가진 인물일 거예요.
범생	저도 어린이의 지혜에 귀기울일 줄 아는 어른의 자세를 높이 평가하고 싶습니다. 어린이에게 무조건 지식을 넣으려고만 하지 말고 이처럼 어린이의 지혜로움이 빛날 수 있도록 여유를 주는 것은 어떨까요?

comment

21. 큰소리

공손룡(公孫龍)이 조(趙)나라 혜문왕(惠文王)을 만나 뵙고 허황한 자랑을 늘어놓았다. 그는 왕에게 큰 붕(鵬)새가 한 번 날면 구만 리를 날고, 용백국(龍伯國) 사람이 여섯 마리의 큰 거북을 한꺼번에 낚는 전설을 이야기했다. 그랬더니 혜문왕이 말했다.

"남해의 큰 거북을 나는 아직 본 적이 없소. 다만 우리 조나라에 있었던 일을 이야기해주겠소. 진양(鎭陽)이란 곳에 어린아이가 두 명 있는데, 한 명은 동리(東里)요, 다른 한 명은 좌백(左伯)이오. 어느 날 두 아이가 발해(渤海)의 해변에서 놀고 있는데, 붕새 한 무리가 바다 위를 날아오르자 동리가 급히 바다에 들어가 단번에 붕새 한 마리를 잡았소. 발해의 물은 겨우 동리의 종아리까지밖에 차지 않았다오. 그런데 무엇을 가지고 붕새를 담았겠소? 동리는 좌백의 두건을 잡아당겨 붕새를 담았던 것이오. 좌백은 이에 성이 나 동리와 싸움을 벌였는데, 오래도록 끝나지 않자 동리의 모친이 억지로 자기 아이를 끌고 집으로 돌아가려 할 때였소. 좌백이 태항산(太行山)을 들어서 동리에게 던졌는데, 뜻밖에 잘못해서 동리의 모친을 맞추어 눈 한 쪽에 돌이 박혀 멀게 되었소. 동리의 모친이 손으로 눈에 박힌 돌을 뽑아 서북쪽으로 튕겨내었는데, 그것이 지금 항산(恒山)이오. 그대는 이런 이야기를 들어보았소?"

공손룡은 멋쩍은 표정으로 손을 모아 예를 표시한 뒤 황망히 떠났다.

—『애자잡설(艾子雜說)』

ID	reply
숙경낭자	두 사람의 허풍 싸움에서 혜문왕이 승리했군요. 왕이 되면 허풍의 크기나 세기도 더 커지는 모양이지요?
만무방	공손룡은 드림팀의 일원 같군요. 뻥을 쳐도 예를 갖추고 결과에 승복하는 자세. 그런데 공손룡이 0:1로 끝낼 위인이 아닐텐데..

comment

22. 귀신이 겁내는 사람

애자가 천천히 길을 가다가 절을 하나 보았다. 그 절은 비록 작았지만 장식은 제법 장엄한 빛을 띠었다. 절 앞에는 도랑이 하나 흐르고 있었다. 어떤 사람이 그 도랑을 건널 수 없자 절 안에 들어가 대왕의 소상(塑像)을 들고 나와 물 위에 가로질러 놓고는 밟고 지나갔다.

또 한 사람이 여기를 지나다가 이 광경을 보고는 "이런! 신상(神像)을 함부로 다루다니" 하고 새삼 놀라면서 신상을 일으켜 세웠다. 그리고는 자기 옷을 찢어서 깨끗이 닦아 제 자리에 봉안한 뒤, 몇 번 절을 하고는 떠나갔다.

조금 있다가 애자는 절의 귀신이 이렇게 말하는 것을 들었다.

"대왕께서는 여기에서 신령을 부리시어 이곳 사람들의 제사를 받고 있는데, 방금 어리석은 백성으로부터 모욕을 당하고도 왜 벌을 내리지 않습니까?"

대왕이 말했다.

"글쎄, 재앙을 내린다면 뒤에 온 사람에게나 내릴 수 있다네."

귀신이 이상해서 다시 물었다.

"앞에 온 사람은 대왕을 밟고 지나갔으니 이보다 더 큰 모욕이 없는데도 그에게는 재앙을 내릴 수 없고, 도리어 뒤에 대왕을 존경한 사람에게나 화를 내릴 수 있다고 하시니, 도무지 알 수가 없습니다."

대왕이 말했다.

"앞에 온 사람은 이미 귀신을 믿지 않으니, 어떻게 그에게 재앙을 내
릴 수 있단 말인가?"

-『애자잡설(艾子雜說)』

ID	reply
 제비꽃	후천성 도덕결핍증은 걸린 사람에게는 아무런 고통도 생명의 지장도 없다는데, 문제는 그와 더불어 살아가는 사람들이 대신 앓아야 한다는 것이지요.
 공주	네가 나의 이름을 불러주었기에 나는 너에게로 가서 한 마리의 귀신이 되었다는 말이군요. 있어도 있지 않고, 없어도 없지 않은 것이 얼마나 많을까요? 세상에는 여러 개의 차원이 진짜 존재하나 봐요.
 머슴	정말 생각한 만큼 이루어질 수도 있겠군요....^^;;
 숙경낭자	믿지 않는 사람에게는 재앙이든 복이든 끼칠 수 없는 것이로군요. 믿지 않으니 재앙을 내려도 그걸 재앙이라고 생각지 않을 테고, 복을 내려도 그걸 신이 준 것이라고 생각하지 않고 자신의 공력으로 느낄 테니까요. 모든 건 마음이 결정하는 것인가 봅니다. 일체유심조(一切唯心造)라!
만무방	하하, 신통한 모티브로군요. 호랑이를 무서워 않는 어린아이나, 몬스터를 야옹이 정도로 알고 친구로 여기는 꼬마 '부'나, 천진이란 것이 지옥이나 선악과로 공갈칠 수 없는, 귀신도 가장 무서워한다는 것.

comment

23. 잠수

중국의 남방(南方)에는 잠수(潛水)할 줄 아는 사람이 많다. 그들은 늘 물과 더불어 살기 때문에 일곱 살에는 황하(黃河) 물 속으로 걸어서 건널 수 있고, 열 살에는 물 위로 떠서 헤엄을 칠 수 있고, 열다섯 살이 되면 물이 깊은 곳에서도 잠수할 수 있다. 잠수 기술은 쉽게 배울 수 있는 것은 아니다. 남방 사람들은 물의 성질을 완전히 파악한 사람들이라 할 수 있다. 그들은 늘 물과 접촉하기 때문에 열다섯 살이 되면 물의 성질을 완전히 장악할 수 있다는 것이다. 자라면서 물의 성질에 익숙하지 않으면 신체가 비록 건장하더라도 물 위의 배를 보고도 겁을 내게 마련이다. 그래서 북방(北方)의 용감한 사람도 잠수하는 방법을 배워, 그가 가르쳐준 대로 황하 물에 뛰어 들지만 죽도록 고생만 하는 경우가 많다.

-『동파전집(東坡全集)』

ID	reply
 숙경낭자	환경이 사람을 만들고 사람이 환경에 길들여지는군요. 오늘의 나를 형성한 바탕은 무엇인지, 내가 장악한 기술은 무엇인지 아무것도 생각나지 않지만 그래도 나를 둘러싼 환경이 나를 만들었다는 것은 알고 있습니다.
 sun	신토불이는 단지 먹거리에만 해당되는 것이 아닌 거죠. 지금 내가 바라보는 풍경, 마시는 공기 한 모금도 다 나를 형성하는 거라고 믿습니다.
 머슴	그래도...사람은 저마다의 장점과 매력이 있을진저....^^
 불초	남선북마라고 물 많은 남쪽사람들 물질 잘하는 게 당연하고, 북방에서 말 타고 활 잘 쏘는 게 제격이겠죠. 제 삶의 터전에서 자아실현을 추구하는 모습이 아름답고 위대하죠. 지중해 푸른 바다 속을 한없이 내리쏘던 그랑블루의 레옹이나 창공을 솟구치는 갈매기 조나단 리빙스턴처럼 우리는 아이들 가슴속으로 끝없이.....
 하상공	우리의 지식 중에 몸으로 익힌 경험적 지식이 가장 뚜렷이 오래 남는 것 아니겠습니까? 다만 한계가 분명한 것이 단점이지만요.

comment

물처럼 바람처럼

한 사회가 유지되기 위해서는 윤리와 법이 반드시 필요하지만, 어떨 때는 인간이 만든 제도와 윤리가 폭력의 성격을 띠고 도리어 인간을 억압하기도 한다. 이럴 때 우리는 어디에도 얽매이지 않고 자유방달한 삶을 영위했던 장자를 그리워하게 된다. 세속의 때를 벗어나 티없이 자연스러운 세상을 꿈꾸는 장자의 우언은 삶에 지친 우리 현대인들에게 큰 위로가 될 것이다.

1. 종을 빨리 만든 이유

북궁사(北宮奢)가 위(衛)나라 영공(靈公)을 위해 백성으로부터 세금을 거두어 종을 만들게 되었다. 성곽의 문밖에 단을 만들고 석 달 만에 종걸이를 완성했다. 그것을 보고 왕자인 경기(慶忌)가 물었다.

"그대는 무슨 수로 이렇게 빨리 해냈는가?"

북궁사가 대답했다.

"저는 마음가짐을 오롯이 할 뿐 다른 방법은 쓰지 않았습니다. 제가 한 것은 마음을 비우고 생각을 버려 의심을 품지 않고, 자연에 따라 가는 것은 보내고 오는 것은 맞이하고, 배반하는 자는 내버려두고 순순히 따르는 자는 그대로 하게 하였습니다. 그랬더니 아침저녁으로 세금을 거두어도 백성들은 조금도 부담스러워하지 않았습니다."

-『장자(莊子)』「산목(山木)」

ID	reply
 숙경낭자	마음을 비우고 자연의 이치대로 따르게 하면 서로 좋겠지만 과연 그렇게 해서 원하는 만큼의 세금이 들어올지는 모르겠습니다. 위나라는 선인들의 나라였을까요? 아니면 북궁사의 오롯한 마음이 이심전심으로 백성들의 마음에 신비스런 감화작용을 일으킨 것일까요?
 자락	오는 사람을 막지 않고 가는 사람을 붙잡지 않는 것, 이것이 인간의 자연스런 만남과 헤어짐의 상태일는지요?
 제비꽃	종을 만드는 취지와 목적이 백성들의 마음을 움직일 만큼 온당한 것이었기에 너나없이 자발적으로 즐거이 헌금하였을 테지요. 세금을 내면서도 기뻐하는 마음으로... 위나라 영공이 대단한 성군이었던 모양입니다. 그리고 성군의 신하답게 어질고 현명한 북궁사구요. 석 달 만에 완성된 종을 칠 때마다 백성들의 마음에 행복한 동심원을 그으며, 종소리 은은히 울려 퍼졌을 것 같네요.
 불초	하늘을 따르는 자는 흥하고 거역하는 자는 망한다(順天者興, 逆天者亡)?

comment [________________________________]

2. 세상의 지혜

사람들은 상자를 열고 자루를 뒤지며 궤를 뜯어 젖히는 도둑을 막기 위해 으레 끈으로 꽁꽁 묶고 자물쇠로 잠근다. 이것이 흔히 세상에서 말하는 지혜이다.

그러나 큰 도둑이 오면 궤짝은 통째로 지고, 상자는 손에 들며, 자루는 어깨에 걸치고 도망간다. 그런데도 사람들은 오히려 노끈이나 자물쇠가 단단치 못할까 염려한다.

-『장자(莊子)』「거협(胠篋)」

ID	reply
만무방	지혜가 세상의 도둑을 이기지 못한다. 오늘날 큰 도둑 빅브러더는 아예 사람을 길들여 세상을 통째로 훔친다. 그러고는 타성이 생겨 훔친 줄도 모르고 잘난 체한다.
sun	뒤팽의 '잃어버린 편지'처럼 소중한 것일수록 허술하게 관리하라. 차라리 도둑들이 도심(盜心)을 도난당하게 가난뱅이가 되라. 유태인의 격언처럼, 아무도 훔쳐갈 수 없는 무형의 재산을 축적하라.
자락	세상의 지혜란 큰 도둑을 위해 오히려 준비해둔 것에 불과한가. 큰 도둑을 막기 위해서는 나무와 숲, 나와 우리, 인간과 우주를 같이 볼 줄 아는 큰 지혜가 필요한 것인가.
섭섭	무소유의 기쁨... 소유하지 않으면 잃을 것도 없고, 잃을 것이 없으니 근심할 것이 없고... 무소유... 이것이 진정한 지혜가 아닐까... 그러나 실천하기 힘든 지혜임은 확실하다.
하상공	열 순라꾼이 도둑놈 하나 못 막는다더니 꼭 그렇습니다. 뭐 하러 그리 쌓아두고 마음 조이며 살아가는지... 도둑아! 세상을 다 가져라!
엄지	사람들이 막고자 하는 건 작은 도둑이지 큰 도둑은 아닌 것 같습니다. 큰 도둑은 하늘조차 두려워하지 않고 이를 자기의 지붕으로 삼으려 합니다. 오직 작은 도둑만이 하늘을 두려워하고 지은 죄를 치죄당하고 죄값을 치릅니다

comment [   ]

3. 한바탕 꿈

꿈속에서 술을 마시던 자가 아침이 되면 불행한 현실에 슬피 울고, 꿈속에 울던 자가 아침이 되면 즐겁게 사냥을 떠나오. 꿈을 꿀 때는 그것이 꿈인 줄 모르고 꿈속에서 또한 그 꿈을 점치기도 하다가 깨어나서야 꿈이었음을 아오. 그렇듯이 참된 깨달음이 있어야 이 인생이 한바탕의 꿈인 줄을 아는 거요. 그런데 어리석은 자는 자기가 깨달았다고 자만하여 아는 체를 하고 있다오.

–『장자(莊子)』「제물론(齊物論)」

ID	reply
 동락	같은 곳에 다음과 같은 유명한 「호접몽」 이야기도 있지요. "언젠가 장주가 나비가 되는 꿈을 꾸었다. 훨훨 날아다니는 나비가 된 채 유쾌하게 즐기면서도 자기가 장주라는 것을 깨닫지 못했다. 그러나 문득 깨어보니 틀림없는 장주가 아닌가. 도대체 장주가 꿈에 나비가 되었을까? 아니면 나비가 꿈에 장주가 된 것일까? 장주와 나비는 구별이 있기는 하지만 절대적인 변화는 없는 것이 아닌가."
 sun	장자는 초월이라는 사차원적 이행을 통해 현실의 고통과 모순을 벗어나고자 한 것 같아요. 세상만물의 차이와 분별을 다 버리고 나면, 크게 분노할 일도 슬퍼할 일도 욕망할 것도 없어지겠지요. 하지만 저는 죽음 직전까지 손금처럼 꼭 쥐고 있을 것 같아요. 타자와 구별되는 자아를… 꿈과 현실의 엄연한 차이를… 그러면서 밤낮 울고 웃고 할 겁니다.
 머슴	가끔 꿈속에서 머물며 깨고 싶지 않을 때가 있어요. 그리고 가끔은 피할 수 있다면 피하고 싶은 현실이 있구요. 둘 다 할 수 없는 일들이죠? 아무튼 꿈속이건 현실이건 최선을 다해볼랍니다. 비록 악몽의 상황일지라도…
 혼자가는 먼집	어제 학교 운동장에서 호랑나비를 보았다오. 삼월의 문턱으로 성급하게 날아든 그 녀석이 난해하게 파동을 그리며 저공비행하는 것을 눈으로 좇으며 잠시 어지러웠다오. 그 나비도 꿈을 꾸고 있는 것이라면, 잠시 다녀온 황량한 운동장의 악몽에서 깨어나 지금쯤 백화난만한 초원을 쌍쌍이 날고 있었으면 하오. 그러나 그대 장주의 말대로 꿈과 현실의 담장을 허물어버린다 해도 '지금 여기' 나비인 나의 추위와 굶주림은 어쩌지 못할 것 같소.
 숙경낭자	앞으로 불행할 땐 꿈이라고 생각하고 행복할 땐 현실이라고 생각하며 살아야겠네요.

comment

4. 말의 본성

말은 발굽이 있어 서리나 눈을 밟을 수 있고, 털이 있어 바람이나 추위를 막을 수 있다. 마음대로 풀을 뜯고 물을 마시며 껑충거리고 뛰논다. 이것이 말의 본성이다. 높은 건물과 화려한 궁전이 있다 해도 말에게는 아무 소용이 없다.

그런데 백락(伯樂 : 말을 잘 조련시키는 재주를 가졌다는 전설적인 인물)에 이르러, "내가 좋은 말로 길들이겠다"고 하면서 말의 털을 지지고 깎으며 발굽을 깎아내고 인두를 대고 하여, 굴레와 고삐로 줄줄이 묶어 우리 속에 가두어두었다. 이래서 말의 2~3할은 죽는다. 또한 먹이를 주지 않고 물도 안 준 채 달음박질을 시키고 명령대로 잘 움직이게 만들며, 앞에는 재갈과 장식을 달고, 뒤에서는 채찍으로 위협한다. 이렇게 하면 말의 반수는 죽는다.

– 『장자(莊子)』「마제(馬蹄)」

ID	reply
sun	세상의 모든 여자들을 바비인형으로 만들어주겠노라고 현대판 백락들이 인간조련에 성업중입니다. 뼈와 살을 깎아내고, 인두로 지지고, 주사기로 지방을 흡입하고, 먹이를 주지 않고 달음박질시키고, 굴레와 줄로 묶어 늘어놓고… 이렇게 하여 굶어죽거나 부작용으로 비관자살한 사람들이 부지기수입니다.
머슴	나의 본성은 무엇일까? 나를 길들인 존재는 누구일까? 나 스스로 나를 길들이지는 않았을까? 사회 적응이라는 이름으로 본성을 잃은 것은 아닐까?
하상공	『고문진보』에 나오는 한유의 「잡설」과 내용이 비슷합니다. 말을 본성에 맞게 그냥 뛰어놀도록 두라는 이야기입니까? 교육자들은 한 번쯤 생각해볼 일입니다.
엄지	남의 눈치보지 않고 본성대로 살 수만 있다면 그건 최상입니다. 그런데 저는 인간의 본성이 무엇인지 모르겠습니다. 너무 오래 교육받고 길들여진 결과 본성을 모두 잃은 탓일까요? 조롱 속의 새처럼. 무위자연은 환상이지 현실은 아닌 것 같습니다. 이해는 하지만 받아들여 실천하기는 망설여지는…

comment

5. 아침에 세 개, 저녁에 네 개

원숭이 부리는 사람이 원숭이에게 도토리를 나눠주면서
"아침에 세 개, 저녁에 네 개를 주겠다."
했더니 원숭이들이 모두 화를 내었다. 그래서
"그럼 아침에 네 개, 저녁에 세 개다."
하니까, 모두들 좋아했다.

-『장자(莊子)』「제물론(齊物論)」

ID	reply
 엄지	말의 변검 아닌 변술... 혹시 <변검>이란 영화 보셨는지요? 거기 보면 가면을 계속 바꿔가며 다양한 얼굴을 보여주잖아요. 그래도 그는 결국 한 사람일 뿐이에요. 같은 내용을 무늬만 바꾸어 남을 만족시킬 수 있다면... 부럽다!
 자락	이 조삼모사 우언 바로 앞에 '헛되이 애를 써 한쪽에 치우친 편견을 내세우면서 실은 모두가 하나임을 알지 못한다'는 말이 있어요.
 제비꽃	조삼모사를 다시 정의해볼 수는 없을까요? 합이 7이라고 하여 '3+4'와 '4+3'이 같지는 않지요. 원숭이 부리는 사람은 권모술수로 어리석은 자를 농락한 것이 아니라 그들의 요구를 수용하되 어려운 살림에서 최선의 방책을 제시한 것이라고 생각해요. 원숭이 입장에서 보면 아침을 든든히 먹어야 낮에 에너지를 많이 쓸 수 있고, 저녁은 다이어트를 위해 적게 먹는 게 좋겠죠. 어떻게 가진 것을 최대한 적절한 방식으로 운용하느냐, 그것이 중요한 것 같아요.
 머슴	가끔, 아주 가끔 그 원숭이의 단순하게 사는 법을 배우고 싶습니다. 현재 주어진 것에만 만족하며 그렇게 사는 법. 그리고 다이어트를 위해서 저녁은 조금만 먹는 것이 더 좋다던데...^^;
 혼자가는 면집	"자연 그대로의 커다란 긍정에 몸을 맡기고, 그 균형에서 쉬어라!" 소소하고 사사로운 시비로 일희일비하던 근시안을 버리고, 앞으로는 장자의 안경을 빌려 쓰고 살아야겠습니다.

comment

6. 쓸모 없는 것의 쓸모 있음

혜자(惠子)가 장자에게 말했다.

"당신의 말(言)은 쓸모가 없소."

그러자 장자는 말했다.

"쓸모가 없음을 알고 나서야 비로소 쓸모 있는 것을 말할 수 있는 것이오. 저 땅은 턱없이 넓고 크지만, 사람이 이용하여 걸을 때 쓰이는 곳이란 발이 닿는 곳뿐이오. 그렇다고 발이 닿을 부분만 두고 나머지를 파내어 황천까지 이르게 한다면 그래도 쓸모가 있겠소?"

혜자가 말했다.

"쓸모가 없을 것이오."

그러자 장자가 말했다.

"그러니 쓸모 없는 것도 실은 쓸모 있음이 분명하지 않소!"

-『장자(莊子)』「외물(外物)」

ID	reply
 청량처사	쓸모 있음과 없음의 차별은 어떤 마음에서 시작되었는가? 이런 차별조차 없는 것이 더 바람직하지 않은가? 찰나에 충실한 삶이 전부라는 말씀이 떠오릅니다.
 엄지	쓸모의 있고 없음도 모두 인간이 결정하는 것 아닐까요? 누군가에게 쓸모 있는 것이 내게는 불필요한 것일 수 있고, 내게 쓸모 있는 것이 다른 사람에게 쓸모 없는 것일 수도 있겠지요. 그런즉 "쓸모 없는 것이 실은 쓸모 있는 것"이 아니라 "쓸모 없다고 믿었던 것이 쓸모 있는 것이 될 수도 있다"는 것이겠지요. 단정이 아니라 가정이어야 한다는 겁니다.
 만무방	타산지석이 불용지용(不用之用)의 예가 될까요? 나그네에게 우물가 처녀가 바가지 물에 띄워준 버들잎이 또한 그 예가 될까요? 오토다케의 '불만족한 오체'는요? 떨어져 쌓이는 낙엽도 또한 그럴까요?
 제비꽃	옹기 굽는 할아버지에게 제가 궁금해서 물었지요. "할아버지, 옹기에다 그림은 왜 그려 넣었어요?" 할아버지는 수줍어하시면서 말하는 것이었어요. "그냥… 이쁘라고…" 옹기라는 '쓸모'에 그림이라는 '쓸모 없는' 것을 그려 넣은 옹기 할아버지의 주름 가득한 얼굴에 떠 있는 수줍은 미소가 정말 이쁘더군요.

comment [   ]

7. 죽음의 세계

장자가 초(楚)나라로 가다가 해골을 발견했다. 앙상하게 마른 채 모양만 남아 있었다.

장자가 채찍으로 치면서 말했다.

"그대는 목숨을 억지로 부지하다가 도리를 잃고 이 꼴이 되었는가, 나라를 망치려다가 처형되어 이 꼴이 되었는가? 아니면 몹쓸 짓을 하여 부모나 처자에게 더러운 이름을 남기기 싫어 스스로 목숨을 끊어 이 꼴이 되었는가."

그리고 나서 장자는 해골을 끌어다 베고 누웠다. 그러자 한밤중에 해골이 꿈에 나타나 말했다.

"당신의 말은 변사와 같더군. 대체 당신이 말한 것은 모두 살아 있는 인간과 관계되는 것이 아니가. 죽으면 그런 건 없다네. 어디, 죽음의 세계에 대해서 들어보겠는가?"

장자가 대답했다.

"그래 들어보세."

해골이 말했다.

"죽음의 세계에는 위에 군주도 없고 아래에 신하도 없지. 또 사철의 변화도 없다네. 편안하게 몸을 맡긴 채 천지와 함께 수명을 누린다네. 인간 세상의 제왕인들 이런 즐거움을 능가할 수 없을 걸세."

장자가 믿어지지 않아 물었다.

"내가 생명을 관장하는 신에게 부탁하여 그대의 형체를 다시 생겨나게 하고, 뼈와 살과 피부를 만들게 하여 그대를 부모와 처자, 고향의 친지들에게 돌아가게 해준다면, 그대는 그것을 바라겠는가?"

그러자 해골은 심히 눈살을 찌푸리며 대답했다.

"내가 어찌 제왕의 것에 못지않은 이 즐거움을 버리고, 다시 인간 세상의 괴로움을 겪으려 하겠는가."

—『장자(莊子)』「지락(至樂)」

ID	reply
섭섭	제왕의 즐거움보다 더 행복한 가족과의 정 나눔을 알지를 못했나 봅니다. 괴로운 인생이라도 저의 가족은 그 짐을 나누어 질 것임을 굳게 믿어봅니다. ^^;
하상공	장자의 사상에서 모든 사물은 기(氣)가 모이고 흩어지며 생과 사가 나누어지고, 다시 죽으면 기(氣)가 모여 새로운 삶을 이루니, 어찌 죽음을 두려워하겠습니까? 자기 부인이 죽었을 때도 좋아하며 춤을 춘 사람인데…
sun	두개골의 말은 논리적 오류라 할 수 있겠는데요. 인간의 행복은 괴로움을 전제로 만 성립될 수 있기 때문이죠. 고통이 클수록 그것이 제거된 뒤에 느끼는 행복감은 비례하여 커진다고 하는데, 고통이 영원히 멈춰진 세계에서도 즐거움과 행복이 존재할까요?
자락	산다는 것은 한 조각 구름이 인연에 따라 일어나는 것이고 죽는다는 것은 한 조각 구름이 인연에 따라 흩어지는 것이라고 했던 원효 스님의 경지인가요.
불초	죽음을 공포로 인식하는 것은 본능입니까, 종교적 억압의 도그마입니까?

comment [   ]

8. 사마귀의 만용

그대는 저 사마귀를 아시오? 사마귀는 팔뚝을 휘두르며 수레에 맞서지
만, 제 힘으로는 감당할 수 없다는 것조차 모르고 있소. 이런 것을 자기
재능의 훌륭함을 자랑한다고 하지요. 이런 태도는 경계하고 삼가야 하오.
자신의 훌륭함을 자랑하다 상대방을 거슬리면 위험하게 되는 것이오.

- 「장자(莊子)」「인간세(人間世)」

ID	reply
 숙경낭자	저는 늘 위험한 사람입니다. 분수를 모르고 덤비고 오만하고 무모하거든요. 때로는 너무 소심해서 남들을 아슬아슬하게 하기도 하고요. 지혜 없는 용기는 만용이지요. 만용은 남들뿐 아니라 자신을 위협합니다.
 동락	햄릿처럼 회의주의도 문제지만 돈키호테처럼 모험주의도 문제. 그런데 인간을 자꾸만 왜소하게 만드는 요즘 같은 세상에선 자기 힘을 과신하며 수레에 맞선 사마귀도 귀엽고 대견해 보입니다.
 머슴	갑자기 중국의 무술 당랑권이 생각이 나는군요... 현대의 중화기 앞에서 최고라 내세우며 대항하는 당랑권... 당랑권도 알지 못하는 저도 더 겸손해지겠습니다. -.-;
 늘푸른	대학을 갓 졸업했을 때까지만 해도 내가 생각하는 것을 모두 옳다고 자만했었고 정의로왔다. 10여 년이 지난 요즘은 나와 다른 생각도 이유와 타당성이 있다는 생각이 더 들고 관심 있게 들으려고 애쓴다. 그래서 얻은 것이 이해심이라면 내가 잃은 것도 많다. 불혹이라는 나이에도 이런 것들 사이에서 내 가치관은 혼란스럽다.
 불초	당랑거철(螳螂拒轍)의 용기가 없어서가 아니고 부질없는 짓인 줄 알기 때문이라며 장자님 경지를 흉내내어 비겁한 지식인으로 살았습니다. 그렇게 내 생애 봄날은 갔더라 말입니다.

comment [   ]

9. 민첩한 원숭이

오왕(吳王)이 강을 건너 원숭이가 사는 산으로 올라갔다. 많은 원숭이들은 그를 보자 두려워하면서 무성한 숲속으로 달아났다. 그런데 한 원숭이가 날렵하게 뛰어다니고 나무에 오르면서 왕에게 보란 듯이 재주를 부렸다. 왕이 원숭이를 향해 활을 쏘자 원숭이는 재빨리 그 화살을 손으로 잡았다. 왕은 시종에게 계속해서 쏘라고 했다. 끝내 그 원숭이는 화살을 손에 쥔 채 죽고 말았다.

― 『장자(莊子)』 「서무귀(徐无鬼)」

ID	reply
 섭섭	사람이든 미물이든 다 넘어서는 안 되는 선이라는 것이 있나 봅니다. 이 원숭이도 잠시 그러다 사라졌으면 전설적인 원숭이로 이름을 날렸을 텐데… 그만 멈추기를 잊어 이슬같이 사라졌군요. 뭐든지 재미있다 싶을 때 끝을 내야 아쉬움 속에 더 재미를 느끼는 법인데…
 혼자가는 먼집	자신의 한계에 도전하다 순절한 그 불굴의 원숭이에게 조나단 리빙스턴이라고 이름 붙여줄꺼나…
 동락	잘난 원숭이가 사고를 쳤군요. 그래서 노자가 제발 1등 좀 하지 말라고 외쳤잖아요. 낮은 데로 임하소서.
 청량처사	옅은 재주는 재앙의 화근이로다. 참 재주는 도피함이던가? 출처의 명분을 논함에 앞서 제 재주의 사양이 차라리 아름다움이로다. 재주의 전개는 뉘를 위함이며, 무엇을 위함이런가? 박재지사(薄才之士)의 탄식은 구름으로 흩어진다.
 불초	힘으로 맞서면 언젠가는 패할 것이나, 덕으로 맞서면 끝내 이길 것이다.

comment [   ]

10. 허유의 삶

요(堯)임금이 천하를 허유(許由)에게 넘겨주려고 이렇게 말했다.

"해와 달이 돋았는데 관솔불을 계속 밝히고 있으니, 그 빛은 헛된 것이 아니겠소? 때맞춰 비가 내리는데 여전히 물을 대고 있으니, 그 물 또한 무엇에 쓰겠소? 그대가 임금이 되면 천하를 잘 다스릴 터인데, 내가 여전히 천하를 맡고 있소. 돌아보면 내가 부족하니, 부디 천하를 맡아주구려."

그러자 허유는 이렇게 대답했다.

"그대는 천하를 이미 잘 다스리고 있소. 그런데 내가 그대를 대신한다면 그것은 이름을 얻기 위한 것이 아니겠소? 이름은 실질의 객(客)에 지나지 않는 것이오. 나더러 그런 객노릇을 하란 말이오. 뱁새가 깊은 숲 속에 둥지를 튼다 해도 나뭇가지 하나면 족하고, 두더지가 강물을 마신다 해도 그 작은 배를 채우면 그만이오. 돌아가시오. 내게는 천하란 아무 소용이 없소."

－『장자(莊子)』「소유요(逍遙遊)」

ID	reply
 자락	돌아가신 함석헌 선생님은 허유를 '들사람의 얼(野人精神)'의 소유자라고 했어요.
 숙경낭자	허유는 현명한 사람입니다. 나 같으면 실질의 객에 지나지 않는 허명(虛名)이라도 얻고 싶어하지 않았을지…
 sun	허유에게: 하늘에 해와 달이 있어도 그늘과 그림자는 반대편에 남고, 비가 오면 어느 곳은 홍수가 지고 어느 곳은 젖지 않는 법. 정치란 골고루 빛과 물이 미치지 못하는 곳에 인간의 힘으로 그들의 어둠과 가뭄을 거두어주기 위해 필요한 것이 아닐까 싶소. 나뭇가지 하나로 어렵게 지은 뱁새의 둥지를 빼앗는 뻐꾸기가 있고, 두더지의 움막을 파헤치는 멧돼지가 존재하는 한, 그들의 생존은 언제나 위협당하고 있소. 그대가 그대 몸 하나의 안위에 자족하며 무위자연을 노래할 때, 사회는 힘센 자들과 가진 자들의 천국이 되어갈 게요.
 하상공	허균의 『한정록』을 읽었는데, 똑같은 내용이 있었습니다. 읽으면서 지나친 사양이 아닐까 싶었습니다. 국가를 위해 꼭 필요하다면 임금이 되어 뜻을 펼 수도 있는 일일 텐데 말입니다.

comment [______________________]

11. 요임금의 사양

요임금이 화(華)라는 지방을 여행할 때 그곳 국경지기가 말했다.

"아, 성인이시군요. 성인께서 장수하시기를 축원합니다!"

"사양하겠소."

"성인께서 부유하시기를!"

"그것도 사양하겠소."

"그렇다면 성인께서 아들을 많이 두시기를!"

"역시 사양하겠소."

그러자 국경지기가 물었다.

"오래 살고 부유하고 아들이 많은 것은 누구나 다 바라는 바입니다. 성인께서 유독 그것들을 바라지 않으시는 것은 어째서입니까?"

요임금은 이렇게 대답했다.

"아들이 많으면 걱정이 많아지고, 부자가 되면 귀찮은 일이 많으며, 오래 살면 욕볼 일이 많을 것이오."

－『장자(莊子)』「천지(天地)」

ID	reply

 **만무방** 아이러니 아닌가. 요임금 시절에 자식이 애물단지고 부자가 번거롭고 오래 살면 욕을 보게 된다니. 하물며 지금 세상에서야… 설날 덕담 중 '부자 되세요'가 유행어였다는데, 요즘 세상에 그런 말은 악담 중에서도 가장 끔찍한 악담이 아니겠는가.

 **동락** 오래 살면서 뜻 있는 일을 하고, 부자가 되어 경주 최부자댁처럼 잘 베풀고, 아들을 낳아 알맞은 직업을 갖게 하는 길도 있지 않을지.

 **숙경낭자** 요임금의 기우… 아무리 그래도 예로 건네는 인사를 물리다니요. 성인답지 않군요. 오래 살고 부유해지면 남들을 위해 봉사하고 아들들을 잘 교육시켜 성인군자를 만들면 될 것이지, 그걸 귀찮아 하다니요.

 **청량처사** 어떻게 사는 것이 '잘' 사는 것일까? 족함을 알고 과욕하지 않는다는 것이 어디 말처럼 쉬운 일이겠는가? 범상한 우리네들의 일상은 잊고 물들고 속고 속이는 어리석음에 가리워 있지 않던가? 조용한 절집에서 곡차나 한잔하고 싶은 좋은 계절입니다. 나의 어리석음도 차향에 띄워 마셔버리고 싶습니다.

comment

12. 양을 잃은 까닭

장(臧)과 곡(穀) 두 사람이 양을 치다가 둘 다 양을 잃고 말았다. 장에게 무엇을 하고 있었느냐고 물으니 죽간을 읽고 있었다고 하였고, 곡에게 무엇을 하고 있었느냐고 물으니 노름을 하며 놀고 있었다고 했다. 두 사람이 한 짓은 다르지만 양을 잃었다는 점에서는 같다.

– 『장자(莊子)』「변무(騈拇)」

ID	reply
 엄지	두 사람 모두 본분을 잃고 딴 짓을 했으니 그런 벌을 받을 수밖에요. 짐승도 자기에게 주위를 기울이는 주인에게 순종하는가 봅니다.
 sun	양을 잃어버리고 난 뒤엔, 무슨 변명이든 정상참작이 될 수 없다는 말이지요. 그러나 양을 잃어버린 경위에 따라 두 사람의 운명은 꽤 달라졌을 것 같은데요. 죽간을 끼고 독서를 했던 친구는 훗날 학자 혹은 정치가가 되고, 노름을 하며 놀았던 친구는 노름빚에 쪼들리다 이웃집 양을 훔쳤을지도 모르죠.
 범생	살아가면서 양을 치는 일과 같은 사소한 일도 많이 하는데, 따분하여 자꾸 딴 곳에 마음을 팔기가 십상이지요. 이렇게 하루 하루를 무사히 살아갈 수 있는 것은 사소한 일이지만 소홀히 하지 않는 덕분이라고 새삼 말하고 싶군요.
 자락	조선후기 문인 이광정(1674~1756)의 우언집 『망양록(亡羊錄)』의 제목도 여기에서 따왔지요. 거기 실린 「노파의 다섯 가지 즐거움」이라는 작품은 바로 장자의 영향이 깊게 스민 작품입니다.
 제비꽃	이광정의 「노파의 다섯 가지 즐거움」에 나오는 민(民)과 장자의 양(羊)은 같은 의미로 쓰인 건가요? 둘 다 목민관의 실정을 비판하는...
 동락	민(民)의 상징으로 소나 양이 자주 이용되는 것 같습니다. 성서에서도 잃어버린 양의 비유가 나오고, 다산 선생도 '목민(牧民)'이라고 하지 않았습니까.
 불초	나의 양은 무엇인가? 천명의 업을 쌓는 일에 골몰하려 하나 양을 얻지 못하였으니. 망양지탄도 격이 다르군요.

comment

13. 줄 긋기

　장인인 공수(工倕)가 도면을 그릴 때 먹줄을 그으면 자로 긋는 것보다 뛰어났다. 그의 손이 사물과 함께 바뀌므로 마음에 걸리는 것이 없었다. 때문에 그 마음이 온전하여 막히는 것이 없다. 발을 잊는 것은 신이 꼭 맞기 때문이고, 허리를 잊는 것은 띠가 꼭 맞기 때문이었다. 시비를 잊는 것은 마음이 자연스러움에 맞기 때문이며, 마음이 변하지 않고 외물을 따르지 않는 것은 스스로의 처지에 편히 있으며 거기 알맞기 때문이었다.

　스스로 알맞은 데서 시작하여 늘 알맞게 있는 자는 이윽고 그 알맞다는 사실도 잊는 자적(自適)의 경지에 이르게 된다.

-『장자(莊子)』「달생(達生)」

ID	reply

혼자가는 먼집　자연스러움은 고도의 숙련에서 오는 것. 경지에 오르면 지극히 단순해지고 기교마저 잊어버린 고졸함에 이르는 것. 천진스러움은 자연이 빚어낸 최고의 예술. 그러나저러나 나는 발에 맞지 않는 신발을 신고 하루하루 절뚝이며 걷는다. 스스로 알맞은 데서 알맞은 데로 가는 자적의 경지에 언제나 이르게 될 거나.

자락　발에 맞지 않는 신발을 신고 다니면서도 그것을 자각하지 못하거나 오히려 자기 발에 문제가 있다고 생각하는 경우가 얼마나 많은가요? WHO에서 건강은 질병이 없는 상태만이 아니라 자기 몸을 의식하지 못하는 자적(自適)의 상태라고 정의했다지요.

불초　자적으로부터 자락에 이르는 경지를 알 듯도 합니다.

能破　시중(時中)이로군요. 주어진 때와 장소에 가장 적합한 행위의 지속이라는 것은 최고의 경지일 겁니다. 유가의 가르침과 상통하는 찰나를 읽습니다. 생활 선(禪)이라는 불가의 가르침과도 통하는 가봅니다. 평소 적중(的中)의 체험을 하지 못하는 저로서는 단지 부러움과 함께 씁쓸함뿐입니다.

comment [   ]

14. 장자의 처세

장자가 복수(濮水)에서 낚시를 하고 있는데, 초(楚)나라 왕이 보낸 대부 (大夫) 두 명이 찾아와 왕의 뜻을 전달하였다.

"부디 나라의 정사를 맡아주십시오."

장자는 낚싯대를 쥔 채 돌아보지도 않고 말했다.

"초나라에 신령스런 거북이 있었는데, 죽은 지 삼천 년이나 되었다고 들었소. 왕이 그것을 헝겊에 싸서 상자에 넣고 묘당(廟堂) 위에 소중하 게 두었다는데, 그 거북은 죽어서 뼈를 남겨 귀하게 받들어지기를 바랐 겠소, 아니면 살아서 진흙 속에서 꼬리를 끌며 다니기를 바랐겠소?"

대부들이 대답했다.

"그야 살아서 진흙 속에서라도 꼬리를 끌며 다니기를 바랐겠지요."

그러자 장자가 말했다.

"돌아가시오. 나도 진흙 속에서 꼬리를 끌며 다닐 것이오!"

─『장자(莊子)』「추수(秋水)」

ID	reply
 만무방	허유를 섬기던 장자께서 의당 그러셨겠지요. 그러나 각자 현인이 모두 진탕을 감수 하겠다고 내빼면 범강장달이 같은 도둑들만 판치는 세상이 되겠지요. 그런 도탄에서 불쌍한 것들! 하고 혀나 차며 뒷짐지고 사는 것은 누가 정죄합니까. 다행히 장자, 공자, 맹자와 같이 늘 도둑과 맞서온 의로운 성현들이 지금에도 살아 있어 그럭저럭 살만한가 합니다.
 하상공	그럴듯해 보이고 부귀를 누릴 수 있는 위치가 스스로를 얽매이고 구속하는 자리임을 모른단 말인가? 몸이 마음의 부림을 당할 것인가? 마음이 몸의 부림을 당할 것인가?
 숙경낭자	장자는 가장 쉬운 일을 하고 싶어합니다. 백성들의 삶이 어찌됐든 자신은 신선처럼 낚시나 하겠다고...? 이순신도 임진왜란 때 변방의 미관말직으로 편하게 살고 싶었 겠지만 어려운 일을 맡아 일부러 왜적의 표적이 되어 산화했지요. 이 우언에선 왠지 장자가 야속하게 생각되는군요. 정치가 더러운 것이긴 해도 굴원의 어부사처럼 더러 움 속에 들어가지 않으면 어찌 그 더러움을 걷어낼 수가 있겠습니까?

comment [____________________________]

15. 문상

　장자의 아내가 죽어서 혜자(惠子)가 문상을 갔다. 장자는 마침 두 다리를 뻗고 앉아 질그릇을 두드리며 노래를 부르고 있었다. 그것을 본 혜자가 말했다.

　"아내와 함께 자식을 키우다가 같이 늙은 처지에 아내가 죽었는데 곡조차 하지 않는다면 그것도 너무 무정한 것인데, 하물며 질그릇을 두드리며 노래를 하다니, 이거 너무 심한 것 아니오?"

　그러자 장자가 대답했다.

　"아니, 그렇지 않소. 아내가 죽을 당시에는 나라고 왜 슬픈 마음이 없었겠소. 그러나 그 근본을 생각해보니 본래 삶이란 없었던 것이었소. 삶이 없었을 뿐만 아니라 형체도 없었소. 형체가 없었을 뿐만 아니라 본시 기(氣)도 없었소. 그저 어둠 속에 섞여 있다가 변해서 기가 생기고, 기가 변해서 형체가 생기며, 형체가 변해서 삶을 갖추게 된 것이라오. 이제 다시 변해서 돌아간 것이오. 이는 춘하추동 사시가 운행하는 것과 같소. 아내는 지금 천지라는 커다란 방에 누워 있는 것이라오."

－『장자(莊子)』「지락(至樂)」

ID	reply
 sun	하나의 죽음은 또 다른 기를 얻어 새로운 형태로 합성될 수 있으므로 슬퍼할 것도 안타까워할 것도 없다는 장자의 생각은 이해합니다. 그러나 감성적 존재이기도 한 우리는 희로애락의 물결 속에서 수시로 부침을 면치 못하기에 더욱 인간적일 수 있는 거 아닐까요? 아내의 죽음 앞에서 춤을 추었던 장자의 초연함보다 아내의 죽음을 애도하던 공자에게 더욱 친근감이 느껴집니다.
 자락	아무리 좋은 친구도 악처만 못하다던데, 장자는 아내가 죽었는데도 질그릇을 두드리며 노래를 부른다? 아무리 도의 경지라지만 이해하기 곤란해요. 차라리 이 세상의 진흙밭에서 중생들과 같이 뒹굴며 살겠다던 장자가 더 마음에 들어요. 여기서는 장자가 너무 고고한 척하는 것 아닌가요?
 하상공	어느 신부님이 "천주교회의 핵심교리는 죽은 이후에 빠스카의 신비를 통해 하느님 나라에 들어가는 것이니, 죽음을 두려워할 필요가 없다. 나는 나이 먹는 것이 즐겁다!"고 하면서 죽음이 기다려진다고 했습니다. 장자와 같은 분 여기 또 있습니다.

comment [   ]

16. 원추와 올빼미

혜자(惠子)가 양(梁)나라의 재상이었을 때, 장자가 그를 찾아가 만나려 했다. 그때 어떤 사람이 혜자에게 말했다.

"장자가 와서 당신 대신 재상이 되려고 합니다."

그러자 혜자는 그만 두려운 마음에 사흘 밤낮 동안 온 나라를 뒤져 장자를 찾게 했다.

장자는 이 소문을 듣고 스스로 혜자를 찾아가 말했다.

"당신은 남쪽에 사는 원추라는 새를 아시오? 이 새는 남해에서 출발하여 북해로 날아가지만 오동나무가 아니면 앉지 않고, 멀구슬나무 열매(봉황이 먹는다는 열매)가 아니면 먹지를 않으며, 단 샘물이 아니면 마시지 않는다고 하오. 그런데 썩은 쥐를 얻은 올빼미가 있다가 날아가는 원추한테 빼앗길까 봐 위를 올려다보면서 성을 내었다는 거요. 지금 당신도 그 벼슬자리 때문에 내게 성을 내고 있는 것이오?"

–『장자(莊子)』「추수(秋水)」

ID	reply
 자락	우리는 날마다 자기의 좁은 관심사를 가지고 남을 이해하려 하고, 붓대롱 같은 좁은 구멍을 통해 세상을 바라보고 있지 않은지.
 숙경낭자	내가 만약 장자였다면, "아버지, 이 어린양의 죄를 못 본 체해주시고 그가 스스로 죄를 벗도록 지혜를 주소서"라고 예수처럼 말했으련만…
 혼자가는 면집	멀구슬이 아니면 먹지 않는 원추와 썩은 쥐를 탐식하는 올빼미, 신의 사랑을 받은 모차르트와 열등감으로 번민하고 좌절하는 살리에리, 천상의 사람과 진흙탕 속의 사람… 우리들은 으레 전자를 흠모하고 후자에게 가벼운 멸시를 보내곤 하지. 그런데 난 이렇게 반문하고 싶군. "붕새가 어찌 뱁새의 고통을 알리?"
 머슴	저라는 올빼미는 원추의 멀구슬나무 열매를 탐하며 살고자 합니다.

comment [   ]

17. 골개숙의 혹

　　지리숙(支離叔)이 골개숙(滑介叔)과 함께 황제가 쉬던 곳인 곤륜산을 구경했다. 그런데 갑자기 골개숙의 왼쪽 팔꿈치에 혹이 생겨났다. 지리숙은 내심 놀라 께름칙하게 여기며 골개숙에게 물었다.

　　"자네는 그 혹을 싫어하는가?"

　　골개숙이 대답했다.

　　"아닐세. 내가 어찌 싫어하겠는가. 살아 있다는 것은 천지의 기운을 잠시 빌리고 있는 것일세. 그러니 삶이란 먼지나 티끌과 같은 것이고, 생사(生死)는 밤낮과 같은 것이라네. 또 자네와 나는 만물의 변화를 보지 않았는가. 이제 그 변화가 나에게 미쳤다네. 그러니 어찌 내가 이 혹을 싫어하겠는가?"

―『장자(莊子)』「지락(至樂)」

ID	reply

숙경낭자

혹을 단지 변화라고 보면, 몸 속의 암이나 사회의 암적 존재도 단순히 변화로 인정해야 할까요? 변화에도 긍정적 방향과 부정적 흐름이 있습니다. 혹을 변화로 긍정하여 끌어안고 죽을 위험을 감수하느냐, 과감히 도려내고 제거하여 새 삶을 누려야 하느냐는 딜레마에 수없이 빠지는 것이 인간이라는 동물입니다. 골개숙의 '혹'에 대한 답변은 기운 없이 내뱉은 체념적인 말로 느껴집니다. 그가 좀더 인간적이고 솔직하기를 바라고 싶군요.

동락

우리는 골개숙처럼 자연의 변화를 그대로 받아들이지 못하는 것 같습니다. 그래서 얼마 전 저는 안사람의 자궁에 난 혹을 인위적인 수술로 제거하는 것을 지켜보았습니다. 과연 우리는 어디까지 무위(無爲)해야 하고, 어디까지 유위(有爲)해야 하는 것인가요?

제비꽃

황제가 쉬던 곳인 곤륜산에 구경갔다가 갑자기 팔꿈치에 혹이 생긴 이유가 뭘까요? 그야 어쨌든 저는 골개숙의 말에 공감해요. 건강에 대한 이상을 알리는 적신호로서 혹을 미워하고 거부하기보다는 그것이 돋아난 까닭을 받아들이면서 건강과 삶과 죽음에 대하여 한번쯤 되돌아보는 것도 좋을 거예요. 때로 우리를 방문하는 불청객인 병이 우리에게 가르쳐주는 것이 굉장히 크다는 생각을 해요.

comment ______________________________

18. 가난한 것과 병든 것

장자가 기운 옷을 입고 얽어 묶은 신발을 신고 위왕(魏王)을 찾아갔다. 위왕이 물었다.

"선생은 어째서 이렇게 병이 들었소?"

그러자 장자가 대답했다.

"가난한 것이지 병든 것은 아닙니다. 선비가 마음에 품은 도덕을 실천하지 못하는 것을 병들었다고 합니다. 옷이 해지고 신발에 구멍이 난 것은 가난이지 결코 병든 것이 아닙니다. 제가 이처럼 가난한 것은 지금 같이 혼미한 사람들이 다스리는 때를 만나서 그렇습니다. 그러니 어찌 고달프고 지치지 않을 수 있겠습니까?"

- 『장자(莊子)』「산목(山木)」

ID	reply
 불초	장자 시대에도 가난한 선비는 가진 자에 업신여겨지고, 부유한 선비는 선비 세계에서 대접을 못 받았다? 요즘 가난한 선비 보기 어려우니 자본주의와 상품가치에 물든 세태에 영합하는 셈인지, 진정한 선비가 없는 건지. 깊은 병이 든 것은 분명한데, 먹고는 살 만하니(?) 더욱 부끄러운 일이군요. ㅠ.ㅠ
 숙경낭자	장자는 마음에 품은 도덕을 실천하고 있다는 말이로군요. 정말 부럽습니다. 같은 인간으로 태어나서 누구는 그렇게 사는데 누구는 비참하게 동물적으로 누추해지는군요. 그런데 기운 옷을 입고 얽어 묶은 신발을 신었다 해도 도덕적인 인간들은 몸에서 빛이 난다는데 위왕은 그걸 못 봤단 말입니까? 어째서 곧이곧대로 누추한 외면만을 보았단 말입니까?
 자락	가난도 철이 지나면 길이 든다고 하지 않던가요? 가난하면서도 웃음과 여유를 갖는 백결 선생의 모습이 떠오릅니다.
 sun	예상했던 대로 장자는 기운 옷에 낡은 신발 차림이군요. 그럼에도 불구하고 전혀 주눅들지 않고 왕 앞에서 당당하게 할 말 다 하는군요. 장자의 환한 예지의 빛과 거침없는 태도에 그만 위왕의 곤룡포가 무색해했을 것 같네요.

comment

19. 큰 낚시

　임(任)나라의 공자(公子)가 커다란 낚시바늘과 굵고 검은 줄을 만들어 오십 마리의 소를 미끼로 해서 회계산(會稽山)에 앉아 낚싯대를 동해에 던져놓고 매일 낚시를 하였으나 일 년이 넘도록 물고기를 잡지 못했다.

　그러던 어느 날 큰 물고기가 미끼를 물어 커다란 낚시바늘을 끌고 물 속으로 들어갔다가 솟구쳐 올라 등지느러미를 떨치니 흰 파도가 산더미 같고 바닷물이 출렁이며, 그 소리는 귀신소리와 같아 천리의 사람들이 두려워하였다. 공자는 이 큰 물고기를 잡아서 포를 만들었다. 절강의 동쪽에서부터 창오의 북쪽에 이르는 사람들이 모두 이 물고기를 실컷 먹을 수 있을 정도였다. 무릇 작은 낚싯대에 가는 줄을 달고 조그만 도랑에서 잔고기를 낚으려는 자는 도저히 이렇게 큰 물고기를 낚기가 어렵다.

－『장자(莊子)』「외물(外物)」

ID	reply
 만무방	위수의 초라한 늙은이 여상은 미끼도 없이 평생 낚시를 하여 아내가 주림을 못 참고 도망갔지만, 문왕의 천거로 주나라의 재상이 되어 천하를 얻었다고 하는데, 임공자의 배포보다는 때를 알고 기다리는 태공망의 낚시질이 어떨지.
 엄지	그렇게 큰 물고기를 잡으려고 그런 노고를 하느니 차라리 저도 강태공처럼 곧은 낚시줄을 드리우고 세월이나 낚으렵니다. 저는 그릇이 작아서인지 큰 고기 한 마리보다 작은 고기 수십 마리가 훨씬 귀하게 느껴지는군요. 낚시꾼들은 큰 고기를 잡으려 애를 쓰는데 저는 그런 경지를 알지 못하니 그저 작은 고기라도 여러 마리 잡혀주면 훨씬 짜릿한 재미가 있던 걸요.
 sun	헤밍웨이의 『노인과 바다』에서 노인이 84일 만에 낚았던 거대한 물고기와 멜빌의 『흰고래 모비딕』이 생각나네요. 큰 고기를 낚으려면 오래 참고 기다려야 하고, 또 그만큼 많은 풍파를 감수해야 하는군요. 그리고 커다란 낚시바늘, 굵은 줄, 엄청난 미끼도 필요하구요. 내가 인생이란 바다에서 낚고 싶은 물고기는 큰 물고기 한 마리일까, 작은 물고기 여러 마리일까?
 동락	공자도 조그만 이익을 보면 큰 일을 이루지 못한다고 했지요.

comment [　　　　　　　　　　　　　　　　　　　　]

20. 감추는 방법

　보통 배를 골짜기에 감추고, 그물을 못에 숨겨두고서 그것으로 든든하다고 생각한다. 그렇지만 한밤중에 장사가 그것을 메고 달아나버린다. 어리석은 자는 그 까닭을 알지 못한다. 작은 것을 큰 것 속에 잘 감추었다고 해도 역시 다른 데로 훔쳐갈 수가 있다. 만약 온 세상을 온 세상 속에 감춘다면 가져갈 데란 없게 된다.

－『장자(莊子)』「대종사(大宗師)」

ID	reply
 제비꽃	온 세상을 온 세상 속에 감추면 된다. 말은 쉬운데… 온 세상을 다 가지려면 어떻게 해야 하지요? 차라리 온 세상을 다 버리면 잃을 것이 하나도 없어진다는 생각으로 가진 것 하나씩 버리는 연습을 해야 할 듯.
 동락	박지원 선생이 '작게 숨는 자는 산골짜기에 숨고 크게 숨는 자는 도시에 숨는다'라고 한 적이 있는데, 장자나 노자 같은 도가에서는 자연과 하나되는 '만물여아위일(萬物與我爲一)'의 경지를 말하는 것 같습니다.
 혼자가는 먼집	아하! 그렇군요.
 불초	오호, 온 세상을 내 마음 속에 감추는 것과 내가 온 세상에 숨어드는 것이 결국 한 가지라는 말씀입니까?
 하상공	나를 나로 감춘다! 하~! 오묘하다.

comment [   ]

21. 생명 존중

대왕 단보(亶父)가 빈(邠)이라는 곳에 있을 때 오랑캐가 쳐들어왔다. 왕이 모피와 비단을 보내어 달래려 했으나 오랑캐들은 받지 않았고, 개와 말을 보냈으나 역시 받지 않았다. 오랑캐가 바라는 것은 땅이었다. 대왕 단보가 말했다.

"나는 백성의 아비나 형과 살면서 그 아들이나 동생을 죽도록 내버려 두는 일을 차마 견딜 수가 없다. 너희들은 모두 힘써 격려하며 이곳에 살도록 하라. 내 신하가 되든 오랑캐의 신하가 되든 무슨 차이가 있겠느냐. 나는 '사람을 먹여 살리는 땅을 뺏으려고 사람을 해쳐서는 안 된다'는 말을 들었다."

그래서 대왕 단보가 지팡이를 짚고 그곳을 떠나자 백성들은 서로 줄지어 그를 따랐고, 얼마 후 기산(岐山) 밑에서 나라를 다시 이룩했다.

무릇 대왕 단보는 정말로 생명을 존중하는 자라 할 수 있다. 정말 생명을 존중하는 자는 비록 부귀하더라도 의식주 때문에 몸을 다치게 하지 않고, 비록 가난하고 천하더라도 이득 때문에 몸을 괴롭히지 않는다.

-『장자(莊子)』「양왕(讓王)」

ID	reply
 섭섭	『용비어천가』에 나오는 이야기로군요. 사람은 물질적 풍요로 모이는 것이 아니라 그의 중심에 자리잡은 정신세계가 사람을 모아 왕으로 추대된 것이로군요.
 동락	뜻 있는 선인들은 인간뿐만 아니라 모든 생물과 자연까지 소중하게 생각했던 것 같아요. 이규보도 '민(民)은 나의 동포요, 만물은 나의 이웃'이라고 했지요.
 청량처사	요즘 세상의 높은 벼슬과 존중받는 지위에 머무는 사람들은 모두 기득권을 잃어버리지나 않을까 노심초사하고, 개인의 사사로운 이익을 보고 제 몸뚱아리 망치는 것을 가벼이 보니, 이 어찌 미혹하지 않은가! 지위고하를 막론하고 능존생자는 부귀빈천의 허울보다 본질을 중히 여김이 정도(正道)임을 배웁니다. 선후본말을 잘 가림이 출처자의 삶이군요.

comment [   ]

22. 병의 의미

　서무귀(徐无鬼)가 무후(武侯)를 만났을 때 무후가 말했다.

　"선생께서 산속에 살면서 도토리와 밤을 주워 먹고 파와 부추를 싫도록 들면서 오랫동안 나를 찾아오지 않아 지금 매우 늙어버린 것 같소. 그래, 고기와 술맛을 보러 오셨군요. 아무튼 그대가 온 것은 과인의 나라에는 큰 복이 아닐 수 없소."

　서무귀가 말했다.

　"저는 가난하고 천한 몸으로 태어나 아직 한 번도 임금님의 호사스런 술과 고기를 먹어보지 못했습니다. 그러나 제가 이렇게 온 것은 임금님을 위로하기 위해서입니다."

　그러자 임금이 말했다.

　"무슨 소리요. 어떻게 나를 위로한단 말이오?"

　"임금님의 정신과 몸을 위로해드리겠다는 것입니다."

　"그게 무슨 뜻이오?"

　"천지자연이 만물을 기르는 것은 똑같습니다. 높은 자리에 올랐다고 잘하고, 낮은 자리에 있다고 해서 못하지 않습니다. 임금께선 홀로 나라의 주인 행세하면서 나라의 백성을 괴롭히고, 귀와 눈과 코와 입의 욕망을 만족시키고 있습니다. 이것은 참된 정신을 가진 사람이 허용해서는 안 될 일입니다. 무릇 참된 정신이란 남과 화합하기를 좋아하고 자기만을 생각하는 것을 싫어합니다. 자기 자신만을 생각하는 것은 병입니다. 때문에 위로를 해드리려는 것입니다."

─『장자(莊子)』「서무귀(徐无鬼)」

ID	reply
 sun	초근목피와 주지육림이 만났을 때, 서로 상대방을 병든 것으로 인식하고 있네요. 윤기 자르르 흐르는 희멀건 얼굴이 건강인지, 초췌하나 맑은 눈빛의 정신이 건강인지… 그것을 진단하는 건 각자의 인생관이란 청진기가 아닐까요?
 동락	자기의 욕망만을 생각하는 것은 확실히 병이에요. 최근 자극적인 광고의 홍수 속에서 과소비풍조에 휩쓸려 신용카드를 무절제하게 쓰다 총을 들고 은행을 턴 대학생들이 결국 쇠고랑을 찼지요. 그들은 결국 부도덕한 한국자본주의가 낳은 자식들이 아닐까요?
 能破	두 병자의 대면은 건강을 생각하게 한다. 증상이 정반대이니 둘 중 하나가 병자인 것은 분명한데, 지금 여기의 내가 어찌 생각하는가에 따라 진단 결과가 다르구나. 두 병자의 서로 탓함으로 비치는 이 사태는 남의 이야기로 보기보다는 내자신의 이야기로 이해함이 타당한 듯하다. 반구저기신(反求諸其身) 정도면? 동병상련의 정이나 느낄 일이지…
 만무방	머루 다래 먹으며 초야에 묻혀 살면서 남과 화합할 수 있는 때를 마냥 기다릴 수는 없겠지요? 비록 어지럽다 해도 세상에 나와 몸과 마음을 부대끼며 사는 게 바람직하겠지요만, 부대끼며 성인을 따를까, 초야에 묻혀 신선을 따를까 고민합니다. 후자는 자신만을 생각하는 병일까요?

comment [   ]

23. 우물과 바다

　공자모(公子牟)는 안석에 기댄 채 한숨을 쉬고는, 하늘을 쳐다보고 웃으며 말했다.

　"자네는 저 무너진 우물 안의 개구리 이야기를 못 들었는가? 개구리가 동쪽 바다에 사는 자라에게 이렇게 말했다네. '나는 아주 즐겁게 지낸다네. 우물 난간 위에서 폴짝폴짝 뛰놀다가, 우물 안에 들어가면 깨어진 벽돌 끝에서 쉴 수 있고, 물 위에 엎드릴 때는 두 겨드랑이를 찰싹 붙인 채 턱을 들고, 진흙을 찰 때는 발이 빠져 발등까지 잠겨버리지. 장구벌레와 게와 올챙이를 두루 보아도 나만한 즐거움이 없다네. 내멋대로 물장구치며 우물 안의 즐거움을 누리는 것이 최고라네. 자네도 이따금 들어와보는 것이 어떤가'. 동해의 자라가 이 말을 듣고 들어가려 했으나 왼발이 들어가기 전에 오른발이 꽉 끼여버렸다네. 그래서 망설이다 뒤로 물러나서는 개구리에게 드넓은 바다 이야기를 해주었다네."

– 『장자(莊子)』 「추수(秋水)」

ID	reply
 제비꽃	무너진 우물 안의 개구리가 부러운 걸요. 자족을 아는 개구리. 자라의 바다가 아무리 넓은들 개구리가 살 순 없는 곳이죠. 우물에 발이 낀 어리석은 자라가 들려주는 바다 이야기가 개구리에게 무슨 의미가 있겠어요?
 동락	제비꽃님의 말에 공감합니다. 자기의 깜냥대로 자족하며 사는 것도 지혜로운 것이겠지요. 그러나 한 곳에 갇혀서만 사는 삶은 얼마나 따분할까요? 비록 시공의 제약 속에 살더라도 상상의 즐거움을 누리고, 바다를 마음대로 날고 싶은 갈매기 조나단 리빙스턴의 꿈을 꾸며 사는 것도 괜찮지 않을는지요. 어떨 땐 분수대로 살라는 말을 들으면, 지배자들의 음흉한 의도가 스며 있는 것이 아닐까 의심이 들기도 합니다.
 만무방	개구리에겐 우물을, 자라에겐 창해를, 조나단에겐 창공을, 야곱에겐 사다리를... 추구하는 것이 현상계가 아니라 정신계라면 무슨 차이가 있겠는지요.
 엄지	무너진 우물 안 개구리의 자족이 슬픕니다. 바다를 모르니 개구리는 우물 안에서도 즐거울 수 있겠지요. 어쩌면 개구리를 슬퍼하는 것도 자라의 오만인지 모르겠습니다만.

comment [   ]

변화하는 세상

시대가 바뀌면 인물도 바뀌고, 세상이 변하면 이론도 변하는 것이 정한 이치이건만, 사회문화적 환경은 급속히 변해가는데 우리들의 의식과 행동은 그 속도를 따라가지 못할 때가 많은 것 같다. 그래서는 시대에 뒤떨어져 낙오하기 쉽다. 여기서는 『주역(周易)』의 기본사상인 '수시변역(隨時變易)'의 가르침을 재미있게 표현한 우언을 산책해본다.

1. 상아 젓가락

 폭군 주(紂)왕이 상아로 만든 젓가락을 쓰자, 그의 숙부 기자(箕子)가 그것을 걱정했다. 기자가 보기에 상아 젓가락을 쓰면 자연히 토기 사발을 쓰지 않게 되고 반드시 물소 뿔이나 옥으로 만든 그릇을 쓸 것이기 때문이었다. 주왕이 상아 젓가락과 옥잔을 쓰면서부터 야채로 만든 탕은 먹지 않고 산양이나 코끼리, 또 표범의 고기 같은 진귀한 음식만 먹으려 했고, 거친 옷을 입거나 초가집에 사는 것은 아예 생각도 않고, 비단옷을 입고 고대광실에 살려고만 했다.

 그걸 보고 기자가 말했다.

 "이런 일의 결과가 두렵구나. 필시 큰 재앙의 화근이 될 것이니, 우려하지 않을 수 없구나."

 과연 다섯 해가 지나자 주왕은 고기로 정원을 만들고 술로 못을 이루는 사치와 탐욕을 즐기더니 결국은 멸망했다.

– 『한비자(韓非子)』 「유로(喻老)」

ID	reply
 만무방	달팽이에겐 제 몸에 맞는 집으로 충분한데… 아파트 평수를 넓히면, 고급 승용차를 타야 하고, 그러면 목에는 다이아몬드 목걸이가 필요하겠지요. 허욕의 끝은 피할 수 없는 비극(IMF 사태처럼), 지금도 변함 없는 진리.
 동락	이런 횡포를 부리니 신하한테 살해당하는 것 아니겠습니까? 맹자는 걸주 같이 지도자로서 정당성을 상실하고 백성을 지배하는 폭군으로 변한 왕을 필부라고 하면서, 이런 자는 바꿔야 한다는 역성혁명의 논리를 개진하고 있지요. 그런데 우리 내면에 자라고 있는 폭력성, 야만성, 탐욕, 권위의식은 눈에 보이지가 않아 끊임없는 자기 성찰이 없으면 누르기가 어려운 것 같습니다.
 제비꽃	첨엔 지극히 사소한 것에서 시작되지요. 하찮은 개미구멍 하나가 튼튼한 둑을 무너뜨리는 사단이 되고, 바늘 도둑이 소 도둑이 되는 거라고 속담과 우언은 누누이 일러오고 있건만.

comment

2. 조용히 말하기

어떤 남편이 밭에서 돌아오자 그의 아내가 호미를 어디에 두고 왔느냐고 물었다.

남편이 큰 소리로 대답했다.

"밭에 두고 왔지."

아내가 황급하게 말했다.

"여보, 소리 좀 낮춰요. 누가 듣겠어요. 호미는 왜 안 가져왔어요?"

그러면서 남편더러 빨리 가서 호미를 찾아오라고 재촉했다.

남편이 밭에 되돌아가 호미를 찾으러 갔을 때는 이미 누가 가져가버린 뒤였다. 그는 곧장 집으로 와 아내의 귀에다 대고 조용히 말했다.

"호미가 보이지 않아요."

－명(明)나라 취월자(醉月子)의 『정선아소(精選雅笑)』

ID	reply
 늘푸른	어린아이 같이 순수한 남편이군요. 다음 이야기가 궁금합니다. 부부싸움이 한 판 벌어졌을지... 현명한 아내의 지혜로운 대응이 기대되네요.
 동락	작은 목소리에 관한 우스개 하나! 어느 초등학교 어떤 반에 시험만 보면 1등을 하는 친구와 꼴찌를 도맡아 하는 친구가 있었답니다. 꼴찌만 하는 친구가 시험만 봤다 하면 1등만 하는 친구에게 그 비결을 물었답니다. 그랬더니 그 친구가 오늘 하루 종일 원하는 것을 사주면 그 비밀을 알려주겠다고 했어요. 꼴찌는 그 비결이 궁금해 자기의 아까운 용돈을 털어 온갖 맛있는 것을 다 사주었답니다. 그러다가 해가 뉘엿뉘엿 지려 하자 꼴찌가 조급해져서 1등에게 빨리 그 비결을 알려달라고 졸랐습니다. 그러자 늘 1등만 하는 친구가 그제야 꼴찌만 하는 친구의 귀 가까이에 입을 대고는 "공부 열심히 하면 돼!"라고 조용히 말했답니다.
 제비꽃	그 시대만 해도 호미가 대단히 귀중한 농기구였던가 봐요. 그리고 남자들이 호미질을 했나 봅니다. 어리버리한 남편이 호미를 잃고 돌아와서 아내에게 애교인지 주눅인지 조그맣게 속삭이는 말이 귀엽고도 가여운데요. 아내에게 야단맞으면 어쩌나... 내일은 호미 없이 어떻게 밭을 매야 하나...

comment [   ]

3. 보기 나름

어떤 손님이 복자(宓子)에게 한 친구를 소개했다. 그 사람이 간 뒤에 복자는 손님에게 말했다.

"그대의 친구는 세 가지 잘못을 했소. 나를 바라보면서 웃었는데 이것은 경박한 짓이고, 나와 대화를 하면서 선생이라 부르지 않았으니 그것은 사도를 어긴 것이고, 사귐이 깊지 않은데도 말하지 않은 것이 없으니 이것은 예의범절을 어긴 것이오."

그러자 손님이 말했다.

"그 사람이 당신을 바라보고 웃은 것은 정직하고 사심이 없다는 것을 드러낸 것이고, 대화를 나누면서 선생이라고 하지 않은 것은 식견이 통달했음을 뜻하며, 처음 만나 자유롭게 이야기한 것은 진실하다는 것을 뜻하는 것이 아니겠소."

-「회남자(淮南子)」「제속훈(齊俗訓)」

ID	reply
 만무방	편견이 얼마나 세상의 진실을 가리는지. 더구나 제 눈의 안경이 얼마나 위험한 것인지. 그것이 야인에게야 안분지족(安分知足)일 수 있으나, 남을 천거하거나 사회적 책임이 큰 자리에 있는 사람이 그러하다면 공공의 적일 수밖에.
 동락	어떤 사람을 군자라 하고 또 어떤 사람을 소인이라고 하는 것은 세상을 바라보는 안목 때문이 아닐까요. 긍정적이고 따뜻한 시선, 아름다운 것을 이루려는 마음으로 매사를 대하면 신나는 세상이 되겠지요.
 제비꽃	우리들이 타인에게서 보는 것은 결국 자신의 모습에 불과한 것. 이른바 거울의 법칙. 결국 내 마음의 거울을 닦아야겠다는 것.
 섭섭	상대의 본심과 의도를 모르고 성급히 판단 내리는 것은 잘못된 일입니다.

comment

4. 집 수리

　오랫동안 비가 오자 우공(迂公)의 집에 비가 새기 시작했다. 하룻밤에 몇 차례 침상을 옮겼으나 나중에는 마른 곳이 한 군데도 없었다. 그러자 아이들과 아내가 불평하는 소리가 끊이지 않았다.

　그래서 우공은 목수를 급히 불러 집을 수리하였는데, 성가시기도 하고 돈도 많이 드는 등 고생이 많았다. 집을 수리해놓자 날이 맑아져, 한 달 내내 비 한 방울 내리지 않을 정도로 청명했다.

　그러자 우공은 밤낮으로 지붕을 쳐다보면서 탄식해서 말했다.

　"나는 왜 이다지도 재수가 없담? 집수리를 마쳤는데도 비가 오지 않으니, 쓸데없이 돈만 낭비했잖아?"

-명(明)나라 부백재주인(浮白齋主人)의 『아학(雅謔)』

ID	reply
 늘푸른	기다림 끝에 쓰임이 있다는 걸 모를 리 없으련만 조급한 마음에 괜한 맘 고생을 할 때가 많이 있습니다. 새 지붕의 효과를 보기 위해 허구헌날 비가 온다면 논밭에 자라고 있는 곡식들은 어찌할 것이며, 아이들이랑 일상생활을 어찌할까.
 동락	우공은 비가 올 때를 대비하는 준비성도 없고 느긋하게 기다리는 여유도 부족하군요. 그래서 "준비해서 때를 기다리고 때가 되면 일을 하라(以備待時 以時興事)"고 하지 않았습니까. 공자가 자기의 좁은 식견과 어설픈 인품을 남이 알아주지 않는다고 조급해하지 말라고 거듭 말했지만, 조급한 마음을 다스리기가 어디 그게 말처럼 쉬워야지요.
 숙경낭자	우공은 정말 '재수 없는 사람'입니다. 비가 올 때까지는. 오래 기다려 비가 온다면 그때부턴 '재수 있는 사람'이 되겠죠. 재수가 있고 없고는 모두 내 마음의 결정임을 잊지 않고 생활하도록 노력하겠습니다.
 혼자가는 먼집	비가 새는 지붕 위로만 유난히도 비가 자주 쏟아지는 건 무슨 법칙인지. 내 마음의 지붕은 안전한가... 하나의 근심이 사라지니 또 다른 근심이 찾아오네.

comment [   ]

5. 세 사람의 말

방총(龐蔥)이 태자를 수행해 조(趙)나라의 서울 한단(邯鄲)으로 인질이 되어 갈 때 위왕(魏王)에게 말했다.

"한 사람이 길에 호랑이가 있다고 말한다면, 왕께서는 그것을 믿으시겠습니까?"

위왕이 말했다.

"믿지 않지."

"두 사람이 길에 호랑이가 있다고 말한다면, 왕께서는 그것을 믿으시겠습니까?"

"약간 의심을 할 테지."

"만약 세 사람이 길에 호랑이가 있다고 말한다면, 왕께서는 그 말은 믿으시겠지요?"

"그러면 믿겠지."

그러자 방총이 말했다.

"길에 호랑이가 없는 것이 분명한데도 세 사람의 말은 호랑이도 만들어낼 수가 있습니다. 지금 제가 인질로 가는 조나라의 서울 한단과 위나라의 서울 대량(大梁)은 거리가 멀고, 조정에는 저를 나쁘게 말하는 신하가 세 사람보다 훨씬 많사오니, 왕께서는 이 점을 잘 헤아려주시길 바랍니다."

위왕이 말했다.

"과인이 어떻게 해야 하는지 잘 알고 있으니, 쉽게 참소를 듣지 않을 걸세."

마침내 방총은 위왕께 인사를 하고 태자를 모시고 떠났다. 그러자 곧 사람들이 방통을 헐뜯는 말을 하기 시작했다.

얼마 후 태자가 인질에서 풀려 돌아오게 되었으나, 위왕은 다시는 방총을 만나지 않았다.

－『전국책(戰國策)』「위이(魏二)」

ID	reply
 하상공	정치에 대한 약속은 결코 지켜질 수 없다는 것을 잘 헤아려주시기 바랍니다.
 동락	'삼인성호(三人成虎)'의 우언고사. 이런 비슷한 고사에 여러 사람의 입은 쇠도 녹인다는 '중구삭금(衆口鑠金)'도 있지요.
 만무방	귤이 위수를 건너면 탱자가 된다더니, 방총이 한단으로 가면 방통이 되는군요. 쯧쯧. 입방아 열 번에 안 넘어가는 귀 없지요. 권력을 아무나 가지면 세상의 어진 선비들이 이처럼 무고한 참소로 남아나지 못하니, 초야에 묻혀 큰 뜻이 들판에서 썩는도다.
 sun	백문이불여일견이라 했거늘. 위왕이 방통을 직접 만나 그의 눈을 들여다보았더라면 진실을 확인할 수 있었을 것을.
범생	비록 다수의 군중에 의해 진실이 묻히겠지만 세월이 흘러 어느 누군가에 의해 다시 빛을 보게 마련이니, 위왕이 이 글을 읽는다면 자신의 어리석음에 얼굴을 가리겠죠? 진실을 가릴 줄 아는 현명함이 요구되는 것 같습니다.

comment

6. 보배 구슬

옹구(雍丘)라는 곳에 북궁식(北宮殖)이라는 사람이 배를 저으며 고기를 잡아먹고 살았다. 어느 날 밤에 강가에서 자다가 밤에도 빛나는 구슬인 야광주(夜光珠) 하나를 얻었는데, 그 밝기가 백 보 밖을 환하게 비출 정도였다. 이웃 사람들이 모두 북궁식이 진기한 보물을 얻은 줄 알고 다투어와서 축하를 하며 말했다.

"자네가 옹구에서 산 이후 집밖에 나가 배에서만 생활하고, 떨어진 옷을 걸치며 근근히 먹고 사는 형편이었네. 송(宋)나라에서 가장 가난한 사람도 자네보다는 나을 것이네. 그런데 오늘 자네가 세상에서 진귀한 보배를 얻었으니 어찌 기쁜 일이 아니겠는가."

송나라의 어떤 대부도 이 소식을 듣고 찾아와 축하하면서 말했다.

"우리나라 임금께서 수레를 비출 수 있는 보배 구슬 열 개를 구하고 있소. 지금까지 아홉 개를 구하고, 온 사방에 영을 내려 한 개를 더 찾고 있으나 아직까지 소식이 없소. 그런데 그대가 강가에서 이런 보배를 얻게 되다니. 그대는 마땅히 보배를 보자기에 싸서 보물 상자에 보관을 하도록 하오. 나는 그대를 서쪽으로 데려가 임금께 이 보물을 올리도록 하겠소. 그리하면 그대가 앞으로 부귀를 누리게 될 것은 두말할 필요가 없을 것이오."

북궁식이 대부의 말을 따르려고 할 때, 그의 아버지가 진(秦)나라에서 돌아왔다. 북궁식이 그간의 사정을 상세하게 아뢰었다. 그러자 아버지는 그 말을 듣고 울면서 말했다.

"우리 집안이 10대에 걸쳐 옹구에 살았으나 가진 재산은 배 한 척뿐이다. 그런데 네가 지금 보배 구슬을 임금에게 바치면 틀림없이 부자는 될 것이다. 그러나 집이 부자가 되면 필연코 교만해질 것이고, 교만해지면 반드시 흉포해질 것이며, 흉포해지면 행동이 궤도를 벗어나게 될 것이고, 행동이 본 궤도를 벗어나면 위험한 지경에 빠지게 되며, 위험에 빠지면 큰 화가 미치게 될 것은 분명한 일이다. 그때 가서 지금처럼 배를 젓는 생활을 다시 하려 한들 그게 될 일이냐. 그러니 어찌 그냥 두고 보겠느냐."

그리고는 보배 구슬을 깨트려버렸다.

-명(明)나라 송렴(宋濂)의 『송문공집유편(宋文公集遺編)』「잡저(雜著)」

ID	reply
 만무방	청빈사상이 강조되던 송대의 부자는 필연코 재앙의 근원이라고 따돌려지는군요. 『부자되는 법』처럼 인의예지신을 잊게 되며… 진귀한 보배란 거저 얻거나 거저 남 주어도 세상에 화근이 된다는 교훈이군요. <집으로>에 출연했던 김을분 할머니는 산골소녀 영자처럼 부자도 못 되고 화를 면치 못하신다는 걸 보면 잘 새겨야 할 말씀.
 sun	거액의 복권에 당첨된 사람들이 행복하게 잘살았다는 후일담을 들어본 적이 없습니다. 오히려 재앙의 근원이 되었다는 흉흉한 이야기만 나돌 뿐.
 자락	신혼부부가 전셋집에 살면 내 집 마련하고 싶고, 집을 마련하면 좋은 차 사고 싶고, 좋은 차 사면 멋진 콘도 갖고 싶고, 콘도까지 마련하면 골프 치고 싶고, 골프채 잡으면 경관 좋은 해외 골프장 찾고, 해외 나가면 유명 메이커 찾고, 유명 메이커 입으면 호텔 파티 가고 싶고, 호텔 파티 가면 멋진 사람과 사귀고 싶고, 멋진 사람과 사귀다 보면…
 엄지	깨진 보배 구슬이 아깝네요. 차라리 나중에 누군가 보배를 제대로 활용할 사람이 나타날 때까지 강가에 다시 묻어두어도 좋으련만. 어느 일 개인이 부자가 되기보다 세상이 부자가 되면 좋지 않을까요?

comment [   ]

7. 황새의 예견력

자유(子游)가 무성(武城)의 읍재(邑宰: 읍을 책임지는 관리)로 있을 때, 성문 밖 흙걸상에 둥지를 트고 살던 황새가 둥지를 무덤 앞에 있는 비석 위로 옮겼다. 무덤을 지키는 늙은이가 이 사실을 자유에게 아뢰었다.

"황새는 비가 내릴 것을 미리 아는 새입니다. 이 새가 갑자기 높은 곳으로 이사한 것은 큰 홍수가 날 징조가 아니겠습니까?"

자유는 이 말을 듣고 그렇구나 하면서, 곧 성 안의 사람들에게 명령을 내려 모두 배를 준비해 큰비가 내릴 때를 대비하라고 했다.

며칠 지나자 과연 큰비가 내려 홍수가 발생해 성문 밖의 그 흙걸상도 물에 잠겼다. 그래도 비는 그치지 않아 물이 너무 불어나서 그 비석이 있는 곳까지 잠겨버렸다. 황새의 둥지가 큰물에 떠내려가자 황새는 이리저리 날아다니고 소리를 지르며 어쩔 줄 몰라했다.

자유가 이 광경을 보고 탄식해 말했다.

"가련하다. 황새가 비록 앞일을 예견하였지만 좀더 멀리까지 내다보지는 못하였구나!"

－명(明)나라 유기(劉基)의 『욱리자(郁离子)』

ID	reply
 하상공	황새를 통해 다가올 일을 미루어 짐작하고 행동하는 모습은 아주 훌륭한데, 어찌 사람 사는 일을 알겠습니까? 자유(子游)도 더 큰 재앙을 당하게 될지… 착륙방송을 듣고 5분도 안 되어 산으로 떨어지는 비행기와도 같을 수 있는데 말이죠.
 불초	앞을 내다보는 예지는 자연과 가까이 할 때 얻어지는 것이군요. 모든 현상에는 선행하는 전조가 있다는 생각에 동의합니다. 자연현상뿐만 아니라 인간세계에도. 천재든 인재든 지혜로운 자는 화를 면할 눈을 가지고 있겠지요.
 범생	모든 일에는 앞을 내다볼 줄 아는 안목과 함께 그에 대비하는 행동이 필요하다는 것을 다시 한번 확인하게 하는 글이군요. 예견력도 마음의 여유가 있어야 생기는데, 요즘처럼 바쁘게 돌아가는 세상에서는 그저 하루하루 보내다가 일을 당할 수밖에요. 가끔 끔찍하다는 생각이 드는군요.

comment

8. 피서법

　정(鄭)나라의 어떤 사람이 더위를 참지 못해 시원하게 지내려고 큰 나무 밑에 자리를 잡았다. 해가 움직이면 자기의 자리도 나무 그늘을 따라 옮겼다. 그 사람은 밤이 되어서도 자리를 역시 나무 아래에 깔았다. 하늘에 뜬 달이 움직이면 그도 나무 그림자를 따라 자리를 옮겼다. 그래서 그는 이슬에 젖게 되었다. 나무 그림자가 점점 더 멀리 이동함에 따라 그 역시 이슬에 더 많이 젖게 되었다.

－전진(前秦) 부랑(符郞)의 『부자(符子)』

ID	reply
 하상공	분명 나무 그림자를 따라 움직였으면 나무를 중심으로 한 바퀴 돌게 되죠? 그런데 마지막 부분에 그림자가 멀리 이동한다는 이야기는 달의 고도 때문에 그림자가 길어지다는 뜻인가요?
 자락	원문에 '월류영이(月流影移)'라고 되어 있어 그렇게 번역해보았다오. 계절이 바뀌면 옷을 갈아입듯이 세상이 바뀌면 의식도 바뀌어야 하는데, 냉전시대가 끝났는데도 여전이 색깔론과 연좌제를 들먹이며 이념공세를 퍼붓고 역사를 거꾸로 회귀시키려는 정치인과 신문은 어떻게 해야 하지요?
 엄지	밤에도 나무 그늘 밑이 더 시원했나 보죠? 아니면 이슬에 젖어 그렇게 느꼈을까요? 그래도 그가 시원하다고 느꼈다면 그것대로 괜찮은 피서법이지 않았을까요? 어쨌든 본인만 좋다면야... 남에게 피해를 주는 것도 아닌데...
 머슴	주어진 환경이나 상황을 무조건 좋아갈 것이 아니라 새로운 상황과 환경을 개척하는 것이 옳은 일이군요...
 sun	해를 따라 움직이는 해바라기와 동족인가 보죠? 권력의 향방에 민감하게 반응하며 줄서기에 여념이 없는 소인배들. 결국은 자충수에 빠지는 걸 보게 되더군요. 더위를 피하려다 더 많은 이슬에 젖는 이 사람처럼 말이죠. 이 우언의 주인공에게 더위를 피하지 말고 오히려 뜨거움 속으로 들어가면 된다는 걸 알려주고 싶네요. 이른바 이열치열법.

comment [   ]

9. 허수아비

어느 집에 고기를 키우는 연못이 있었다. 그런데 가마우지가 연못 속의 물고기를 마구 잡아먹는 것이 골칫거리였다. 그래서 볏짚으로 허수아비를 만들어 도롱이와 삿갓을 씌우고 손에 대나무 작대기를 쥐여 그것을 못가에 세워놓고 가마우지를 놀래주려고 했다.

가마우지 한 무리가 허수아비를 처음 보았을 때는 빙빙 날아다니면서 감히 내려오지 못하다가, 별게 아니란 것을 알고 난 뒤에는 다시 내려와 물고기를 잡아먹었다. 시간이 좀더 지나자 가마우지들은 허수아비 모자 위에 앉을 정도로 겁이 없어졌다.

어떤 사람이 이런 모습을 보고 몰래 허수아비를 가져가 자기가 도롱이를 입고 갓을 쓰고 대나무 작대기를 들고 못가에 서 있었다. 가마우지는 평소와 같이 물고기를 잡아먹으러 이리저리 날아다니다가 겁도 없이 모자 위에 내려앉기도 했다. 그 사람이 손으로 새 발을 잡자, 가마우지는 빠져나가지 못하고 깍깍 소리를 질렀다. 그 사람이 말했다.

"전에는 가짜였지만 이번에도 가짜인 줄 아느냐!"

-명(明)나라 경정향(耿定向)의 『권자(權子)』

ID	reply
 동락	타성이 화를 불렀군요. 제가 결혼할 때 신랑자격증을 얻기 위해 결혼강좌를 들었는데, 그때 강론하신 신부님이 결혼을 앞둔 예비 신랑과 신부들에게 사랑의 적이 무엇인 줄 아느냐고 물었어요. 그랬더니 젊은 커플들이 미움이니 무관심이니 몰이해니 하고 대답을 했습니다. 그랬더니 그 신부님은 그건 정답이 아니라고 하면서 "정답은 타성"이라고 하더군요. 어디 결혼 생활뿐이겠습니까. 변화와 발전이 없는 생활, 호기심과 지적 긴장을 잃어버린 연구, 달라지는 아이들을 옛날 방식으로 가르치는 교육은 바로 우리들의 무덤이 아닐까요?
 만무방	허허실실에 가마우지가 화를 당했군요. 초심이 그래서 더욱 중요하군요. 익숙해지면서 한껏 나태와 방심에 젖어들게 되고 영락없이 화근은 찾아오니... 처음처럼 조심조심, 신중함이 살얼음을 밟듯이.

comment [ ]

10. 강도의 자만

　어떤 사람이 길을 가다가 강도를 만나, 죽느냐 사느냐 하는 싸움을 하였다. 창과 칼이 서로 부딪치고 있을 때 강도는 입에 가득 담고 있던 물을 갑자기 상대의 얼굴에 내뿜었다. 그 사람이 놀라는 사이에 강도는 칼로 그의 가슴을 찔렀다.

　얼마 후 한 장사(壯士)가 또 그 강도와 마주쳤다. 장사는 이미 강도가 물을 뿜는다는 사실을 알고 있었다. 강도가 또다시 그 방법을 써서 물을 뿜으려는 순간, 장사는 먼저 창으로 그 강도의 목을 찔러버렸다.

−송(宋)나라　심괄(沈括)의　『몽계필담(夢溪筆談)』

ID	reply
불초	남을 해치고 싸움도 못하면서, 뛰는 놈 위에 나는 놈 있는 것도 모르니, 오래 갈 리가 없지. 포식자들로부터 자신을 보호하기 위해 끊임없이 보호색과 방어술을 발달시키며 진화를 거듭해온 곤충이나 작은 동물들을 보면 생명의 존귀함이 절로 느껴지지요.
sun	훌륭한(?) 강도가 되기 위해서 끊임없는 자기연마가 필요한 법이지요. 강도 노릇도 쉽지 않겠어요.
동락	그래서 도둑도 잡히지 않으려면 내공을 쌓고 새로운 기술을 연마해야 한다니까요. 거지 노릇, 도둑 노릇, 강도 노릇도 어디 쉬운 줄 아세요? 그런 생활을 유지하기 위해서도 나름의 철학과 다년간의 노하우가 필요하고, 끊임없는 기술개발이 요구된다구요.
엄지	한 마디로 사람 잘못 만난 강도로군요. 그가 자기의 비법을 알고 있는 줄도 모르고 덤볐다니. 적이 많은 사람은 항상 주변을 살피고 상대의 실력을 간파하며, 그에 따라 방법을 달리해야 한다는 '강도 수칙'을 제대로 안 지켰으니 사고가 날 수밖에요.
하상공	싸움을 할 때 자신의 정보는 은폐시키고, 상대방의 정보는 드러나게 하여 내가 항상 유리한 위치를 확보하는 것이 승리의 관건이라는 손자의 말을 생각해봅니다. 지피지기(知彼知己)면 백전백승(百戰百勝)이다!

comment [　　　　　　　　　　　　　　]

11. 원숭이들의 각성

초(楚)나라에 원숭이에 의지해 살아가는 사람이 있었는데, 사람들은 그를 저공(狙公)이라고 불렀다.

그는 매일 아침 농원에서 원숭이들에게 일거리를 나눠주고, 나이 든 원숭이로 하여금 원숭이들이 산에서 따온 과일의 10분의 1을 그들에게 주게 하였다. 만약 원숭이들이 할당된 수량만큼 따오지 않으면 채찍으로 때렸다.

원숭이들은 모두 매맞는 것이 두려워 저공을 싫어했지만 누구도 감히 저항하지 못했다.

그렇게 지내던 어느 날, 한 작은 원숭이가 말했다.

"산 위에 있는 과일나무는 주인이 심은 것인가요?"

여러 원숭이들이 대답했다.

"아니지. 저절로 자란 것이지."

작은 원숭이가 또 물었다.

"주인을 통하지 않고는 과일을 딸 수 없는 것인가요?"

여러 원숭이들이 대답했다.

"아니지. 누구나 가서 딸 수 있지."

작은 원숭이가 물었다.

"그렇다면 우리들은 왜 이 주인을 의지해 살고 그가 시키는 대로 일을 해야 하나요?"

　작은 원숭이의 말이 미처 끝나기도 전에 원숭이들은 모두 크게 깨달았다.

　이날 저녁 원숭이들은 저공이 잠들기를 기다렸다가 나무 울타리를 부수고, 저공이 쌓아둔 과일을 가지고 손에 손을 잡고 산속으로 들어가서, 다시는 돌아오지 않았다.

-『욱리자(郁离子)』

ID	reply
 하상공	각성이라는 것이 아주 중요하다는 생각을 다시금 하게 됩니다. 우리의 현실과 관련해서도 민중들이 자각을 한다면 우리를 우습게 보는 정치인들이 경거망동을 할 수 있을까요? 허균의 '호민론'이 생각납니다.
 자락	불교에서 개인적 자각을 통해 욕망과 집착에서 해방된 사람을 나한이라고 하고, 사회적 역사적 자각을 통해 억압과 폭력, 가난과 공포, 차별과 편견, 증오와 무관심으로부터 해방되어 사회연대성(보살도)을 획득한 사람을 보살이라고 하지요. 나 같이 온갖 번뇌와 갈등 속에 헤매는 사람은 범부이고요. 그래서 늘 이렇게 몸부림치고 있답니다.
 숙경낭자	자각하고·도망쳐 자유를 찾는 것도 좋습니다. 하지만 흩어진 오합지졸은 힘을 만들지 못합니다. 그러면 그들은 다시 뭉쳐 또 다른 저공을 만들겠지요. 그러느니 저공과 협상하거나 저공의 힘을 약화시킬 방도를 찾아 힘의 균형을 유지하는 편이 훨씬 합리적이지 않을까요?.
 sun	어느 날 원숭이 농장을 방문한 한 작은 원숭이-그를 일컬어 원숭이들은 훗날 뭐라고 할까요. 메시아? 혁명가? 위험한 선동가?
 섭섭	이제 저공은 외로운 삶을 살아야겠군요. 그 외로움은 자연과 조화를 추구하지 않고 군림하고자 했던 저공의 태도 때문이겠죠. 인간이 만물의 영장이라고... 그래서 모든 자연 위에서 군림할 자격은 누가 줬을까요?

comment ________________________

12. 끈질긴 호랑이

　어떤 나무꾼이 나무를 하러 산에 갔다가 호랑이를 만났다. 동굴로 피신하자 호랑이도 따라 들어왔다. 동굴은 구불구불해서 나무꾼은 몸을 요리조리 틀면서 겨우 들어갔다. 동굴은 호랑이 몸이 들어갈 수가 어려울 정도로 좁아졌으나 호랑이는 나무꾼을 잡아먹을 욕심에 억지로 비집고 들어왔다. 나무꾼이 매우 위태로운 지경에 이르렀을 때 옆을 보니 겨우 몸 하나 들어갈 조그만 구멍이 나 있었다.

　그래서 나무꾼은 그 구멍으로 뱀처럼 기어들어갔다. 몇 걸음 정도 기어가니 홀연히 빛이 비쳤다. 나무꾼은 드디어 동굴의 좁은 구멍을 뚫고 나왔다. 그런 뒤 돌덩이를 운반해 호랑이가 나오지 못하게 막고, 동굴의 양 입구에 땔감을 쌓아 놓고 불을 질렀다. 호랑이는 뜨거운 불기운과 연기가 들어오자 산골짜기가 진동할 정도로 포효하다가 얼마 지나지 않아 죽고 말았다.

－청(淸)나라　기윤(紀昀)의　『열미초당필기(閱微草堂筆記)』

ID	reply
만무방	호랑이가 체신없이 욕심이 과했군요. 송나라 양왕의, 상대를 곤란한 처지로 핍박하지 말고 위험한 곳으로 몰지 않는다는 말씀을 새겨들을 것이지. 지렁이도 밟으면 꿈틀하고 쥐도 몰리면 고양이를 문다는데…
sun	호랑이 바비큐를 만들었네요. 욕심 많은 나무꾼이었다면 굶겨 죽여서 가죽을 얻었을 텐데.
자락	호랑이가 "그칠 줄 알면 위태롭지 않고, 만족할 줄 알면 욕을 당하지 않는다"는 노자의 가르침을 알 리가 없지요. 그러니 sun님의 말씀대로 호랑이 바비큐로 나무꾼을 즐겁게 해주고 있잖아요. 그런데 혹시 바비큐 즐기고 난 뒤, 나무꾼이 호랑이 가죽이 탄 걸 아까워하지 않았을지?
숙경낭자	살아났으면 그만이지 호랑이를 죽일 것까지야… 호랑이의 과욕이 죽음을 불렀다면 나무꾼의 지나친 치죄는 어떤 벌을 받을지…

comment

13. 과대망상

   몽읍(蒙邑)에 사는 사람이 사자탈을 쓰고 들판에 나갔더니, 호랑이가 보고 달아났다. 이 사람은 호랑이가 자기를 무서워하는 줄 알고, 집에 돌아온 뒤 매우 교만해져서 자신을 스스로 대단하게 생각하였다.

   다음날 그는 여우 갖옷을 입고 또 들판에 나갔다. 거기서 또 호랑이를 만났는데, 이번에는 호랑이가 도망가기는커녕 꼼짝도 않고 서서 노려보고 있지 않은가. 그는 호랑이가 도망갈 낌새를 보이지 않자, 화가 나서 큰 소리로 호랑이를 야단쳤다. 결국 몽읍 사람은 호랑이 밥이 되었다.

–명(明)나라 유기(劉基)의 『욱리자(郁离子)』

ID	reply
 sun	사자탈을 무서워하는 호랑이라니… 혹시 호랑이탈을 쓴 여우?
 동락	순수한 애교심이나 애향심은 아름답지만, 자꾸 '우리 워싱턴 대학교'를 외치는 사람들이나, 우리 몇 대 조상이 무슨 벼슬을 했다고 동네방네 외치고 다니는 사람들은 대개 자기의 콤플렉스를 동일시 현상으로 커버하려는 사람일 경우가 많은 것은 아닐까요? 나처럼 촌놈이면 아예 촌놈이라고 커밍아웃하면 마음 편하지요. 신경림 시인이 '못난 사람은 서로 얼굴만 봐도 즐겁다'고 했던가요?
 엄지	몽읍 사람이 사자탈을 쓰고 들판에 나간 사연이 궁금해집니다. 주변에 호랑이가 자주 출몰했나 보죠? 어리석음이 자신을 호랑이 밥으로 내주었군요. '교만=어리석음'임을 다시 확인!
 만무방	쯧… 얼룩말 갖옷을 입고 나갈 것이지. 호가호위의 호랑이만큼 어리석은 자로군요.

comment [ ]

14. 명분과 실리

송(宋)나라와 초(楚)나라가 홍수(泓水)가에서 교전을 하고 있었다. 송나라 군대는 이미 대열을 정비하고 있었지만 초나라 군대는 바로 강을 건너고 있었다.

그때 송나라의 우사마(右司馬) 구강(購強)이 송나라 양왕(襄王)에게 나아가 말했다.

"초나라 군대는 많고 우리의 군대는 적으니, 초나라 병사들이 물을 건너느라 미처 대열을 갖추지 못하고 있을 때 공격해야 초군을 패배시킬 수 있습니다."

그러자 양왕은 도리어 이렇게 말했다.

"나는 군자란 모름지기 남을 상하게 하지 않고, 흰 머리의 노인은 해치지 않으며, 남을 위험한 곳으로 몰아가지 않고, 곤경에 처한 사람은 핍박하지 않으며, 대열을 갖추지 않은 군대는 공격하지 않는다고 들었네."

우사마 구강이 강력히 다시 아뢰었다.

"왕이시여! 군주는 반드시 백성을 근본으로 여겨야 합니다. 송나라 백성들의 생명도 보장하지 못하면서, 어찌 군자의 도리만 말씀하십니까?"

그래도 양왕은 자기의 생각을 고집하며 구강에게 말했다.

"군대를 되돌려놓지 않으면, 그대를 군법에 따라 다스리겠다."

　구강은 어쩔 수 없이 공격하려던 군대를 제자리에 돌려놓았다. 그러나 그때는 초나라 군대가 이미 전열을 갖춘 뒤였다. 그제서야 양왕은 공격 명령을 내렸으나 군대는 대패하고, 왕은 대퇴부에 중상을 입어 사흘 만에 죽고 말았다.

—『한비자(韓非子)』「외저설상(外儲說上)」

ID	reply
 sun	전쟁터에서 군자의 도를 실천하려 하다니...
 하상공	전쟁에 의로운 전쟁은 없다!(전쟁의 도덕적 관점-맹자) 전쟁을 할 때 최상의 방법은 기습전이다!(전쟁의 기술적 관점-손자) 명심하시옵소서!!
 동락	전쟁은 국가가 저지르는 폭력이라는 박노자(『당신들의 대한민국』의 저자)의 말에 공감합니다. '평화를 위한 전쟁'이니 '정의를 위한 전쟁'이니 하는 말은 형용모순입니다. 지배자들이 온갖 미사여구를 동원해 전쟁의 숨은 의도를 포장하지만, 결국 죽는 것은 다 불쌍한 병사들이고, 괴로움을 당하는 것은 어린이, 여자, 노인입니다. 우언에서 보듯 어리석은 지도자는 민중을 떼죽음시키기도 하고요.
 범생	명분이냐 실리냐. 우리나라와 일본과의 끊임없이 이어지는 교전이 생각나는군요. 명분을 중시하는 우리나라와 실리를 중시하는 일본, 과연 누가 현명한 걸까요? 상황에 맞게 대처할 수 있는 지혜가 무엇보다 요구되는 것 같습니다.
 만무방	전략이 뛰어난 구강이 군주를 잘못 만나 그 빛을 잃었군요. 진나라에서 벼슬했으면 한비자처럼 되었을 것을... 송왕도 딱하지만, 무자비한 초나라에는 군자가 없어 아름다운 고사를 만들어내지 못하였나요?

comment ［　　　　　　　　　　　　　　　　　　　　　　　　　　　　］

15. 가지를 살리는 법

어떤 농부가 가지를 심었는데 제대로 자라지 않아 고민이었다. 그래서 나이 많은 정원사에게 가서 가지를 살리는 법을 가르쳐달라고 했다. 그러자 그 정원사가 말했다.

"가지 한 그루를 심을 때마다 곁에 동전 한 닢을 같이 묻으시구려. 그러면 가지가 살아나게 될 것이오."

농부가 그 까닭을 묻자 그 정원사는 이렇게 되물었다.

"그대는 '돈이 있으면 살고, 없으면 죽는다'는 말도 못 들었소?"

—명(明)나라 풍몽룡(馮夢龍)의 『광소부(廣笑府)』「탐탄(貪呑)」

ID	reply
 불초	황금만능주의가 가지를 살리는군요. 세상이 몽매할수록 보이는 현물가치는 중히 여기고, 보이지 않는 정신가치는 경시하지요. 보이는 것은 일시적이고 보이지 않는 것은 오히려 오래 가는데…
 봄내	물질이 있는 곳에 마음이 있다지요. 나이 많은 정원사는 그 농부의 농사일에 대한 정성이 부족했음을 두고 에둘러 가르침을 주네요. 난초는 제 주인의 발자국 소리를 듣고 자란다는 말이 있습니다. 결국 난을 난답게 성장하게 하는 것이나 사람을 사람답게 하는 것 역시 진심 어린 애정이 아닐까요.
 제비꽃	여기에서 농부와 정원사의 차이를 봅니다. 농부는 들판에 곡식이나 야채 같은 실용성 작물을 기르지만 정원사는 부자들의 눈요기를 위한 화초나 수목을 가꾸지요. 정원사의 눈엔 식물들의 세계도 돈이 있어야 살아남는 것으로 보이겠죠.
 자락	요즘이나 옛날이나 돈이 있어야 만사가 해결되나 보지요? 살기 위한 수단이 삶의 내용까지 영향을 미치고 있어요. 사태가 혼미할수록 첫 출발점으로 돌아갈 필요가 있을 것 같습니다. 그런데 가지가 잘 자라기 위해서는 어쩔 수 없이 주위의 도움이 필요한 게 아닐까요? 인위적인 도움이 아니라, 있는 듯 없는 듯 자연스럽고 티나지 않는 도움 말입니다. 해와 비와 바람과 낙엽처럼 자연스럽게요.
 청량처사	이것은 세상을 풍자하는 코미디일 뿐입니다. 웃으면 그뿐.

comment

16. 좋은 고양이

　쥐를 몹시 싫어하는 사람이 많은 돈을 주고 고양이 한 마리를 사서, 고기를 실컷 먹이고 비싼 담요 위에다 재웠다. 고양이는 이렇게 먹고 자고 하면서 안락한 생활을 하다 보니 자연히 쥐를 잡으러 가지 않게 되었고, 심지어는 쥐와 어울려 놀기까지 했다. 그러자 쥐들은 더욱 멋대로 설치기 시작했다. 주인은 화가 나서 세상에 좋은 고양이는 없다고 생각하고, 다시는 고양이를 기르지 않았다.

－청(淸)나라　석성금(石成金)의 『소득호(笑得好)』

ID	reply
 만무방	아둔한 고양이 비싸게 샀군요. 똑똑한 사람을 썼다면 받은 만큼 일을 했을 테고, 선한 사람을 썼다면 미리 후히 대접해도 기대 이상의 책임을 다했을 테고, 아둔한 사람을 썼다면 선과제 후보상제로 해야 장차 쓸 만한 사람이 될 것이고, 욕심 많은 사람을 썼다면 남의 집 쥐까지 잡아다 보상을 요구했을 테고…
 숙경낭자	안락함에 길들여지면 본분을 잊기 쉬운 건 사람이나 동물이나 한가진가 봅니다. 부족함을 느껴야 문제의식과 일할 의욕도 지혜도 생기는 것 같습니다. 사람은 누구나 안락함을 원하겠지만 거기에 매몰되어서는 안 되겠다는 생각을 합니다.
 자락	그러길래 공자께서 "밥을 먹되 배부름을 구하지 말고, 생활할 때 너무 안락함을 구하지 말라"고 하였지요. 지나친 안락은 자기의 직분을 망각하게 하고, 정신을 흐릿하게 하지 않던가요. 오히려 약간의 결핍과 적절한 일감은 우리의 의욕을 고취시키고, 적당한 가난이 우리의 정신을 건강하게 해주는 것은 아닐는지.
 엄지	사람이든 고양이든 적당한 부족함이 자신의 본성과 책무를 잊지 않게 해준다니까요. 지나치게 충족하면 더 이상 욕망하지 않고 노력하지도 않는답니다. 저도 이 고양이와 다를 게 없는 것 같네요.
 제비꽃	상대방에 대한 이해가 전혀 없는 자기중심적인 사랑의 결말도 이와 같지 않을까요?

comment

17. 화와 복

  변방의 요새에서 그리 멀지 않은 곳에 말을 타고 활쏘기를 좋아하는 젊은이가 살고 있었다. 어느 날 그 집의 말이 까닭 없이 오랑캐들이 사는 곳으로 가버리자 이웃 사람들이 모두 아깝다고 위로했다. 그런데도 그의 부친은 도리어 이렇게 말했다.

  "좋은 일이 있을지 누가 알겠는가?"

  과연 몇 개월 지나자, 집 나갔던 말이 오랑캐 지방의 준마 한 마리를 데리고 돌아왔다. 사람들은 모두 그에게 축하를 했다. 그래도 그의 부친은 이렇게 말했다.

  "이것이 재앙이 될지 누가 알겠느냐?"

  집에 좋은 말이 생기자 그는 말타기를 더욱 즐겼다. 그러다가 어느 날 말에서 떨어져 다리가 부러지자, 사람들이 와서 그의 불행을 위로했다. 그때도 그의 부친은 또 이렇게 말했다.

  "이것이 또 좋은 일이 될지 누가 알겠느냐?"

  이런 일이 있은 지 일 년 후 오랑캐가 대거 침입해오자, 변방의 청년과 장년들 모두 징집되어 싸우다가 대부분 죽었다. 그러나 그는 다친 다리 때문에 징집되지 않아, 부자가 모두 목숨을 보전할 수 있었다.

  －한(漢)나라 유안(劉安)의 『회남자(淮南子)』「인간훈(人間訓)」

ID	reply

혼자가는
먼집

삶에 대해 희망을 잃지 않도록 가르치는 우언 같습니다. 눈앞의 희비애락을 넘어서, 담담하고 겸허하게 더 먼 곳을 바라보도록 하는군요.

자락

선을 행하다가 낙심하지 말라, 때가 이르면 거두리니. 잘 나간다고 우쭐하지 말라, 정상에 있을 때가 가장 위험하나니. 가난하다고 서러워 말라, 부자 될 가능성만 남았으므로. 꼴찌한다고 낙심하지 말라, 성적이 더 이상 내려갈 걱정이 없으므로. 모든 것은 무상하고, 세상은 변한다는 부처님의 말씀이 진리이므로.

comment

18. 불 끄기

  노(魯)나라 목공(穆公)이 자기 아들과 딸들을 큰 나라인 진(晉)나라와 초(楚)나라에 결혼시키고 벼슬을 하게 했다. 그러자 노나라 대부 여조(犁鉏)가 목공에게 말했다.

  "물에 빠진 아이를 건져내기 위해서 수영 잘하는 사람을 찾아 월(越)나라까지 갔다온다면, 그 아이를 살릴 수는 없을 것입니다. 지금 우리 노나라 서울에 불이 났는데 바다에서 물을 길어와 불을 끄려고 한다면, 바닷물이 아무리 많아도 불을 끌 수가 없을 것입니다. 이것은 멀리 있는 물로 가까운 곳의 불을 끌 수 없기 때문이지요. 진나라와 초나라가 비록 강성하지만 노나라와 멀리 떨어져 있어서, 만약 제(齊)나라가 침략해온다면 어떻게 도와줄 수가 있겠습니까?"

– 『한비자(韓非子)』「설림상(說林上)」

ID	reply
 불초	이이제이(以夷制夷)도 가려서 해야 한다는 말씀. 연암 선생도 극청(克淸)을 위하여 청과 교류하라 하였죠.
 제비꽃	노골적인 정략결혼에 대한 논의가 민망하옵니다, 마마. 오늘 <프린스 앤 프린세스>라는 만화영화를 보았는데요. 마녀의 성에 들어가는 가장 간단한 방법을 알게 되었지요. 정문에 가서 가만히 노크를 하는 겁니다.
 동락	중국에 이와 같이 "멀리 있는 물로 가까운 곳의 불을 끌 수 없다"는 우언이 있다면, 우리나라에는 "멀리 있는 친척보다 가까이 있는 이웃이 낫다"는 속담이 있지요. 요즘 매스컴에 나와 이야기하는 지식인들의 말을 들어보면, 툭하면 미국을 들먹이고, 명분은 그럴듯한데 현실성이 없는 경우가 많은 것 같습니다. 실사구시(實事求是)의 정신이 부족한 것 같아요.
 숙경낭자	실리외교의 중요성은 아무리 강조해도 지나치지 않다는 말씀. 정략결혼도 잘 시켜야지, 잘못하면 내 것 주고 뺨 맞지 않겠습니까?

comment

19. 돈귀신

 내 스승인 장초문(張楚門) 선생이 동정 동산에서 글을 가르칠 적에, 엄애정(嚴愛亭)과 전상령(錢湘舲)이 모두 아직 한림원에 들지 못하고 함께 공부를 하고 있었다.

 어느 날 저녁 등잔 아래에서 스승과 제자가 문장을 가지고 이야기하고 있을 때, 어떤 귀신이 성긴 창살에서 머리를 긁적이며 들어왔다. 처음에 귀신의 얼굴이 키와 같더니, 조금 지나자 엎어진 솥과 같고, 나중에는 수레바퀴만 했다. 꼬리의 털은 빗자루 같고, 눈은 동거울 같고, 양 광대뼈는 툭 튀어나왔고, 쌓아놓은 속세의 먼지는 다섯 말 가량 되었다.

 장 선생은 귀신을 힐끗 보고 웃으며 자신이 쓴 『귤모편(橘膜編)』을 보여주면서 물었다.

 "그대는 이 글자를 아는가?"

 귀신은 말을 하지 않았다.

 선생이 다시 말했다.

 "글자를 모른다면 왜 이렇게 큰 얼굴을 하고 사람을 대하는가?"

 이어서 두 손가락으로 그 얼굴을 튕기니 마치 소가죽을 찢는 소리가 났다.

 장 선생은 크게 웃으며 말했다.

 "얼굴 가죽이 이렇게 두꺼우니, 네가 세상의 사리를 모르는 게 당연하다."

그러자 귀신은 크게 부끄러워하며, 그렇게 크던 얼굴이 갑자기 콩알만큼 작아져버렸다.

장 선생은 제자들을 돌아보며 말했다.

"이 놈은 이렇게 크기만 하고 면목도 없이 빈둥빈둥 놀고만 있네."

그러면서 패도를 꺼내 그 귀신을 찌르자, '쨍' 하는 소리를 내며 땅에 떨어졌다. 주어보니 그것은 원래 조그만 동전이었다.

-청(淸)나라 심기풍(沈起風)의 『해탁(諧鐸)』

ID	reply
 sun	돈의 후안무치함과 상대적 가치에 대한 의인화가 뛰어나군요. 조그만 동전 하나가 돈을 숭배하는 사람들 앞에서는 수레바퀴만큼 커졌다가 돈을 무시하는 사람들 앞에서는 콩알만큼 작아지다가…
 동락	헌 돈, 새 돈, 검은 돈, 구린 돈, 눈먼 돈, 동전, 지폐, 현금, 수표, 달러, 엔화 가릴 것 있나 하면서 돈 되는 일이면 무엇이든지 하는 자본주의적 인간의 얼굴이 이 동전 귀신의 얼굴만큼이나 두꺼운 것 아닌가요. 이렇게 돈이 최고로 치부되는 세상에서 이익 되는 것은 것을 보거든 그것이 의로운 것인가를 생각하라는 공자의 말씀은 장 초문의 패도와 같이 우리의 양심을 찌릅니다.
 만무방	공방(孔方=엽전)이 귀신이나 다름없어 조화를 부리는데, 사람들은 설설 기면서도 스스로 갈고 닦지 않고 오히려 공방에게 영혼을 팔아 그 힘을 빌려 살고자 한다. 그럴수록 영혼을 빨아먹고 사는 공방의 조화는 더욱 기승을 부리니 온갖 재앙을 면하지 못한다. 온갖 방법으로 벗어나려 하지만 결국 인간은 다섯 말 속세의 때를 벗지 못하고 면목도 없이 썩은 빛으로 세상을 살아갈 뿐이다. 그저 쇠쪼가리에 불과한 것을.
 섭섭	자신이 만든 존재를 숭배하고 두려워하는 것은 무엇을 위함인가요? 자신을 위해 만들어놓고 그것으로 자신을 해치는 것은 무슨 조화일까요?

comment [   ]

20. 빗장

공수자(公輸子)가 대나무와 나무를 가지고 까치 한 마리를 조각했다. 이 까치는 마치 살아 있는 것처럼 높이 날아올라 사흘이 되어도 내려오지 않았다. 공수자는 자기의 재주가 세상에 둘도 없는 것이라며 자부했다. 그러자 묵자(墨子)가 그에게 말했다.

"그대가 만든 까치는 목수가 만든 수레의 빗장만큼도 못한 것일세. 목수는 한 번에 세 치 길이의 빗장을 만드는데, 이것은 비록 작지만 수레바퀴가 쉰 석의 무게를 지탱할 수 있도록 해주고 있다네. 이런 측면에서 공을 논한다면, 사람에게 이로운 것을 참된 기교라 할 수 있고, 사람에게 이롭지 못한 것을 졸렬한 것이라고밖에 말할 수 없지 않은가?"

– 『묵자(墨子)』「노문(魯問)」

ID	reply
 sun	공수자의 까치 조각이 목수의 수레바퀴보다 몇 배나 부가가치가 높다는 걸 그 시대의 묵자는 알지 못했나 봅니다.
 하상공	'유용성'이라는 잣대를 가지고 가치를 평가하는 시각이 항상 옳은 것일까요? 그보다는 자체의 예술성 또한 중시하는 시각을 가질 필요가 있겠죠?
 자락	사람을 고루 사랑하기를 염원했던 실용적 겸애주의자인 묵자다운 말이군요. 아무리 아름다운 레오나르도 다빈치의 그림이라도 배고픈 사람에게는 한 조각 빵보다 못하고, 가난한 백성들에게는 공자님 말씀보다는 한 됫박의 보리쌀이 더 소중하지 않을까요?
 불초	묵자께서 실학적 인식을 보여주시는군요. 국화가 오상고절의 완상물이 아니고 먹고 낫게 하는 소채요 약재라고 아들에게 남새밭에 꼭 재배하라 하신 다산 선생의 말씀이 생각나는군요.
 범생	남이 하지 못하는 일을 잘하는 재주를 가지는 것은 자랑할 만하고 부러워할 만한 일이지만 그게 그리 오래 가지 못한다는 것이 문제지요. 선천적으로 타고난 재주라 할지라도 끊임없이 갈고 닦아야 한다는 것을 알려주는군요.

comment [   ]

21. 귤벌레

  귤나무의 벌레는 크기가 손가락 정도이고, 머리에는 뿔이 달려 있다. 몸을 한번 움츠렸다 폈다 하면서 꿈틀거리는 모습은 풍뎅이의 유충과 같으나 빛깔은 청색이다. 귤나무 이파리 밑에 숨어 지내다가 몸을 빼서 귤 잎사귀를 갉아먹는 것이 누에와 비슷하다. 그리고 누가 가까이 오기라도 하면 머리를 빳빳하게 세우고 성을 내어 싸우려는 자세를 취한다.

  어느 날 귤벌레를 보니 얼어붙은 것 같이 먹지도 않고 움직이지도 않았으나, 다음날 보니 이미 나비가 되어 있었다. 그러나 날개를 완전히 펴지는 못했다. 등은 검은 색깔을, 양 날개는 푸른색을 띠고 있으면서도 붉고 노란 반점이 섞여 있었다. 배는 불룩하고 타원형이었다. 이때의 모습은 마치 술에 취했다가 깨어나서 사지에 힘이 없어 잘 움직이지 못하는 것 같았다.

  다음 날 다시 가보니 그 귤벌레 나비는 아침이슬과 미풍을 머금고 풀과 나무에 기어오르기도 하고 공중을 바로 날기도 하다가 눈 깜짝할 사이에 사라졌다. 그리고는 난만히 핀 꽃 가운데 숨어 있다가 또 잠시 대나무 위에 내려앉기도 하고, 공중을 비상하다가 바람에 나부끼면서 이리저리 변화하는 것이 퍽 아름다웠다. 그러나 귤벌레 나비는 곧 거미줄에 걸려 붙어버렸는데, 마치 족쇄와 수갑을 찬 것처럼 꼼짝할 수 없었다. 사람들이 매우 가련하게 생각했지만 어떻게 풀어줄 수가 없었다.

-당(唐)나라　육구몽(陸龜蒙)의　『입택총서(笠澤叢書)』

ID	reply

자락 — 꽃들에게 희망을 주기 위해 날아다니던 나비가 그만 거미줄에 걸렸군요. 암수 꽃들의 꽃가루 정받이를 도와주고, 아름다운 꽃세상을 만들기 위해 애쓰던 나비의 죽음은 바로 동경에서 남의 생명을 위해 자기를 내던진 이수현 군의 넋이 아닐까요?

불초 — 오랜 고통을 이겨내고 자유를 얻었으나 그만 도취되어 덫을 피하지 못하고 다시 고난에 빠졌군요. 사람 사는 것은 늘 살얼음을 걷듯 하지 않으면 이 모양이 되고 말죠.

comment

22. 중산의 이리

　전국시대 진(晉)나라의 정치 거물이던 조간자(趙簡子)가 중산(中山)에서 사냥을 하다가 이리 한 마리를 쏘아 맞추었는데, 그 이리는 상처를 입고도 길을 벗어나 도망쳤다. 때마침 동곽(東郭) 선생이 길을 가는 것을 보고 이리는 구원을 청하였다.

　동곽 선생은 묵자(墨子)의 제자로서 평소 묵자의 겸애설(兼愛說)을 숭상하였다. 그는 이리의 심성이 비록 흉악하지만 부상을 당하였으므로 구해주지 않으면 안 된다고 생각하였다. 그래서 책보자기를 열어 이리를 움직이지 않게 묶어 넣어 숨겨주었다.

　잠시 후 조간자가 와서 동곽 선생에게 부상당한 이리를 보지 못했느냐고 물었다. 동곽 선생은 모른다고 했다. 그러자 조간자가 칼을 빼어들고 위협하며 사실대로 말하라고 다그쳤다. 그래도 모른다고 잡아떼자, 하는 수 없이 돌아갔다.

　그후 동곽 선생은 노새에 올라 가던 길을 계속 나아갔다. 얼마 후 이리가 보자기 속에서 큰 소리로 아픔을 호소하였다. 선생은 이리를 꺼내어 그 몸에 박힌 화살을 빼주었다. 몸이 풀린 이리는 상처의 통증이 사라지자 곧 험악한 인상으로 동곽 선생을 노려보면서 이렇게 말하였다.

　"내 목숨을 살려준 건 고맙지만 난 지금 배가 고프오. 당신을 잡아먹지 않으면 허기를 면하기 어렵겠소. 기왕에 나를 살려줄 마음이었다면, 내가 배고파 죽게 내버려두지는 않겠지요?"

　그러면서 날카로운 이빨을 드러내며 동곽 선생을 잡아먹으려 하였다. 깜짝 놀란 동곽 선생은 황망히 노새를 잡아타고 도망치며 이리를 꾸짖었다.

"너의 목숨을 살려주었는데 오히려 나를 잡아먹으려 하다니, 세상에 어찌 이런 일이 있을 수 있단 말이냐? 이 배은망덕한 놈아!"

그래도 이리는 멈추지 않고 선생을 잡아먹으려고 하였다. 동곽 선생은 땀을 뻘뻘 흘리며 이리저리 피해다니다가 해가 기우는 것을 보았다. 상황이 더욱 나빠지자 이리에게 말하였다.

"속담에 이르기를, '문제를 해결하려면 노인 세 명에게 물어보라'고 하지 않았던가. 우리가 서로 지쳤으니 이제 함께 길을 가다가 세 명의 노인을 만나게 되면 그들에게 물어보기로 하세. 그들 모두 내가 마땅히 잡아먹혀야 한다고 하면 더 이상 도망치지 않고 먹이가 되어 배불리 먹을 수 있게 해주겠네."

배고픔에 지친 이리도 이 조건에 동의하였다. 그들은 노새와 함께 길을 가다가 오래된 은행나무를 만났다. 그러자 이리는 선생에게 은행나무에게 물어볼 것을 강요하였다. 은행나무가 말하였다.

"내가 젊었을 때는 은행을 많이 낼 수 있어서 사람들이 나를 보호하였소. 그런데 나이가 들어 은행이 생기지 않자 사람들은 나를 베어 장작으로 삼더군요. 세상일이 모두 이러하오. 그러니 당신도 마땅히 이리에게 잡아먹혀야 할 것이오."

이리는 이 이야기를 듣고 매우 만족하여 선생에게 달려들었다. 동곽 선생은 이리에게 약속을 지킬 것을 일러주고 다시 다른 노인을 찾았다. 얼마 후 늙은 소를 발견하자 이리는 또다시 동곽 선생에게 강요하였다. 늙은 소가 말하였다.

“내가 젊었을 때에는 피와 땀을 흘리며 사람들을 위해 농사를 도왔소. 힘들게 일하여 공로가 컸다고 말할 수 있지요. 그러나 나이가 들어 일할 수 없게 되자 사람들은 나를 버리고 학대하며 심지어 죽이려고까지 하더군요. 그러니 당신 같은 사람은 이리에게 잡아먹혀야 하오.”

이렇게 되자 이리는 이빨을 드러내고 큭큭 웃으면서 말하였다.

“선생, 내가 보기에 더 이상 물어봤자 소용이 없을 것 같소. 순순히 나의 먹이가 되시오!”

동곽 선생이 놀라움과 두려움으로 떨고 있을 때 마침 한 노인이 다가왔다. 선생은 급히 달려가 지금까지 있었던 일을 말하였다. 그리고 초목과 짐승은 무지하여 나의 생명을 해치려고 하니 최종적인 판단을 내려 달라고 부탁하였다.

노인은 그의 말을 듣고 손에 들었던 나무지팡이로 중산의 이리를 내리쳤다. 그러자 이리는 격렬히 항의하였다.

“그의 말은 모두 거짓말이오. 그는 내 몸을 꽁꽁 묶어 책보자기 속에 넣었다구요. 처음부터 나를 해칠 생각이었지 구하려고 한 것이 아니오.”

그러자 노인이 말하였다.

“나는 당신들의 말만 듣고는 누가 옳고 누가 그른지 알 수가 없다네. 당시의 상황을 다시 한 번 실제로 보여주면 내가 보고 나서 다시 옳고 그름을 판단해주겠네!”

동곽 선생과 이리는 노인이 제시한 방법에 동의하였다. 그래서 이리는 다시 끈에 묶여 보자기 속에 넣어졌다. 그러자 노인은 동곽 선생에게 이

기회를 이용하여 이리를 칼로 찔러 후환을 없애라고 하였다. 그러나 동곽 선생은 이때에도 칼을 대지 못하였다. 이에 노인은 그에게 한순간의 자비로 자신의 목숨을 버리지 말라고 충고하였다. 동곽 선생은 그제야 칼을 꺼내 중산의 이리를 찔러 죽였다.

—풍명지(馮明之)의 『중국문학사화(中國文學史話)』

ID	reply

제비꽃 — 산천초목은 모두 이리 편이군요. 인간이 먼저 이리에게 화살을 쏘았네요. 아무리 포악한 짐승이라지만, 자신을 구해준 인간에게 대뜸 잡아먹겠다고 했을까요? 이리는 포악하고 배은망덕한 짐승이므로 동정할 필요가 없다고, 이리를 사냥하는 것은 정당하다고 인간의 입장에서 말하고 있는 것은 아닌지. 오래된 은행나무와 늙은 소의 판결이 마음에 와 닿는 걸요.

만무방 — 아프리카에서 빈사의 맹수를 보살핀 자비심이 망덕의 비극으로 끝난 실화가 있고, 승자의 권리로 처형해도 될 브루투스를 방면했다가 도리어 칼을 맞은 카이사르도 있지요. 허나 토사구팽만 있는 것이 아니고 박씨 보은도 있으니 성급한 일반화의 오류는 범하지 말아야겠지요.

자락 — 이 우언은 명나라 시대 복고풍의 문학을 주장하던 이몽양의 배은망덕을 풍자하기 위해서 지은 마중석의 「중산랑전」에서 파생된 우언입니다. 이몽양이 옥에 갇혀 있을 때 구원해준 친구 강해가 어려운 지경에 빠지자 그를 변호해주기는커녕 오히려 강해의 인품을 조롱한 일을 빗대어 지은 우언이지요. 마중석은 이몽양과 강해의 스승입니다.

숙경낭자 — 은행나무와 늙은 소는 인간의 배은망덕이 괘씸해 이리의 편을 들었나 봅니다. '인간아, 너도 한번 당해봐라. 배은망덕이 얼마나 가슴 쓰린지…' 하는 심정에서요. 그래서 '순간의 자비로 자신의 목숨을 버리지 말라'고 한 노인의 말씀이 너무 냉혹하게 느껴지는군요. 차라리 배고픈 이리에게 음식을 주고 그를 타일러 돌려보냈으면… 그래야 짐승보다 인간이 낫다는 논리가 성립될 수 있지 않을지… 이리가 요구한 건 음식이지 자기를 구해준 인간은 아니었잖아요

comment ____

이치를 깨달아야

사람이 지혜롭다는 것은 사람을 볼 줄 알고 말의 의미를 잘 헤아리는 것과 함께 세상의 이치를 꿰뚫어보는 눈을 가지고 있음을 뜻한다. 현상 뒤에 숨어 있는 본질을 파악해낼 줄 알고, 사태의 결과를 예견할 수 있고, 하나의 이치를 미루어 다른 경우에 발전·적용시킬 줄 아는 것이 슬기로운 사람의 조건이 아닐까. 이러한 삶의 지혜가 풍부하게 담겨져 있는 우언을 산책한다.

1. 조장(助長)

송(宋)나라에 어떤 사람이 자기 논의 벼 싹이 더디 자라는 것을 못 참아 그것을 쑥쑥 잡아당겨놓고 돌아와 말했다.

"벼가 빨리 자라도록 도와주었더니 오늘은 무척 피곤한 걸!"

그 말을 들은 아들이 얼른 논에 가보았더니, 벼 싹은 이미 모두 말라 죽은 뒤였다.

- 『맹자(孟子)』「공손추장구상(公孫丑章句上)」

ID	reply
 늘푸른	벼는 벼대로 자라는 방식이 있으니 사람의 잣대로 벼를 자라게 하지 말 것. 때로 관심을 가져주고 싶다면 약간의 물을 대주든지 햇살을 더 가까이 보도록 배려해주든지. 결코 벼 자신이 해야 할 일을 대신하지는 말 것.
 범생	자식을 키우는 몸으로서 가끔 생각하는 것이 있습니다. 가끔 정말 너무 성급한 나머지 미리 싹을 잘라버리고 있지 않은지 말입니다.
 동락	소인은 남의 악을 조장하고, 군자는 남의 아름다움을 이루어준다고 했던가요? 맹자의 '조장하지 말라, 만물이 스스로 자랄 수 있게'라는 메시지는 노자의 생각과 비슷해요. 역시 고수들끼리는 통하는 건가요?
 sun	너무나 열심히 정답(?)을 가르쳐주느라 목이 쉰 선생님과 너무나 조용히 그것을 필기하는 교실을 보면 모판 위에서 시들어가는 벼가 생각나요.
불초	성급한 능률주의나 경쟁심이 발전을 저해합니다. 요즘 선행학습이 유행이라던데, 그렇게 경쟁의식 속에 키워진 아이들 인성이 어찌 제대로 길러질 수 있을지…
하상공	미리 어떤 효과를 기대하고 억지로 일을 만드는 경우죠. 저는 노자의 무위를 다시 한번 생각해봅니다. '도가 존숭되고 덕이 귀하게 여겨지는 것은 그것이 만물에 간섭하지 않고 원래 그러한 데에 맡기기 때문이다(道之尊, 德之貴, 夫莫之命而常自然)'(『노자』 51장).

comment [   ]

2. 귀 막기

　범씨(范氏)가 도망갈 때 백성 중에 그에게서 종(鐘)을 얻은 사람이 있었다. 그 백성은 종을 등에 지고 집에 가져가려 했으나 너무 무거워 움직일 수가 없었다. 그래서 종채로 종을 때려부수려 하였더니, '땡' 하고 큰 소리가 났다. 그러자 그는 다른 사람이 그 소리를 듣고 종을 빼앗을까 봐 두 손으로 자기의 귀를 틀어막았다.

–『여씨춘추(呂氏春秋)』「자지(自知)」

ID	reply
제비꽃	종소리는 두고 종만 가지려고 하는 그는 진정 종소리를 들을 자격이 없는 사람이네요. 스스로 귀를 막을 수밖에.
하상공	꿩이 도망가다가 눈 속에 머리를 박는 격이군요.
범생	'눈 가리고 아웅'이라는 속담이 생각납니다. 임시방편으로 이루어지는 부조리한 일들이 우리의 삶의 곳곳에 숨어 있다가 언제 복병이 되어 나타나 우리의 삶을 파괴할지 모르는 현실입니다.
불초	귀속임이나 눈속임이나 오래 갈 일은 못 되죠. 그런데 정약용 선생은 하늘을 속이고 사람을 속이면 큰일나지만 입속임은 괜찮다 하시네요. 가난한 선비는 진수성찬을 탐하지 말고, 입을 속여 큰 상추에 밥 한술 떠서 입 크게 우물거리며 "야, 맛있다, 어휴, 배부르다" 하면서 허기를 면하고 검소하게 살라 하시는군요.
동락	중국의 여자들은 밖에서 '볼일'을 보다가 사람이 다가오면 치마를 끌어올려 자기 얼굴을 가린다든가 어쩐다든가...

comment [   ]

3. 의심의 눈

어떤 사람이 도끼를 잃어버리고 이웃집 아이가 훔쳐갔다고 의심했다. 그런 마음을 갖고 그 아이를 보니 길을 걷는 모습도 도끼를 훔친 것처럼 보였고, 그 아이의 얼굴 표정도, 말하는 태도도 도끼를 훔친 것처럼 보였다. 요컨대 그 아이의 일거수 일투족과 얼굴 표정이 모두가 의심스럽게만 느껴졌다.

며칠 되지 않아 그 사람은 산골짜기에 땅을 파러 갔다가 잃어버린 도끼를 찾았다. 그 다음에 다시 그 이웃집 아이를 바라보니, 그 아이의 행동과 얼굴에는 의심스러운 구석이 하나도 없었다.

- 『열자(列子)』 「설부(說符)」

ID	reply
 하상공	의심의 끝은 무엇인가? 부끄러움입니다.
 늘푸른	요즘 아이들의 세상 보는 법인 것 같아 걱정됩니다. 나 외의 상대에 관심을 갖기 시작하는 사춘기부터 어른이 될 때까지. '나'를 인정하지 않는 모든 것은 의심의 대상이 되곤 하죠. 아이들의 신뢰를 받기 위해 오늘도 노력하는 이 선생의 노력을 알기나 하는지.
 범생	선입견, 편견이 얼마나 무서운지 많이 겪으면서도 막상 내 일이 되고 보면 잊어버립니다. 때로는 인간의 사고가 얼마나 편협하고 좁은지 실감할 때가 있어요.
 동락	어떤 선입견이나 선지식 없이 순수한 눈으로 세상을 바라보는 것은 공정한 사물이해의 기초가 되겠지요. 우리가 학생을 대할 때 혹시 얼마나 똑똑하고 얼마나 이쁜지, 심지어 얼마나 돈 많고 권력 있는 집의 아이인지 하는 편견을 가지고 보지 않는지를 반성하게 됩니다.
 불초	선입견에 얽매이기, 겉모양으로 속 판단하기, 부분으로 일반화하기, 전과자 의심하기… 그것의 보상은 치명적이기도 하지요.
 제비꽃	이런 경우 저 너무나 많이 있습니다. 얼굴이 화끈거립니다. 내 안의 도둑을 냉큼 상대방에게 투사해버리는 이 못된 버릇을 어떻게 고쳐야 합니까? 내 마음의 눈에서 의심의 꺼풀을 벗겨내는 일 말입니다. 또 '나' 때문에 도둑이라는 누명을 써야 했던 그 많은 이웃들에겐 어떻게 사죄해야 합니까? 설령 그들이 내 의심을 알지 못했다 하더라도 말입니다.

comment [   ]

4. 자식과 이웃

송(宋)나라 어떤 부잣집의 담이 큰비에 무너졌다. 그 집 아들이 말했다.

"담을 빨리 수리하지 않으면 반드시 도둑놈이 물건을 훔치러 올 것입니다."

이웃집 사람도 그에게 똑같이 도둑을 조심하라는 말을 했다.

공교롭게도 그날 밤 부잣집은 도둑에게 많은 재물이 털렸다. 그러자 그 부잣집에서는 자기 아들은 선견지명이 있다고 칭찬하면서, 그 이웃 사람에게는 오히려 의심의 눈길을 보냈다.

－『한비자(韓非子)』「설난(說難)」

ID	reply
 하상공	주희의 십회훈(十悔訓) 중에 '무너진 담장을 고치지 않으면, 도둑이 든 후에 후회한다'는 말이 있죠. 이런 상황에서도 아들의 선견지명을 칭찬할 수 있다는 여유(?)가 부럽군요. 똑같은 의견을 이야기했는데, 왜 다른 모습으로 보이는 것일까요? 자기와 친연성이 있는 것과 그렇지 않은 차이 때문인가요?
 늘푸른	팔이 안으로 굽는 건 인지상정이지요. 합리적인 사고와 공정한 판단이 쉬운 일이 아니지만 우리 모두가 유쾌한 세상을 살기 위해 꼭 필요합니다. 그러나 현실은 가끔 이런 판단에 장벽이 되곤 합니다.
 동락	지도층 자녀들의 스캔들을 보면서 새삼 자식을 사랑하되 너무 귀여워하지 말라는 격언을 떠올립니다. 자식을 올바르게 사랑하는 길이 과연 그들이 원하는 대로 내버려두는 것이 과연 좋은 부모일까를 생각해봅니다.
 만무방	남의 자식도 내 자식처럼 사랑하는 태도가 예전 같지 않은 게 안타깝지요. 본성을 강조하는 것은 자연성보다는 이기심을 합리화하는 말 아닐까요. 짐승들은 새끼 열심히 길러도 일정한 선이 있지요. 도덕적 이성을 아무리 열심히 배워도 이기이타가 유만부동인 인간이라니…
 sun	이중잣대는 늘 나를 반경으로 굽어지는 법이지요. 그렇다면 소아(小我)를 버리고 대아(大我)를 확장해야 할 터인데…

comment [   ]

5. 발 치수

　정(鄭)나라의 어떤 사람이 신발을 한 켤레 사려고 했다. 먼저 자기의 발을 재어 그 치수를 적어두었다. 서둘러 시장에 가서 신발을 사려고 하다가, 그만 발 치수 적어둔 것을 잊어버리고 가져오지 않은 것을 알았다. 할 수 없이 그 사람은 집에 돌아가서 가져왔으나, 그때는 이미 시장이 파해버려 신발을 살 수가 없었다.

　어떤 사람이 왜 직접 자기 발로 신어보지 않았느냐고 물었더니, 그 사람은 다음과 같이 말했다.

　"나는 치수는 믿을 수 있어도, 내 발은 못 믿겠소!"

－『한비자(韓非子)』「외저설좌상(外儲說左上)」

ID	reply
 자락	사람들은 가까이 있는 것보다는 먼 데 있는 것을, 보는 것보다 듣는 것을, 실제보다는 소문을 더 믿는 경향이 있는 것 같습니다.
 범생	직접 신어보고 사도 되지만 치수를 가지고 사는 것은 나름대로 합리성이 있다고 봅니다. 감이라는 것도 중요하지만 너무 감에만 의존하다 보면 무엇이건 대충 해버리는 습성이 생기지 않을까요? 음식을 만들 때 양을 정확하게 측정하기보다는 먹어보고 대충 하지요. 눈어림, 눈대중이란 말이 왜 생겼을까요? 사실 발도 때에 따라서 변하지요. 그래서 치수를 정확하게 재고 그에 맞는 신발을 사는 태도는, 너무 대충대충하고 마는 우리나라 사람들로서는 나름대로 배울 만하다고 할 수 있지 않을까요?
 하상공	자기의 가치, 본질을 스스로 깨닫지 못하고, 다른 사람, 다른 잣대에 의해 평가받고자 하는 사람인가요? 아니면 삶 자체가 규격화된 사람인가요? 『장자』에 보면 육손이가 손가락 하나를 자르려고 하죠? 사회의 일반 기준은 다섯이니까 말이죠.
 불초	사람을 평가하는데, 그 사람의 진면목을 보려고 하질 않고 성적이나 외양을 보고 판단하는 것은 산업사회에서 길들여진 병폐가 아닌가 합니다. 두메산골 노인들이 현대인보다 훨씬 인간애와 생명존중의식과 보이지 않는 것을 보는 눈이 깊음을 알게 되어 깜짝 놀랄 때가 많지요.
 혼자가는 면집	인생이라는 상표의 신발을 사려고 세상에 왔다가 내 발을 믿을 수 없어 누군가 정해 놓은 치수를 찾아 헤매다 돌아왔더니, 해는 저물고 파장이 되어 결국 나의 신발을 사지 못했다는 슬픈 이야기.

comment

6. 쓰임새

노(魯)나라에 남편은 짚신을 잘 만들고 아내는 흰 비단을 잘 짜는 부부가 살았다. 그런데 이 부부가 월(越)나라로 이사가려고 했다. 그러자 어떤 사람이 월나라로 이사가면 반드시 굶주릴 것이라고 말했다. 이 부부는 걱정이 되어 왜 그러냐고 묻자, 그 사람이 말했다.

"신발을 만드는 것은 사람들이 신고 다니도록 하기 위함이지만 당신이 이사가려는 월나라 사람들은 맨발로 다니고, 당신 아내가 흰 비단을 짜는 것은 모자를 만들어 쓰게 하려는 것인데, 월나라 사람들은 머리에 쓰는 것을 좋아하지 않소. 당신들이 아무리 좋은 기술을 가지고 있다 하더라도 그것을 사용할 수 없는 나라에 가서 산다면, 어찌 가난을 피할 수가 있겠소?"

–『한비자(韓非子)』「설림상(說林上)」

ID	reply
만무방	가치를 인정 받는 것도 중요하지만, 가치를 깨닫게 하는 일이 더욱 중요한 일 아닐까요. 신발을 신게 하고 모자를 쓰도록 문명개화를 이식하여 적극적으로 비즈니스를 하면 더욱 잘살게 되겠죠. 물론 아마존 원주민들에게 자동차문화를 이식하는 것은 대국적으로 어리석은 일이겠지만.
자락	사마천은 사기에서 '선비는 자기를 알아주는 사람을 위해서 목숨을 바치고, 여인은 자기를 사랑하는 사람을 위해 얼굴을 꾸민다'고 했지요. 예전에 알아주지 않고 쓰이지 않는 사람을 유일(遺逸) 혹은 일사(逸士)라고 했는데, 현군은 이런 사람을 찾아 쓰려고 노력했지요. 우리 주위에도 자기의 진실과 능력이 알려지지 않아 제대로 쓰이지 못하는 사람들이 많을 거예요.
sun	내가 솜씨 있게 짤 수 있는 짚신과 하얀 비단이 아무런 쓸모가 없는 세상이 되어버린다면. 내가 의미를 부여하고 가치 있다고 여겼던 대상이 어느 날 호주머니 속의 유리구슬처럼 그 빛을 잃어버린다면. 시대와 환경이 요구하는 가치에 맞도록 자신을 변형시켜야 할지... 자신이 부여한 의미와 가치를 고집하면서 시대와 환경에 불화해야 할지... 가끔 딜레마에 빠질 때가 있답니다.

comment

7. 잣베개의 꿈

　초호사(焦湖社)란 사당의 관리인이 30년이나 된 잣베개를 하나 가지고 있었는데, 그 베개 뒤에는 작은 구멍이 하나 있었다.

　그런데 그 마을에 사는 탕림(湯林)이라는 상인이 이 사당을 지나가다가 천지신명께 복을 기원하였다. 그때 사당 관리인이 말했다.

　"당신 아직 장가 못 갔지요? 이 베개의 구멍에 머리를 대고 자보시오."

　관리인이 탕림에게 잣베개를 베고 자게 했다. 탕림은 꿈속에서 붉은 대문과 드높은 궁전, 화려한 누대를 보고 현실세계와는 비교할 수가 없다고 느꼈다. 거기서 탕림은 조태위(趙太尉)를 만났는데, 태위가 장가를 보내주어 4남 2녀를 두었다. 또 탕림은 비서랑(秘書郎)에 선임되었다가 황문랑(黃文郎)으로 승직되었다. 탕림은 잣베개를 베고 자면서 조금도 고향 생각은 하지 않다가, 마침내 어려운 지경에 처하게 되었을 때, 관리인이 그를 부르며 깨웠는데, 그제사 그것이 한바탕 꿈이었음을 깨달았다.

－유의경(劉義慶)의 『유명록(幽明錄)』

ID	reply
 불초	현실에 바탕을 두지 않은 꿈이란 부질없는 몽상에 지나지 않는다는 진부한 말씀보다도… 꿈을 꾸면서도 그것이 현실세계와 다름을 아니 매우 분별력 있는 탕림이었으나, 그만 오랫동안 도취되어 있다 보니 결국 현실을 잊게 되더라. 이곡의 '차마설'과 같이 너무 오래 빠져 있으면 분별력을 잃어버린다는 가르침인 줄 알겠습니다.
 자락	김시습의 전기소설이나 김만중의 『구운몽』을 흔히 비현실적인 낭만성을 지닌 작품이라 이해하고 있지만, 꿈이 현실에 대한 강렬한 비판적 기능을 갖는다는 면에서 이들 작품이 지닌 낭만성은 진보적이고 현실적이라고 생각합니다. 문학은 어떤 의미에서는 '언어로 꿈꾸기'가 아닐까요? 어느 때는 가장 이상적인 것이 가장 현실적이고, 가장 부드러운 것이 가장 강한 것인 경우가 있는 것 같습니다. 이 작품도 '남가일몽'의 주제를 갖는 몽자류 소설과 연결해볼 수 있는 우언으로 보입니다.
 엄지	저도 그런 잣베개 하나 있으면 좋겠습니다. 현실이 고달프고 무거울 때 베고 자면서 꿈속에서나마 달콤하게 살아보았으면…

comment [   ]

8. 말다툼

    옛날에 어떤 사람이 기러기가 공중에 날아가는 것을 보고 활을 겨누면서 쏘아 떨어뜨리면 삶아 먹어야겠다고 했다. 그러자 그의 동생이 이 말을 듣고,

    "비둘기는 삶아 먹는 것이 좋지만, 기러기는 구워 먹어야 제격이지."

    라고 주장했다. 형제간에 말다툼이 그치지 않아, 결국 그들은 마을 촌장을 찾아가 결론을 내리기로 했다.

    마을 촌장은 기러기를 나누어 반은 삶아먹고, 반은 구워먹으라고 평결해주었다. 이 평결을 들은 두 형제가 다시 기러기를 찾아 나섰을 때 기러기는 이미 하늘 멀리 날아가버리고 없었다.

−명(明)나라　유원경(劉元卿)의　『현혁편·응해록(賢弈編·應諧錄)』

ID	reply
자락	고집이 일을 그르치고 있지 않은가. 부부싸움도 서로 양보를 모르고 자기 주장만 하다가 크게 번지고, 친구 사이도 서로 양보하지 않으면 벌어지지 않던가.
만무방	다음 해부터는 형제가 사이좋게 삶고 구어서 나눠 먹으며 행복하게 살았더래요. 다툼이 없었다면 발전적 문제해결의 기회도 없었겠지요.
sun	기회는 언제까지나 기다려주는 것이 아니니, 날아가 버리기 전에 활을 쏠 일이다.
가무내	빨리 활 먼저 쏘고 이야기하지.... 일의 선후를 잘 모르니 기회를 놓칠 수밖에요...

comment [＿＿＿＿＿＿＿＿＿＿＿＿＿＿]

9. 도망간 자라

　정(鄭)나라에 복(卜)씨 성을 가진 노파가 시장에 가서 자라를 한 마리 사서 집에 돌아오고 있었다. 영수(潁水)를 지나다가 자라가 목이 마르겠지 생각하고, 강물에 자라를 풀어놓고 물을 먹게 해주었다. 그랬더니 자라는 물 속으로 도망가버렸다.

– 『한비자(韓非子)』 「외저설좌상(外儲說左上)」

ID	reply
 불초	배은망덕이 유분수가 아니고, 자기중심적 인간이 받아야 할 응당한 귀정이지요. 짐승도 생명이 있어 고통을 겪는 것을 불쌍히 여기니 측은지심이 있다 하겠으나, 그것은 역지사지가 부족한 단견이지요. 빵보다 자유가 더 소중한 경우겠죠.
 동락	'물에 빠진 개는 건져주지 말아라. 왜냐하면 살려주면 살려준 사람을 물기 때문에'라는 노신의 글을 본 적이 있습니다. 무조건적인 사랑과 지원이 오히려 그 사람의 자립심을 해치고, 노예근성을 키워주는 경우도 있는 것 같아요. 하와이의 원주민들은 백인정부의 시혜정책 때문에 일할 의욕을 상실하고 점차 무능해지고 배만 나와, 오히려 비만과 고혈압으로 일찍 죽는다고 하더군요.
 제비꽃	복씨 할머니는 본의 아니게 방생의 자비를 베풀었네요. 극락 가시겠죠? 자라를 사서 어항에 넣어 기르려고 했다면 영수를 자신의 어항이라고 생각하면 되겠구요. 자라탕을 해 드시고 무병장수하려 하셨다면 방생 덕분에 극락왕생하셨을 테니 전화위복이구요. 자라를 데리고 집으로 오는 길에 목이 마르셨을 할머니. "자라야, 너도 목마르지?"라고 중얼거리며, 도망가지 않을까 의심도 없이 강에 풀어 놓아준 그 마음씀이 <집으로>의 김을분 할머니를 생각나게 하네요.
 엄지	사심 없는 마음씀이 손해로 돌아오는 일, 세상에 흔히 있지요. 그래도 언젠가는 그것들이 세상을 휘돌아 자신에게 돌아온다고 봅니다. 우리가 자주 깨닫지는 못하지만.

comment [　　　　　　　　　　　　]

10. 비둘기 방생

한단(邯鄲)에 사는 백성들은 정월 초하루만 되면 비둘기를 잡아 조간자(趙簡子)에게 바쳤다. 조간자가 이를 매우 기뻐하면서 상을 후하게 내리기 때문이었다. 그때 한 나그네가 까닭을 물었더니, 조간자가 이렇게 대답했다.

"정월 초하룻날 방생을 해서 나의 은덕을 보이기 위함이오."

그러자 나그네가 말했다.

"백성들은 그대가 방생하려는 것을 알고 비둘기를 잡는데, 그때 죽는 것이 잡히는 것보다 더 많은 형편이오. 그대가 진정 비둘기를 방생하려는 마음이 있다면 그것을 잡아 바치게 하는 것을 그만두게 하는 것이 더 나을 거요. 잡았다가 방생하는 이런 은덕은 비둘기를 잡을 때 죽이는 잘못을 가리지 못할 것이오."

－『묵자(墨子)』「설부(說符)」

ID	reply
 자락	우리의 자비심은 혹시 남에게 자랑하려는 마음에서 비롯된 것은 아닐까? 자기 마음을 철저히 돌아보지 않는다면, 남을 위한다는 행위조차 자기 과시의 욕망에 뿌리를 두고 있는지 모릅니다. "욕망에 묶여 있는 조건의 보편성 속에 나와 나의 것이 없다는 무아(無我)의 깨달음은 사랑과 연민의 태도를 낳으며 누구나 공감할 수 있는 실천의 길을 걷게 합니다"(김광하의 「연기법의 진리는 우리의 삶에 어떤 의미가 있나」에서).
 불초	불교의식 가운데 정말 이해할 수 없는 짓(불경?)이 방생의식인 것 같죠? 요즘도 매년 합니다만. 그 부당함이 묵자에서부터 나와 있군요.
 제비꽃	어떤 스님이 염라대왕에게 상처 입은 비둘기를 살려주는 조건으로 비둘기의 무게만큼 자신의 살점을 내놓겠다고 한 이야기가 생각나네요. 저울 한 쪽에 스님의 몸을 온전히 다 올려놓은 뒤에야 비둘기 한 마리와 수평을 이루었다는.
 만무방	그렇군요. 평등과 겸애를 주장하는 묵자의 생명의식의 일단을 보게 되는군요. 도승이나 비둘기나 생명의 중함은 같다는 말씀에 이르니…

comment

11. 오해

공자(孔子)가 진(陳)나라와 채(蔡)나라 사이에서 곤란을 겪을 때 나물 국조차 마시지 못할 정도로 어려웠다. 이레 동안 밥 한 톨 먹지 못하고, 낮에도 잠이나 자고 있을 수밖에 없었다.

그때 제자 안회(顔回)가 양식을 조금 구해 밥을 지었다. 밥이 다 되어 갈 때쯤 공자는 안회가 솥에서 밥을 손으로 집어먹는 것을 보았으나 못 본 척했다. 조금 있다가 안회가 공자께 진지를 들라고 하자, 공자는 그 제야 입을 열었다.

"조금 전에 꿈속에서 나는 가장 깨끗한 밥을 선조께 먼저 갖다드렸지."

그랬더니 안회가 말했다.

"조금 전 제가 밥을 지을 때 시꺼먼 재가 밥에 들어갔습니다. 그렇지만 더러워진 밥을 버리기가 아까워 제가 그것을 손으로 퍼먹었습니다."

그러자 공자는 자탄하면서 말했다.

"내가 내 눈을 믿었으나 그것도 정말 믿을 게 못 되고, 내 마음을 의지하였으나 그것도 확실한 것이 아니구나!"

-『여씨춘추(呂氏春秋)』「임수(任數)」

ID	reply
 불초	내가 먼저요. 손해볼 수 없다는 욕심이 의심과 미움을 낳지요. 줄서기하면서 마음속에 쭈뼛 돋는 가시... 예의를 강조하다 보면 남의 무례에 너무 예민해지지요. 또 그런 자신이 싫어지지요. 공자님도 좀 과민하셨군요.
 제비꽃	자신의 품위를 손상시킬지도 모를 인간적인 허점들을 감추려 하지 않고 솔직하게 시인하고 반성하는 공자의 모습에 저는 감동 먹었습니다. '아, 참으로 아름다운 사람이구나' 하는 생각을 했어요.
 자락	공자가 자기의 눈과 마음을 믿고 가장 아끼던 제자 안연을 의심하다가 제자의 깊은 뜻을 깨닫고 부끄러워하고 있군요. 부끄러워할 줄 아는 마음, 제자 앞에서 잘못을 솔직히 인정할 줄 아는 용기, 아랫사람의 말에도 귀를 기울이는 겸손함이 공자를 위대하게 만든 것 같습니다.

comment

12. 예단의 결과

　목팔라(木八喇)의 자는 서영(西瑛)인데 서역사람이었다. 그의 키는 매우 커 사람들이 그를 '장서영(長西瑛)'이라 불렀다.

　어느 날 그의 아내가 금비녀로 고기 덩어리를 찍어 입에다 막 넣으려 하는데 마침 밖에 손님이 찾아왔다. 서영은 밖에 나가 손님을 맞이하고, 그 아내는 고기를 입에 대지도 못하고 금비녀와 고기를 그릇에 놓아둔 채 손님에게 차를 대접하러 나갔다. 그런데 손님이 돌아간 뒤에 식탁에 와보니 금비녀가 없어졌다. 그때 집에서 일을 하고 있던 하녀가 훔쳐갔다고 의심을 하고 추궁을 했다. 하녀는 시종일관 금비녀를 훔치지 않았다고 부인했지만, 결국 그녀를 의심해 죽이고 말았다.

　일 년 뒤 공장이를 시켜 집을 수리하고 기와를 청소했다. 그때 '쨍그렁' 하고 물건 떨어지는 소리가 들려 보니 바로 잃어버린 그 금비녀였다. 쥐가 금비녀에 낀 고기 덩어리를 물고 간 것이었다. 원통하게 죽은 하녀만 이 광경을 볼 수 없었다.

－원(元)나라　도종의(陶宗儀)의　『철경록(輟耕錄)』

ID	subject	reply	name

제비꽃 — 가슴 아픈 이야기네요. 금비녀로 고기를 찍어먹는 귀족들의 눈에는 무명옷에 나물밥 먹는 서민들의 인권 따위는 안중에도 없었을 테죠. 1년 전 원통하게 죽은 하녀의 원혼이 이 광경을 내려다보고 있을 것 같습니다.

하상공 — 믿어야죠! 확실한 증거도 없이 심증만으로 사건을 해결하려는 모습. 아주 보기에 좋지 않습니다.

동락 — 의심이 도깨비를 낳았고, 도깨비는 죽음을 불렀군요. 그런데 우리는 불확실한데도 너무 자신 있게 말하고 성급하게 판단하지 않는가. 판단유보, 집행정지의 미덕이 아쉬워요.

comment ________________

13. 토끼 사냥

초(楚)나라 왕이 옥을 허리에 차고 토끼를 쫓아갔다. 너무 빨리 달리느라 패옥이 그만 떨어져 깨지고 말았다. 그러자 왕은 패옥을 함께 묶어 떨어지지 않게 하려고 했다. 그런 뒤 다시 토끼를 쫓아갔더니 이번엔 패옥 덩어리가 서로 부딪쳐 더 빨리 깨져버렸다.

―한(漢)나라 유안(劉安)의 『회남자(淮南子)』「범논훈(氾論訓)」

ID	reply
불초	토끼 잡으려다 토끼도 놓치고 더욱 귀한 패옥도 잃고. 임금은 임금답게, 사냥꾼은 사냥꾼답게. 임금이 사냥을 하려면 적어도 사냥꾼처럼 복색은 갖추어야지요. 한낱 토끼 뒤를 쫓으며 왕의 품위를 세우려 했으니, 따르던 패옥이 참을 수 없는 존재의 가벼움 때문에 서로 부딪쳐 자폭하였군요. 목적과 수단이 합치되지 않고서야, 또 목표를 눈앞에 두고서 한눈을 팔아서야 무슨 일을 이룰 수 있겠습니까?
자락	우스운 이야기이지요. 그러나 우리의 사는 모습은 어떤가요? 우리가 쓰는 수단과 방법이 과연 우리가 추구하는 목적이나 지향에 걸맞은지, 정말 중요한 것은 놓치면서 쓸데없는 일로 세월을 보내지 않는지, 명예와 돈과 권력을 한꺼번에 거머쥐려고 하지는 않는지…
제비꽃	달랜 토끼는 저 앞에서 거칠 것 없이 뛰어가는데… 토끼를 뒤쫓는 왕은 번쩍거리는 값진 보석들을 쟁그렁거리며 달려가고 있군요. 쇠고랑에 발목이 묶인 죄수처럼.
엄지	앞으로 토끼를 쫓을 때 패옥 같은 것들은 버리고 갑시다. 중요한 일에 몰두할 땐 번잡을 피하려 노력할 것! 그렇지 않으면 귀중한 것들도 함께 잃을 수 있지요.

comment

14. 부자가 되는 법

옛날 어떤 선비 이웃에 부자가 살고 있었다. 선비는 늘 가난하고 쪼들려 지냈지만 부자는 늘 풍족하게 생활했다. 어느 날 가난을 견디다 못한 선비가 의관을 갖추고 이웃을 찾아가 부자가 되는 방법을 알려달라고 청했다.

이웃집 부자가 말했다.

"부자 되기가 그렇게 쉬운 것이 아니니, 집에 돌아가 사흘 동안 몸을 재계하고 오면 그 방법을 가르쳐주겠소."

그래서 선비는 그 부자가 말한 대로 한 뒤에 다시 부자를 찾아갔다. 부자는 선비를 병풍 밖에서 기다리게 한 뒤 자기는 높은 안석에 앉아 가져온 선물을 받았다. 그 선비가 공손히 손을 모으며 예의를 다하자, 그제야 방에 들어오게 한 뒤에 그에게 말했다.

"무릇 부자가 되려면 마땅히 다섯 가지 적을 먼저 없애야 하오."

선비는 다섯 가지 적이 무엇인지 물었다. 그러자 부자는 이렇게 대답했다.

"그것은 당신네 선비들이 말하는 인(仁), 의(義), 예(禮), 지(智), 신(信)이라오."

－송(宋)나라 악가(岳珂)의 『정사(桯史)』

ID	reply
하상공	선비가 인의예지신을 버리고 나면 무엇이 남는 건가요?
제비꽃	선비는 없고 부자만 남아 있지 않을까요? 선비와 부자의 관계는 꽃과 잎이 따로 피는 상사화(相思花) 같은 가 봐요.
동락	껍데기가 가면 알맹이가 남지요. 신동엽 시인이 "모든 껍데기는 가라, 4월도 알맹이만 남고"라고 하였지요. 노자가 "도라고 불리는 것은 참된 도가 아니다(道可道, 非常道)"라고 하지 않았던가요.
불초	부자는 동서고금 유수의 사상이 그렇게 왕따를 시켜도(힌두신앙은 좀 다르기도 하다지만) 현실적으로 최고의 숭배대상이 되니, 겉으로만 매도하여 이율배반을 조장하지 말고, 차라리 부자의 윤리강령을 제시하고 계도하기를 힘쓰는 것이 바람직하지 않을까.

comment [   ]

15. 피장파장

진(晉)나라 때 유도(劉道)가 난리를 만나 강가에서 배를 끌어주는 것으로 생계를 꾸려갔다. 한 노파가 배 위에서 노를 젓는 것을 보고는 조롱하며 말했다.

"여자로 태어났으면 베틀에 앉아 베나 짤 것이지, 어찌 강에서 노를 젓고 있는 거요?"

그랬더니 노파는 이렇게 반문했다.

"대장부로 태어났으면 마땅히 말을 타고 전장을 달릴 것이지, 어찌 강가에서 배나 끌고 있는 겐가?"

-수(隋)나라 수백(侯白)의 『계안록(啓顔錄)』

ID	reply
 자락	예전에 법정스님이 번역한 『법구경』을 읽다 보니 "모든 사람은 자기 혀 밑에 도끼 한 자루를 숨기고 있는데, 미련한 사람은 그 도끼로 자기를 찍는다"라는 구절이 있더군요. 그래서 이덕무도 "신어언(愼於言: 말을 조심하라)"이라 했지요.
 불초	영역 다툼이 꽤나 점잖군요. 그리고 역시 연륜이 많은 노파가 일단은 1:0으로 이겼군요.
 제비꽃	잦은 전쟁으로 남편을 여의고 여인들이 고단하게 생업을 영위하느라 겪은 애환들이 한두 가지가 아니었겠지요. 뭇사람들의 조롱 섞인 경멸에 내심 상처도 입으면서. 그럼에도 뱃사공 노파는 당당하게 물길을 가르듯 자신의 삶을 헤쳐가고 있으니 역시 여성은 강한가 봐요.
 만무방	처녀뱃사공도 아닌데 노파의 배에 손님들이 많았던가 보죠. 요즘도 마초맨들은 툭하면, "여자가 집에서 애나 볼 것이지..." 하면서 페미니스트들 심사를 긁어대죠. 대체로 제 구실 못하는 남자들이 콤플렉스 탓인지 더 그런 것 같구요. 암탉이 울어야 집안이 흥한다는데...(흐음, 이 정도면 점수 좀 땄겠지?)
 sun	가는 말이 거치니 오는 말도 거칠다!

comment [   ]

16. 작문의 어려움

어떤 남자가 과거시험을 앞두고, 밤낮으로 걱정하자, 그의 아내가 위로하며 말했다.

"당신이 글 짓는 것을 보니 참으로 어려운 일이군요. 마치 제가 아이를 낳는 일처럼 힘든 것 같네요."

"그래도 당신이 아이를 낳는 것이 쉽지요."

"어째서요?"

"당신의 뱃속에는 아이가 들어 있지만, 내 머릿속에는 글이 없기 때문이오."

-명(明)나라 풍몽룡(馮夢龍)의 『소부·부류(笑府·腐流)』

ID	reply
sun	아무리 산고를 심하게 해도 상상임신으로 아이가 태어날 수는 없잖아요? 머릿속에 생각을 잉태하고 글로 다 자랄 때까지 열 달을 기다려야죠. 그저 걱정만 한다고 없던 아이가 태어나나요?
하상공	"생각만 하고 배우지 않으면 위태롭다!" 지금부터라도 늦지 않았으니 공부를 하는 것이…
자락	나오지도 않는 글을 쥐어짜는 것도 고역 중의 고역입니다. 자료도 부족하고 생각도 잘 나지 않는데, 원고 마감일이 다가올 때의 그 피 말리는 심정이란 필설로 다 할 수가 없겠지요. 대관령 목장의 싱싱한 풀을 마음껏 뜯어먹어야 신선한 우유를 생산할 수 있다는 것을 알면서도, 우리는 아름다운 산천을 돌아보고, 좋은 글을 골라 읽으며, 깊고 넓게 생각하는 데 얼마나 시간을 쏟고 있는지…
從者	없는 데서 무얼 꺼내놓아 봤자 언설로서는 그저 사(似)에 지나지 않으니, 사(似)를 진(眞)에 가깝게 하는 것이 아이 낳는 일보다 어려워야 하거늘, 손바닥 뒤집듯 쉬여기며 입으로 먹고 살게 될 줄 어찌 알고, 일찍이 어느 도사가 내 사주를 보고 이르기를 도식(盜食: 땀 흘리지 않고 지식을 훔쳐 말로 먹고 산다는 뜻)하겠다 하더이다.

comment [ ]

17. 물고기 기르기

정(鄭)나라의 어떤 사람이 물고기를 좋아했다. 그러나 그는 물고기 잡는 데는 서툴러서, 어망을 치고 통발을 설치하거나 보를 쌓아도 도무지 고기를 잡을 수가 없었다. 그래서 정원에 작은 물동이 세 개를 갖다놓고 물을 담아 고기를 길렀다.

어망으로 잡아온 고기들을 물동이에 넣자 고기들은 매우 힘들어하면서 주둥이를 물 밖으로 내밀고 가쁘게 숨을 쉬더니, 그 다음날에는 꼬리를 치며 놀았다. 그러자 그 정나라 사람은 물동이에서 고기를 꺼내보면서,

"이 고기들이 상하지 않은 데가 없구나!"

하였다. 얼마 지난 뒤에는 밥풀과 보리겨를 먹이면서 말했다.

"고기들이 아직 배가 부르지 않구나!"

이를 보고 어떤 사람이 경고했다.

"고기는 강에서 사는 것인데 지금 당신이 작은 물동이에 넣어 키우면서 매일 꺼내보고 있소. 그러면서 '나는 고기를 사랑한다'고 하고 있으니, 앞으로 죽지 않을 고기가 없을 것이오!"

정나라 사람은 이 말을 듣지 않았다. 결국 며칠 지나지 않아 고기들은 비늘이 다 떨어져 죽고 말았다. 그제서야 정나라 사람은 남의 말을 듣지 않은 것을 후회했다.

-명(明)나라 송렴(宋濂)의 『연서(燕書)』

ID	reply
 하상공	'강풍은 아침 반나절을 내내 불지 못하고, 폭우는 하루 종일 내리지 못한다(『노자』 23장).' 자연스럽지 못한 것은 오래 지속될 수가 없습니다. 원래 그러한 상태대로 두는 것이 오래 보존할 수 있는 길입니다.
 자락	바람은 불게 하고, 물을 흘러가게 하라. 산은 산이고, 물은 물이므로. 아이들은 놀게 하고, 젊은이는 도전하게 두라. 생명은 그 자체가 창조적이므로.

comment

18. 수레 타는 법

　옛날에 진(晉)나라 대부인 조간자(趙簡子)가 말을 잘 모는 왕량(王良)으로 하여금 자기의 가신 해(奚)와 함께 사냥을 나가게 하였는데, 하루 종일 해는 짐승을 한 마리도 잡지 못했다. 그러자 해는 왕량이 천하의 쓸모 없는 말몰이꾼이라고 아뢰었다. 왕량이 다시 한 번 기회를 얻어 그를 위해 사냥길 말몰이를 하여 짐승을 열 마리나 잡게 했다. 그러자 이번에는 해가 천하의 훌륭한 말몰이꾼이라고 칭찬했다.

　조간자가 왕량에게 앞으로 자기의 가신인 해와 수레를 같이 타는 게 어떠냐고 물으니 왕량은 단호하게 거절하며 다음과 같이 말했다.

　"제가 해를 위해 말을 바르게 몰았더니 하루 종일 짐승 한 마리 잡지 못하였습니다. 그런데 그의 뜻대로 부정한 방법으로 말을 몰았더니 하루아침에 짐승 열 마리를 잡았습니다. 『시경』에 이르기를, '말몰이꾼이 그 정도를 잃지 않으니, 활 쏘는 이가 명중을 한다'라 했는데, 나는 저렇게 부정한 방법으로 활을 쏘는 소인과 수레를 함께 타는 방법은 배우지 못했으니 사양하겠습니다."

－『맹자(孟子)』「등문공장구하(滕文公章句下)」

ID	reply
 하상공	'나라에 도가 있으면 나아가고, 도가 없으면 은거한다' 하였는데, 왕량은 이런 출처관이 아주 확실한 사람이군요. 법도에 맞지 않으니 당연히 물러날 수밖에요.
 범생	느린 것의 의미를 생각해볼 필요가 있다고 봅니다. 성과주의에 휩쓸리다 보니 바르고 올바른 것은 점점 밀려나는 것 같다는 생각이 듭니다. 한 가지 일을 해도 두 번 세 번 생각하고 여러 가지를 헤아리고, 바른 방법으로 하는 태도, 사려 깊음, 배려가 아쉽습니다.
 동락	정당한 절차와 방법을 거치지 않는 부귀를 탐하다가 쇠고랑 차는 일을 우리는 너무나 자주 봅니다. 권력과 지위를 얻는 것도 중요하지만 올바르게 행사할 줄 아는 금도가 있는 정치인이 그리워집니다. 공자가 요즘 세상을 보면 하실 말이 적지 않을 겁니다.

comment [　　　　　　　　　　　　　　　　]

19. 혹세무민

묵자(墨子)가 북쪽에 있는 제(齊)나라로 가는 길에 한 점쟁이를 만났다. 점쟁이가 그에게 말했다.

"천신(天神)이 오늘 북방에서 흑룡을 죽이고 있다. 그대의 피부도 흑룡의 색깔과 똑같이 검으니 북쪽으로는 절대로 가지 마시오."

묵자는 그의 말을 듣지 않고 북쪽으로 갔다. 치수(淄水)에 이르니 강물이 크게 불어 되돌아올 수밖에 없었다. 그러자 점쟁이가 말했다.

"그러길래 내가 북쪽으로 가지 말라고 하지 않았소."

이에 묵자가 말했다.

"왜 남방 사람이 북쪽으로 갈 수 없고 북방 사람이 남쪽으로 갈 수 없단 말이오? 사람의 피부색은 검기도 하고 희기도 한 법인데, 그것 때문에 길도 마음대로 갈 수 없단 말이오? 당신 말대로 어제 천신이 동방에서 청룡을 죽이고, 오늘은 천신이 남방에서 적룡을 죽이며, 내일은 서방에서 백룡을 죽이고, 모레는 천신이 북방에서 흑룡을 죽인다면, 이는 천하 사람들을 아무데도 못 가게 막는 것이 아니겠소? 이것은 분명 천하의 인심을 어기고 천하를 공허하게 만드는 것이므로, 그대의 말은 결코 받아들일 수 없소!"

-『묵자(墨子)』「귀의(貴義)」

ID	reply
 범생	묵자의 의지 있는 목소리에 박수를 보내고 싶습니다. 사이트마다 운세란이 득실거리고 있어요. 가까운 사람의 말은 안 들어도 점쟁이의 말은 믿고 싶어지는 것이 나약한 요즘 사람들의 심리 같습니다. 길지 않은 인생, 다소의 시행착오가 있더라도 자기 목소리를 가지고 자기 스스로 길을 개척하며 가는 삶이 소중하지 않을까요.
 sun	동서와 남북이 서로 오가야죠. 천신을 빙자한 온갖 편견과 차별들이 고착되어, 지척이 천리가 되기 전에 장벽을 헐어야지요. 묵자처럼 용기 있고 굽힘 없이 뚫고 나가야죠. 한 사람의 여러 걸음보다 여러 사람의 한 걸음이 그것을 가능케 하리라 생각합니다.
 불초	묵자가 북방으로 가다 장애를 만나는 것은 당시 유가가 힘깨나 쓰던 현실의 반영이며 묵자가 이에 굽히지 않은 것은 진보세력의 저항이었군요.

comment [   ]

20. 녹봉

　묵자(墨子)가 어떤 사람을 위(衛)나라에 가서 벼슬살이를 하게 했다. 그런데 이 사람은 얼마 되지 않아 위나라에서 되돌아왔다.
　묵자가 물었다.
　"그대는 어째서 되돌아왔는가?"
　그 사람이 대답했다.
　"그들이 내게 한 말과 맞지 않아서입니다. 원래 녹봉을 천 냥 주기로 해놓고, 실제는 오백 냥만 주었습니다. 그래서 위나라를 떠나온 것입니다."
　묵자가 물었다.
　"그대의 녹봉이 천 냥을 넘었더라면 위나라를 떠났겠는가?"
　"떠나지 않았을 겁니다."
　그러자 묵자가 말했다.
　"그렇다면 그대가 되돌아온 것은 녹봉이 말과 맞지 않아서가 아니라, 녹봉이 적어서라고 해야겠지."

－『묵자(墨子)』「귀의(貴義)」

ID	reply
만무방	내 배에 채울 것이라면 다다익선(多多益善)이라굽쇼? 신의를 행함에 저울과 같이 할 것입니다.
동락	환전을 할 때 돈이 모자라면 왜 덜 주느냐고 따지겠지만, 100달러짜리 한 장이 더 오면 잠시 어떻게 할까 망설이지 않을지…
제비꽃	타인에겐 엄격하고 자신에겐 관대하게 적용되는 고무줄 잣대. 제게 득이 되는 경우에는 어두워지고 해로울 경우에만 밝아지는 '선택적 실명증'. 이 우언 속의 묵자처럼 명료하게 잘못된 부분을 지적해줄 사람이 많아졌으면 좋겠습니다.
숙경낭자	묵자는 참으로 논리적인 사람이군요. 남의 언어적 오류를 정확히 지적해주는 솜씨라니… 저도 가끔 아이들에게 묵자처럼 말할 때가 있지만 제 자신은 수많은 언어의 오류 속에 헤매고 있답니다.

comment ________________________________

21. 불사약

　어떤 사람이 초(楚)나라 왕에게 불사약을 바치고자 했다. 담당 관리가 그것을 급히 궁으로 가져갔다. 궁의 내시가 그 관리에게 물었다.

　"이것을 먹을 수 있느냐?"

　관리가 말했다.

　"먹을 수 있지요."

　이에 내시가 불사약을 빼앗아 먹어버렸다. 초나라왕이 이 소식을 듣고 대로하여 사람을 보내 불사약을 먹은 내시를 죽이려고 했다. 그러자 내시가 왕을 달래어 말했다.

　"내가 관리에게 이 약을 먹을 수 있는지를 물었더니 먹어도 된다고 해서 먹었습니다. 이것이 내가 무죄하다는 것을 말해줍니다. 죄가 있다면 그 관리에게 있지요. 그리고 이 약이 정말 불사약이라면, 내가 이것을 먹었다 해서 왕께서 나를 죽이신다면, 이것은 불사약이 아니고 사약(死藥)이 되는 것이므로 임금을 속인 것이 아니겠습니까? 게다가 죄가 없는 사람을 죽이는 것은 결국 임금에 대한 나쁜 소문만 나게 할 것이므로, 저를 석방시키는 것만 같지 못합니다."

　초나라 왕은 이 말이 일리가 있다고 생각해서 내시를 죽이지 않았다.

–『한비자(韓非子)』「설림(說林)」

ID	reply

하상공 — 전국시대 왕들은 도대체 어떤 사람들인지, 정치는 제대로 하지도 않으면서 좋은 것만 알아서, 이것저것 너무 탐내는 것 같아요. 내시는 세치 혀 때문에 자기의 생명을 보존하는군요... 정말 삶과 죽음의 경계는 한순간입니다. 이런 분위기에서 살 수 있겠습니까?

자락 — 조희룡의 『호산외기』에 조선 후기의 협객 장오복이 광통교를 지나가다가 거드름을 피던 당시 포도대장의 애첩의 가마행렬을 혼내주다 잡혔을 때, "대장께서 위에 계시매 도적이 자취를 감추고, 장오복이 밑에 있으매 분분한 다툼이 그치오"라고 말해 풀려난 일이 있었다고 하는데, 위의 우화에 나오는 내시가 간사한 말로 위기를 모면한 것과는 차원이 다른 것이겠지요.

---

comment [ ]

22. 옴의 덕

　어떤 사람이 옴이 있었다. 그의 상사가 그를 놀리자, 옴 붙은 사람이 말했다.

　"비웃지 마세요. 이 병은 다섯 가지 미덕을 갖고 있다구요. 다른 병보다는 훨씬 차원이 높아요."

　상사가 옴에 무슨 미덕이 있는지 들어보자고 하자, 그가 말했다.

　"옴은 절대로 얼굴에는 나지 않으니 이것은 어진 것이고, 다른 사람에게 전해주기를 좋아하니 이것은 의리가 있는 것이고, 사람으로 하여금 두 손으로 비비게 하니 이것은 예의바른 것이고, 손가락이나 몸 틈새에 나니 이것은 지혜로운 것이고, 때가 되면 간지러우니 이것은 신의가 있는 것이 아니겠습니까?"

-송(宋)나라　진원정(陳元靚)의　『사림광기(事林廣記)』

ID	reply
하상공	우언의 의미가 이광정의 「노파지오락」과 유사합니다. 남들은 나쁘다고 생각하고 불편하다고 생각하지만 내 자신은 그것을 편안히 여기고 기쁘게 여기는 삶의 자세… 존경스럽습니다!
동락	매사는 생각하기 나름. 어려운 처지를 자기 단련의 기회로 여긴다면 축복일 것이고, 대통령의 아들이라도 마약에 손대고 권력을 농단하고 부정한 돈을 받아 쓴다면 결국 다 철창신세 면하기 어려운 법.
만무방	대관절, 옴에게도 인의예지신이 있다굽쇼? ^^ 삼라만상 생긴 대로 두면 모두가 자족이로군요.
혼자가는 먼집	재수없는 일이 생기거나 스스로 불행하다고 느껴질 때마다 저도 거기에서 다섯 가지 미덕이나 다섯 가지 즐거움을 찾아보도록 노력하겠습니다.
숙경낭자	그래서 그 사람은 옴을 고치려고 하지 않았다던가요? 평생 옴과 함께 살면서 그 5가지 미덕을 예찬했다고 하던가요? 가렵고 밤잠 못 자는 고통 속에서도 옴의 미덕을 짜내며 극기하려는 그 사람이 눈물겹게 애처롭습니다. 이런 병은 빨리 고치지 않으면 고질병이 된답니다.

comment [　　　　　　　　　　　　　]

23. 성인들

어떤 사람이 삼교(三敎)를 믿어, 먼저 공자상을 만들고, 다음에는 노자상, 그 다음에 석가모니상을 만들어 당에 모셨다.

도사가 그것을 보고 노자상을 가운데 모셨다.

승려는 와서 석가모니상을 가운데로 옮겼다.

선비는 와서 공자상을 중심에 놓았다.

세 성인상은 서로 돌아보며 말했다.

"우리들은 서로 잘 지내고 있는데, 사람들 입맛대로 이리저리 옮겨다니느라 피곤해 죽겠구만!"

-명(明)나라 조남성(趙南星)의 『소찬(笑贊)』

ID	reply
 하상공	"물은 만물을 윤택하게 하지만 만물과 다투지 않고, 모두가 싫어하는 곳에 머문다. 그러므로 '도'에 가장 가깝다(『노자』 8장)." 다투지 마시옵소서.
 혼자가는 먼집	산의 꼭대기에서는 모든 길이 하나로 모인다. 그곳에 도달한 사람들끼리는 서로 만나게 되어 있다. 하지만 소수의 성인들을 제외한 사람들은 저마다의 도상에서 헤매다 갈 뿐.
 가무내	다투지 않는 것이 최상의 경지이겠죠? 노자가 말하는 물(水)처럼 말입니다. 다투면 원망이 생기고, 원망은 아무리 잘 풀어도 앙금이 남게 됩니다. 따라서 다투지 않는 것이 최선의 경지입니다. 자기가 믿는 것이 제일이라고 여기는 것은 다툼의 씨앗입니다.
 자락	도는 서로 통하건만, 그것을 믿는 사람들은 벌써 도의 껍데기만 가지고 다투고 있네. 도가 어디 사람을 멀리하던가, 사람이 도를 멀리하는 것을.
 불초	유와 도의 발상지인 산동에 가면 유불도가 공존하고 존숭받는 모습을 볼 수 있으려니… 북경에서도 유불도에 라마교, 회교, 기독교까지 두루 존숭받는 모습을 인상적으로 본 적이 있었지요. 성은 서로 통하는 법인데…

comment

희망을 주는 정치

우리나라에서 가장 떨어진 분야가 정치라고 한다. 정치하는 사람들이 국민의 생활을 편안하게 해주기는커녕 오히려 국민이 정치를 걱정하고 있는 것이 엄연한 현실이다. 그러나 이것이 우리의 수준임을 어찌하랴. 각성된 민중의 힘으로 정치를 바로잡고 언론을 정화할 수밖에. 여기에서는 견제와 감시가 없으면 타락할 수밖에 없는 권력과 지배자를 풍자하는 우언으로써 정치에 대한 희망의 불씨를 되살려보려 한다.

1. 가혹한 통치

공자(孔子)가 태산 부근을 지나갈 때에 어떤 아낙이 무덤 앞에서 슬피 울고 있었다. 공자는 수레에 기대어 우는 소리를 듣고서 자로(子路)를 보내 그 까닭을 물었다.

"그대의 우는 소리가 이처럼 애처로운 것을 보니 필시 심중한 고난을 당한 것 아니오?"

그러자 그 여자가 말했다.

"그렇습니다. 예전에 시아버지와 남편이 호랑이한테 물려 죽었고, 오늘은 제 자식이 또 물려 죽었습니다."

공자가 말했다.

"그렇다면 왜 이곳을 떠나 다른 곳으로 이사를 가지 않소?"

그러자 그 여자는 이렇게 대답했다.

"그래도 여기에는 가혹한 통치는 없답니다."

- 『예기(禮記)』 「단궁하(檀弓下)」

ID	reply
 만무방	가정맹어호(苛政猛於虎)의 출처군요. 노나라가 공자님이 계셔서 덕치를 하여 살기는 비교적 괜찮았군요.^^ 호환, 마마, 전쟁보다 더 무서운 것이 불법비디오인 줄 알았는데, 가혹한 정치가 윗길이군요.
 sun	시아버지, 남편, 자식을 차례로 호랑이에게 헌납하면서까지 그곳을 떠나지 않는 여인이 무지 강심장으로 보입니다. 속수무책 당하기만 하는, 저항할 줄 모르는 백성들 속에서 호랑이만큼 무서운 통치자는 무럭무럭 자라는 것 아닐까요?
 숙경낭자	가혹한 통치의 두려움을 이처럼 완벽한 수사로 표현한 글이 있는지... 그 부녀자에겐 위정자들에게 뜯기고 피 말려 죽느니 차라리 호랑이에게 물려 죽는 게 훨씬 고통도 덜 하고 행복했을 것 같습니다. 호랑이는 그래도 먹으면 배부름이라도 알겠지요. 가혹한 위정자는 아무리 먹어도 배부를 줄 모르고 더욱 굶주린다는 오랜 전래 설화가 있답니다.

comment

2. 해치

제(齊)나라 선왕(宣王)이 애자에게 물었다.

"고대에 해치(獬豸: 시비와 선악을 가릴 줄 안다고 하는 상상의 동물. 사자와 비슷하나 머리 가운데 뿔이 하나 있다고 함)라는 짐승이 있다고 들었는데, 그것은 어떤 동물인가?"

애자가 말했다.

"옛날 요임금 때에 해치라는 신령스런 짐승이 조정에 살고 있었습니다. 그 짐승은 여러 신하와 관리들 중에서 간사하고 부정한 사람을 알아내어, 외뿔로 그를 들이박고 잡아먹었다고 합니다."

애자가 대답을 마치고 나서 한 마디 덧붙였다.

"만약 이 신령스러운 짐승이 지금 조정에 있다면 아마 먹잇감을 구하러 다른 곳에 갈 필요가 없을 것입니다."

−소식(蘇軾)의 『애자잡설(艾子雜說)』

ID	reply
sun	그런 해치가 지금은 사라지고 없는 것, 이상하죠? 먹을 것 없던 요임금 시절에는 오히려 건재했던 모양인데... 외뿔 짐승 해치가 사라진 건, 과로와 과식 때문이거나 도살당했거나 둘 중 하나가 아닐까요?
명경지수	해치는 상상 속에만 있었던 것이 분명해요. 간사하고 부정한 관리들은 예나 지금이나 떵떵거리고 잘만 사는 것 같네요. 서민들의 열망이 담긴 상상이겠죠.
숙경낭자	고금을 막론하고 간사하고 부정한 관리들은 있었군요. 지금은 해치가 없어선지 부정한 관리들이 오히려 불쌍한 서민들을 들이박고 잡아먹는다고 합니다. 부정한 무리들을 없애려면 우리 모두 마음속에 해치 한 마리씩 길러야 하지 않을까요?
만무방	오호라? 요임금 때는 죄다 충직하고 지혜로운 신하들만 있는 줄 알았는데... 해치 덕에 태평연월 이루어 격양가를 불렀다니. 그렇다면 요임금도 패도정치를? 그런데 눈치 없는 애자는 어째서 그리 오래 측근에 붙어 있을 수 있었죠?

comment [   ]

3. 좋은 약

애자(艾子)가 제(齊)나라 선왕(宣王)을 모시고 있었다. 어느 날 조회(朝會) 때에 그의 얼굴에 근심이 가득하였다. 선왕이 그것을 이상히 여겨 그 원인을 물어보았다.

애자가 대답했다.

"신(臣)은 운이 없어 집의 아이가 지금 심한 병이 들었습니다. 휴가를 청할까도 생각했으나 왕께서 국사를 같이 논의할 사람이 없을까 염려되어 이렇게 왔습니다. 지금 제가 조정에 나오긴 했지만 마음에는 제 아이 걱정이 많습니다."

그러자 선왕은 '좋은 약'을 내려주었다. 애자는 감사의 인사를 드리고 그 약을 가지고 집으로 돌아왔다.

하지만 아이는 오전 8시쯤 그 약을 먹고 나서 10시쯤 되자 죽고 말았다.

그 다음날 애자는 더욱 비통한 얼굴을 하고 조정에 갔다. 선왕이 그 까닭을 물어보고 저간의 사정을 알고서는 상심해서 말했다.

"그대가 아들을 잃었다니 슬프오. 지금 그대에게 황금을 내려줄 터이니 그것으로 아이를 잘 매장하구려."

그러자 애자가 말했다.

"장성하지도 못한 아이가 임금님의 은사를 받는 것은 가당치가 않습니다. 그러나 신은 다른 청이 하나 있습니다."

선왕이 말했다.

"무슨 청인가?"

애자가 대답했다.

"제게도 우리 아이가 먹고 죽은 그 '좋은 약'을 내려주십시요."

- 『애자잡설(艾子雜說)』

ID	reply
 혼자가는 먼집	"황금도 싫고, 벼슬도 싫소. 우리 아이 먹고 죽은 그 약을 나도 먹고 싶습니다." 아아, 가슴 아픈 진실…
 숙경낭자	때로는 사람을 죽이는 약이 '좋은 약'이 될 수도 있군요. 아이를 잃은 아버지에게는… 임금님은 왜 애자에게 독약을 주었을까요? 근심덩어리인 아이를 잊고 국사에만 전념하라는 의미였을까요? 애자를 너무 사랑해서… 그렇다면 아이가 먹고 죽은 좋은 약을 자기에게 내려달라는 애자의 요청은 왕에 대한 간접적 항의 표시로군요.
 범생	사람에게 가장 소중한 것은 진정 마음에서 우러나는 사랑이라는 것을 깨닫게 하는 글입니다. 마음이 부족할 때 어떤 물질로 보상을 하려 하지만 참 슬프게도 그러한 것이 조금도 도움이 되지 못한다는 사실이지요.
 불초	가끔 권위적인 의사 중에 가난한 사람의 목숨을 가벼이 여겨, '최선을 다했습니다만…' 하는 말 한 마디로 때우는 경우가 있습니다. 국가보위를 위해 소수의 희생은 불가피하다는 권력도 있지요. 권위나 권력이 인권이나 목숨보다 우위에 있는 서러운 세상을 살다 보면 가끔 배알이 뒤집히기도 하지요. 교실의 우리 아이들도 늘 무고하게 병 얻어 고생하지요. 애자의 손을 잡아주고 싶군요.
 공주	강아지 잠깐 키우다가 정이 들어서 일찍 남 주길 잘했다는 생각을 했어요. 정들면 자꾸 공들이게 되잖아요. 내 자식 낳아서 공들일 때지 내가… --; 자식을 가진 부모는 얼마나 정이 클까요. 요즘은 그런 생각을 가끔 해요.

comment [   ]

4. 가는 허리

초(楚)나라의 영왕(靈王)은 허리가 가는 사람을 좋아했다. 그러자 그의 신하들은 하루에 한 끼만 먹어 음식의 양을 줄이고, 숨을 내쉰 뒤에 허리띠를 매더니, 나중엔 벽을 잡고서야 간신히 일어설 정도가 되었다. 일 년이 지나자 조정의 문무백관들이 모두 야위었으며, 안색도 검게 변하였다.

-『묵자(墨子)』「겸애(兼愛)」

ID	reply
하상공	왕의 독특한 취향을 맞추려다 신하들 몸 다 버리는군요. 신하들이 왕에게 너무 끌려가는 모습을 보이는데요.
만무방	영왕이 신하들의 성인병을 걱정하여 복부비만을 경계한 것을, 운동은 안 하고 다이어트를 해댔으니... 어리석은 신하를 둔 군주는 참 불쌍하군요.
머슴	흠... 지방 흡입수술은 안 했을까요? 전 무위자연의 아름다움을 좇고자 합니다.
동락	루이 14세 시절에 프랑스 왕궁의 여인들이 기둥을 부여잡고 하녀들에게 허리를 조르게 하고, 하이힐을 신어 가슴을 앞으로 드러내게 했다는 이야기가 생각나는군요. 심리학에서는 'Attention(Love) seeking behavior'라고 하던가요?
sun	권력을 독점한 한 사람의 별난 취미에 이유여하를 막론하고 너나할것없이 영합하려고만 하는 속에게서 무슨 건설적인 국정이 이루어질 수 있을까요?

comment

5. 물고기를 좋아한 재상

공의휴(公儀休)는 물고기 요리를 몹시 좋아했다. 그가 노(魯)나라의 재상이 되자 전국 각지에서 물고기를 갖다 바쳤으나, 모두 사절하였다. 그의 제자가 물었다.

"선생님은 물고기 드시는 것을 좋아하시는데, 다른 사람들이 헌상하는 물고기를 받지 않는 것은 무엇 때문입니까?"

"그것은 내가 물고기 요리를 좋아하기 때문에 받지 않는 것일세. 만약 내가 다른 사람이 주는 물고기를 받아먹으면, 이것은 수뢰죄(受賂罪)에 해당되어 재상 자리에서 쫓겨나게 된다네. 그렇게 되면 내가 좋아하는 물고기도 먹을 수 없게 될 것이야. 지금 사람들이 주는 뇌물을 받지 않는 깨끗한 처신을 하면 재상의 자리를 유지할 수 있고, 그렇게 되면 좋아하는 물고기 요리도 늘 먹을 수 있지 않겠는가."

- 『회남자(淮南子)』 「도응훈(道應訓)」

ID	reply
 제비꽃	뇌물을 받는 일이 자살골을 넣는 것과 같다는 걸 관중석의 사람들은 다 알고 있는데 말이죠. 탐욕에 눈이 어두운 사람에겐 안 보이나 봐요.
 동락	부정에 물들지 않기 위해서는 도덕성도 높아야겠지만, 경제생활이 검소해야 할 것 같습니다. 소비수준을 높이고 생활규모를 키우다 보면 봉급만으로 살 수가 없지 않겠습니까? 청백리상은 그 당사자가 아니라 검박한 생활을 꾸려간 지혜로운 아내에게 줘야 한다니까요.
 청량처사	뇌물 받은 행위의 부당성을 설명하는 데 이런 방식도 가능하군요. 재미있는 관점입니다. 나는 개인적으로 좋아하는 것이 있다. 이런 개인의 행복을 '지속'시키기 위해서는, 바로 그 지속성을 방해할 행위를 하지 않음이 옳은 판단이며, 이를 알고 행하는 것이 지혜로운 것이라는 논지다. 일반인에게 설득력을 가질 수 있는 설명의 방법이다. 그래도 여전히 문제가 남지 않는가? 뇌물 받는 행위를 그 자체로 평가해야 할 것이다. 사회적 행위를 평가하는 데 개인적 차원의 설명도 필요하나, 역시 사회적 관계에 입각한 평가의 변도 필요할 것이다.

comment ____

6. 마치지 못한 일

전국시대에 진(秦)나라 군대가 장평(長平)에서 조(趙)나라 군대를 격파한 다음 포로 40만 명을 땅에 파묻고, 군대를 진격시켜 조나라 수도 한단(邯鄲)을 포위했다. 여러 나라가 원병을 보내어 진지와 참호를 구축했지만 감히 진나라 군대를 막아낼 수 없었다. 한단이 바야흐로 함락되려 할 때, 평원군(平原君)은 속수무책으로 들어앉아 근심만 하면서 아래 관리들에게 이렇게 말했다.

"부중(府中)에 아직 처리하지 못한 일이 뭐가 있는가?"

아래 관리들은 대답을 못하고 있는데, 앉아 있던 위(魏)나라 객장(客將) 신원연(新垣衍)이 대답했다.

"성 밖에 남아 있는 좀도둑 한 명을 아직 잡지 못했습니다."

―『애자잡설(艾子雜說)』

ID	reply
제비꽃	정작 다급하게 처리해야 할 문제의 크기와 무게가 너무 크면 그것을 안 보려 하거나 또는 못 보게 되는 것이 인간의 심리인 것 같습니다. 액자 비뚤어지게 걸린 것, 손끝이 까슬한 따위에만 온 신경을 다 쓰며 사는 것이죠. 어리석다고 말하기엔 왠지 제 발이 저립니다.
공주	벌써 며칠째 아직 처리하지 못한 일이 똑같습니다. 내일 모레가 방학인데 과연 깨끗하게 처리하고 방학을 맞을 수 있을는지요... --; 꼭 해야 한다는 일들은 왜 그렇게도 하기 싫은 겁니까. !0!
숙경낭자	암담하여 속수무책일 땐 작은 일 속으로 도피하게 되는가 봅니다. 평원군은 내일 죽더라도 오늘 자기의 임무를 다하려 생각했을까요? 그가 생각한 최선의 대책이 참으로 눈물겹습니다.
만무방	애자가 안 뵈니 좀 허전하네요.^^ 애자 같으면 뭐라고 대답했을까요. 장차 태풍이 몰려올 텐데 전하께서는 오늘 마당이 어지러운 걸 걱정하시는군요. 어서 백성들을 살릴 방책을 세우셔야죠... 라고라고라?
머슴	나는 곧 이 직장을 떠난다. 그냥 사무실에 처박혀서 놀고 있다가 옆 사람에게 물었다. "아직 처리하지 못한 일이 뭐가 있는가?" 옆 사람이 대답했다. "내년엔 뭐 할 건데?" --; 정말 속수무책이로군요...

comment

7. 종 옮기기

제(齊)나라에 대신이 둘 있었는데, 모두 나이도 많고 명망이 있는 독서인이었다. 그들은 모두 국가의 큰 신임을 받아 재상과 부재상으로 중용되었다. 국가의 큰 일은 모두 그들의 참여와 논의에 의해 결정되었다.

어느 날 제나라 왕이 나라의 도읍을 옮기라는 명령을 내렸다. 그런데 문제는 오천 근이나 되는 종을 옮기는 것이었다. 이 종은 약 오백 명의 사람들이 힘을 합해야 겨우 들 수 있었다.

당시 제나라는 인력이 부족해서 이 일을 맡은 관리가 어떻게 할 줄 몰라 부재상에게 그 방법을 가르쳐주기를 청했다. 부재상은 한참 동안 침묵한 뒤에 천천히 말했다.

"이 귀한 종은 무게가 오천 근으로 오백 명의 사람이 들 수 있다. 그렇다면 이 종을 오백 덩어리로 자른다면 혼자서도 오백 일이면 다 옮길 수 있지 않겠느냐."

책임을 맡은 관리는 신이 나서 그 말대로 했다.

―『애자잡설(艾子雜說)』

ID	reply
 제비꽃	탁상공론과 생활 속의 진리는 그렇게 커다란 간극이 있네요. 5천 근이나 되는 거대한 종소리는 어떨까요? 그 소리를 듣고 싶습니다. 조각조각 잘려지기 전에...
 공주	젊은이들은 노인들의 지혜를 귀담아 들어야 한다고 들어왔는데, 연세도 많고 명망 있는 분들이 어리석게 행동했군요. 요즘 정치인들도 어린아이들보다 더 유치하고 어리석게 구는 경우가 있더군요. 종을 5백 덩어리로 잘라 옮겨놓고는, 종을 자른 사람과 옮긴 사람에게 벌을 내리지는 않았을까요?
 숙경낭자	어리석은 명령은 위에서 내리고 아랫사람들은 공연히 상사 잘못 만나 책임지는 일 많지요. 앞에 선 자가 어리석으면 잘못된 길로 가고 구렁텅이에 빠지게 됩니다. 분석도 좋지만 본질을 훼손해서야 되겠습니까?
 불초	고대의 발상이 어리석다고 할 수만도 없지요. 지금도 불가사의로 치부되는 유산이 얼마나 많습니까? 제나라는 그리하여 무사히 도읍도 옮기고 종도 옮겼더란 얘기가 전해지고 있습니다요. 전설 따라 3만리...

comment [   ]

8. 제나라 왕의 성 쌓기

제(齊)나라 왕이 어느 날 조정에서 정사를 보다가 신하들에게 다음과 같이 말했다.

"우리나라는 강한 나라들 사이에 있어 매년 많은 군사비용을 충당하느라 고생을 하고 있다. 지금 내가 장정들을 뽑아 성곽과 장성을 쌓되, 동해(東海)에서부터 시작해서 즉묵(卽墨)을 잇고, 태항산(太行山)을 거쳐 환원산(轘轅山)을 다시 연결하고, 무관(武關)과 완연(蜿蜒)까지 사천 리를 계속하여 이으려고 한다. 그래서 다른 나라들과 떨어지게 하여 진(秦)나라가 우리나라 서쪽을 넘보지 못하게 하고, 초(楚)나라는 우리나라 남쪽을 침범하지 못하게 하며, 한(韓)·위(魏) 두 나라가 우리나라 좌우를 협공하지 못하게 하려 한다. 이것은 정말 좋은 계책이라고 할 수 있지 않느냐. 지금 백성들이 장벽을 쌓느라 좀 고생을 하겠지만, 이후로 다시는 변방을 지키느라 전쟁을 하거나 침략을 당해 모욕을 받는 걱정은 없을 것이며, 안락한 세월을 보낼 수 있을 것이다. 그러니 누가 기쁘게 참여하지 않겠는가."

이에 애자(艾子)가 말했다.

"오늘 아침에 하늘에서 큰 눈이 내렸습니다. 제가 조회에 들기 위해 오다 보니 길가에 있는 백성들이 헐벗어 몸은 언 채 땅바닥에 엎드려 하늘을 쳐다보며 비탄에 잠겨 있었습니다. 제가 이상히 여겨 그 까닭을 물으니, 그 백성이 '큰 눈이 제때에 내려 내년에는 다행스럽게도 값 싼 보리를 먹을 수 있게 되었습니다. 그렇지만 우리들은 지금 당장에 얼어죽게 생겼습니다'라고 말하더군요. 지금 성벽과 장성을 쌓는다면 백성들은 영원한 안락을 즐기게 될 사람들이 누구인 줄도 모를 것입니다."

- 『애자잡설(艾子雜說)』

ID	reply
 sun	권력의 그늘은 예나 지금이나 무수한 양민들의 고혈을 착취하고 있건만, 권력의 정면은 늘 휘황한 금박으로 덮여 찬란한 치적을 노래하고 있으니...
 숙경낭자	당장 오늘의 호구가 문제인데 내일의 안락이 무슨 소용이겠습니까? 내일을 대비하는 것도 오늘 여유가 있어야 가능한 것 아닙니까?
 불초	중국연수 때 만리장성에서 받았던 감회가 새롭군요. 진나라 백성의 피와 살의 대가를 2,300여 년 뒤의 중국인들이 관광수입으로 받고 있는 격세지감... 아, 적벽가 한 대목을 듣고 싶군요.
 하상공	그래도 국가의 안위가 걸린 문제라면 먹고 살기 힘들더라도 해야 하지 않겠습니까? 나라가 있어야 백성들도 편안한 삶을 살 수 있을 테니까요. 뭔가 절충안을 찾아볼 필요가 있을 것 같아요.
머슴	내일 일을 알지 못하면서 100년을 준비하더라....

comment

9. 직분

　예전에 한(韓)나라 소후(昭侯)가 술에 취해 침상에 누워 자고 있었다. 관(冠 : 모자)을 담당하는 관원이 이 모습을 보고, 임금이 감기가 들까 봐 옷으로 임금의 몸을 덮어주었다.

　소후가 잠이 깬 뒤 주위의 시종들에게 물었다.

　"누가 나에게 옷을 덮어주었느냐?"

　시종들이 대답했다.

　"관을 담당하는 관원이 그렇게 했습니다."

　이 말을 들은 소후는 즉시 옷을 담당하는 관원과 관을 담당하는 관원 둘 모두에게 벌을 주었다. 옷을 담당하는 관원은 직무를 소홀히 한 죄가 있고, 관을 담당하는 관원은 월권을 한 죄가 있다고 하면서.

－『한비자(韓非子)』「이병(二柄)」

ID	reply
불초	쌈 잘하고 덕이 부족한 사람들이 늘 권세를 차지합니다. 그런 사람들 중심으로 세상이 휘둘리는 걸 보면 역시 인간 세상도 금수의 그것과 다를 바 없나 봅니다. 게다가 인간은 생각 따위가 있어 굴종하며 사는 자기 신세를 괴로워하기까지 해야 하니 더욱 안타까운 노릇이죠.
sun	현대산업의 극단적인 분업화가 비인간화를 불러오는 것을 희화한 채플린의 <모던 타임즈>를 보는 것 같습니다.
자락	한비자는 이 우언에 대해 "한 소후가 자기의 감기보다 관원들이 남의 직분을 침범하는 위험을 더 걱정했다"고 논평하고 있어요. 한비자는 법가(法家)답게 인간의 마음보다 제도의 힘을 믿었던 것 같습니다.
숙경낭자	엄격하게 역할을 분담하는 것도 좋지만 어떤 부분에서 역할이 제대로 수행되지 못할 때는 인접 분야에서 그걸 보완해주는 것도 좋은데... 저 같으면 관을 담당하는 관원에게는 상을, 옷을 담당하는 관원에게는 벌을 주었을 것 같습니다. 관을 담당하는 관원은 자기가 맡은 역할에 앞서 주인의 건강을 염려했지만, 옷을 담당하는 관원을 자기 역할마저 제대로 수행하지 못했으니까요.
가무내	그렇게 따지면 세상 살면서 죄가 아닌 것이 무엇이겠습니까?

comment

10. 안과 밖

　진(晉)나라 문공(文公)이 궁궐을 나가 위(衛)나라를 공격하려 하자, 그의 아들 서(鋤)가 하늘을 쳐다보며 웃었다. 진문공이 아들에게 왜 웃느냐고 묻자, 아들이 대답했다.

　"어떤 이웃 사람이 그의 아내를 친정에 보내고, 길에서 뽕 따는 아낙네를 만나서 희희낙락하면서 말을 걸고 있었는데, 고개를 돌려보니 어떤 남자가 자기 아내를 희롱하고 있더랍니다. 그 이야기가 생각나서 웃었습니다."

　진문공은 즉시 아들이 한 말의 의미를 깨닫고, 위나라를 공격하려는 마음을 버리고 군대를 이끌고 돌아왔다. 왕궁으로 돌아온 지 얼마 되지 않아 진나라의 북쪽 변경이 침략당하는 일이 발생했다.

－『열자(列子)』「설부(說符)」

ID	reply
 불초	멧돼지 잡으려다가 집돼지 놓친다는 말이군요. 공산품 팔려다 마늘농사 다 망치는 우리 당국은 누가 깨우쳐줄까요. 아들이 아비에게 풍간하고 깨달음을 얻게 하니 정말 슬기로운 부자입니다.
 동락	외국 어느 박물관을 구경하고 버스가 막 출발하려는데 어떤 부인과 아이가 보이지 않았습니다. 그 두 사람은 바로 버스에 오르는 다른 사람의 숫자를 세면서 빨리 타라고 재촉하던 아저씨의 아내와 아이였습니다. 조금 있다가 자기 아내와 아들이 나타나자, 그 아저씨는 어디 갔었느냐고 마구 화를 내었습니다. 그래서 차 안에 있던 사람들은 모두 웃음을 터트렸습니다.
 청량처사	실오라기 하나의 단초를 통해 커다란 깨달음을 이룬 자는 보신할 만하다. 출처자들의 계율로 삼아도 무리는 없다. 허나 이런 정도의 지혜를 갖추고 있었음에도 어찌하여 허황된 계획을 도모했던고? 애시당초 바른 길을 걷도록 할 것을. 그나마 큰 화를 면했으니 다행은 다행이다.
 섭섭	내가 싫어하는 것은 남도 싫어하고 내가 좋아하는 것은 남도 좋아한다... 진문공은 이러한 이치를 알지 못한 것일까요?

comment ____

11. 신하 모시기

　옛날 상(商)나라 탕왕(湯王)이 현인인 이윤(伊尹)을 찾아가려 할 때 팽(彭)씨 성을 가진 사람이 수레를 몰았다. 길을 가는 도중에 이 수레꾼이 탕왕에게 여쭈었다.

　"군왕께서는 어디로 가십니까?"

　"이윤을 만나러 가려 하네."

　"이윤은 지체가 낮은 사람입니다. 왕께서 그를 보고자 하신다면, 와서 문안하라고 명령을 내리더라도 그는 큰 은덕을 입는 것이 될 것입니다."

　"그것은 잘 몰라서 하는 말이야. 만약 여기에 좋은 약이 있는데, 그것을 먹어서 귀와 눈이 밝아진다면 나는 기분 좋게 그것을 먹을 것일세. 지금 이윤은 우리나라에서 명의(名醫)나 양약(良藥)과 같은 분일세. 그런데 그대는 내가 그를 찾아가지 않기를 바라다니, 이것은 과인이 좋은 일 하는 것을 바라지 않는 게 아닌가."

　탕왕은 수레꾼을 끌어내리게 한 뒤, 다시는 수레를 몰지 못하게 했다.

- 『묵자(墨子)』「귀의(貴義)」

ID	reply
 섭섭	그 수레꾼은 이제 무엇으로 먹고 살 수 있을까요? 그의 생존권을 박탈하는 것은 부당한 처사입니다. 국가를 상대로 소송을 걸어야 합니다.
 동락	좋은 일 하는 것을 막고, 겸손한 왕을 권위주의적인 군주로 만들려는 수레꾼을 단칼에 내친 것이 통쾌하기까지 합니다. 아첨꾼과 간신배들에게 인정을 베풀면 나라의 기강이 흔들려요. 탕왕의 추상 같은 모습을 '거룩한 분노'라고 하고 싶군요.
 sun	권력의 상부에 있으면 간신과 모리배들의 장막에 둘러싸여 정의롭고 어진 사람을 만날 수가 없다고 합니다. 스스로 인의 장막을 찢고 현인을 만나러 가기 전까지는 말이죠.

comment

12. 낙양의 충심

　낙양(樂羊)이 위(魏)나라의 장수가 되어 군사를 거느리고 중산국(中山國)을 공격할 때에 그의 아들이 바로 중산국에 있었다. 중산국에서는 그의 아들을 묶어 성문에 매달아 놓고 그것으로 낙양을 위협했다. 낙양은 그것을 보고도 투지를 꺾지 않고 도리어 더욱 맹공을 가했다. 그러자 중산국에서는 그의 아들을 삶아 보냈다. 그래도 낙양은 그 아들의 살점을 뜯어먹으며 전의를 불태웠다. 그것을 본 중산국 사람들은 그와 싸울 의욕을 상실하고, 마침내 항복했다. 이처럼 낙양이 중산국을 공략하여 나라의 경계를 넓히자, 위(魏)나라 문후(文侯)는 전공을 세운 그에게 상을 내리면서도 한편으로는 그의 충심을 의심했다.

−한(漢)나라　유향(劉向)의　『설원(說苑)』「귀덕(貴德)」

ID	reply
 범생	자식을 희생하면서까지 충성심을 발휘하는 것은 좋으나 자식을 살리면서도 이길 수 있는 지혜가 있었더라면 더 좋았을 것. 하지만 안일함과 개인주의에 머무는 현대인에게 그 맹목성은 본받을 만한 것 같군요.
 제비꽃	소름끼치는 이 인간이 무슨 짓인들 못하라. 위왕은 그를 살려두곤 밤잠을 잘 수 없었을 겁니다. 충심도 인간성에 기초하지 않으면 독과 같은 것이니까요.
 숙경낭자	위나라 장수가 되어 중산국을 공격하려 했을 때, 낙양은 오직 승리를 위해 자식을 포함한 모든 것을 포기하려고 했을 겁니다. 전쟁의 끔찍한 야수성! 우리는 그것을 용맹성이라는 질기고 거창한 이름으로 포장하지요. 문후가 낙양의 충심을 의심한 건 너무도 당연합니다. 자식까지 포기하면서 승리를 욕망했을 때 낙양의 야망은 더 큰 데 있었는지도 모르지요. 거의 모든 부모들이 자식을 위해 자신을 희생한다는 보편성을 놓고 본다면...

comment [   ]

13. 나라에 걸맞은 사신

안자(晏子)가 초(楚)나라에 사신으로 갔다. 안자의 신체가 왜소함을 두고 초나라 사람들이 그를 희롱하느라, 대문 곁에 있는 작은 문을 열고 그를 맞이하려 했다.

안자가 그 문으로 들어가기를 거부하며 말했다.

"개가 사는 나라에 파견되면 개구멍으로 들어가도 되겠지요. 그런데 나는 지금 초나라에 사신으로 왔기 때문에 이 문으로는 들어갈 수가 없습니다."

영접을 맡은 사람이 태도를 바꾸어 그를 대문으로 들어오게 한 뒤 초왕을 뵙게 했다.

초왕이 물었다.

"제(齊)나라에는 그리도 사람이 없는가?"

안자가 대답했다.

"제나라의 수도 임치(臨淄)는 7,500여 가구가 사는 대도시로, 옷소매를 펼치면 큰 휘장을 만들 수 있고, 땀방울을 훔치면 마치 비가 흩날리는 것과 같을 정도입니다."

초왕이 말했다.

"그렇다면 어찌 그대 같이 왜소한 사람을 파견했단 말인가?"

그러자 안자가 다음과 같이 대답했다.

"우리 제나라는 각 나라에 사신을 파견할 때 차별을 두고 있습니다. 재덕이 있는 사람은 재덕이 있는 나라에 파견하고, 재덕이 없는 사람은 재덕이 없는 나라에 파견하지요. 저 안영은 재덕이 매우 부족하여 초나라에 파견된 것입니다."

—한(漢)나라 유향(劉向)의 『설원(說苑)』「봉사(奉使)」

ID	reply

엄지

키 작은 사람들의 무서움을 모르는 초왕이로군요. 오늘날 중국을 바꾼 등소평도 키가 매우 작은 사람이었지요. 그나저나 안자의 기막힌 대꾸가 정말 멋지네요. 초나라 왕이 얼마나 뜨끔했을까요? 사람을 몰라보고 결례를 했으니. 때문에 초나라는 재덕이 매우 적은 나라로 평가를 받았군요.

제비꽃

미술시간에 한 아이가 키 작은 나뭇가지에 밧줄을 매어 목에 건 채 물뿌리개로 그 나무에 물을 주는 사람을 그리더래요. 나무가 자라면 밧줄이 당겨져 목숨을 잃게 될 텐데... 왠지 음산하고 섬뜩하게 느껴지더라는 어떤 선생님의 이야기를 들으며 그 아이가 궁금해졌지요. 지금도 키순으로 번호를 정하는 학교들이 많잖아요? 그 아이의 번호가 1번이래요. 키 작은 것 때문에 죽고 싶다고 느끼는 이 아이가 사는 나라가 초나라는 아닐 텐데.

자락

어른들은 눈에 보이는 것과 수치로 모든 것을 평가하려 하지만 어린아이들은 순수한 마음으로 세상을 바라보기 때문에 오히려 정곡을 찌를 때가 있는 것 같습니다. 권위주의에 사로잡힌 초나라 왕이 키는 작지만 큰 뜻을 품고 있던 안영을 알아보지 못하고, 상당히 결례를 하고 말았군요. "작은 것이 아름답다(Small is beautiful)"는 슈마허의 말을 들려주고 싶군요.

야수

누가 안영을 재덕이 없다 하리오. 겉만 보고 사람을 평가하다가는 이렇게 당하기가 십상이지요.

만무방

재덕이 부족한 초나라에 더할 나위 없는 재덕을 가진 안자가 가서, 사람을 외양으로 평가하는 무례한 사람들을 의연하게 깨우쳐주고 있습니다만, 초왕이 이어서 뭐라 대꾸했을까요. 은근히 걱정이 되네요.

comment [   ]

14. 환공의 삼고초려

　제(齊)나라 환공(桓公)이 직(稷)이라는 사람을 하루에 세 번 찾아갔으나 만나지 못했다. 그러자 따르던 사람이 아뢰었다.

　"전쟁시 수레 만 대를 동원할 정도의 능력을 지닌 왕께서 하찮은 평민을 하루에 세 번씩이나 찾아갔어도 만나지 못했으니, 이제 그만두시는 것이 어떨지요?"

　환공이 말했다.

　"그럴 수는 없지. 공명과 이익을 대수롭게 여기지 않는 선비는 본래 그 임금을 그다지 존경하지 않는 법이고, 제후들 중 패자(覇者)가 되려는 웅지를 갖지 않는 임금은 또 선비를 가볍게 여기는 법이지. 비록 그가 공명과 이익을 대단하게 여기지 않더라도, 내가 어찌 패왕이 되려는 뜻을 포기할 수 있단 말인가?"

　그리고는 다시 직을 만나러 갔다. 시종들은 그의 발걸음을 막을 수가 없었다.

―『여씨춘추(呂氏春秋)』「하현(下賢)」

ID	reply
 불초	부귀공명을 마다하고 권력을 하찮게 여기는 선비를 존숭하고 삼고초려하여 중용한 제왕들은 누구에게나 귀감으로 살아 있지요. 대한민국 전직 대통령은 언제나 해바라기 밭에서 벗어나 존경받는 인물로 역사에 남을는지…
 제비꽃	임금이 신하를 모시고, 신하는 백성을 모시는 나라. 백성이 왕인 세상. 그렇다면 누가 굳이 임금이 되려 할까요?
 숙경낭자	패왕이 되기 위해 결코 포기 못 할 인재라! 그를 얻기 위해서라면 세 번뿐이겠습니까? 백 번이라도 찾아가야지요. 제나라 환공은 자기를 높여줄 인재를 잘도 찾아내 엄청 공을 들이고 있군요. 보통 백성도 아닌 왕의 위엄과 정성이라면 무쇠라도 녹일 수 있겠지요.

comment [   ]

15. 적임자

진(晉)나라 평공(平公)이 기황양(祁黃羊)에게 물었다.

"남양현(南陽縣)에 현령 자리가 비었는데 누가 이 직책에 합당하겠는가?"

"해호(解狐)란 사람이 적당합니다."

"해호는 그대의 오랜 원수가 아닌가?"

"임금께서 물으신 것은 누가 그 자리에 적합하냐 하는 것이지, 누가 나의 원수인가 하는 것이 아니지 않습니까?"

그러자 평공은 기황양를 칭찬하며 흔쾌히 해호를 남양현의 현령으로 임명하였다. 과연 해호는 그 직무를 잘 수행하여 백성들의 칭송을 들었다.

얼마 뒤 평공이 또 기황양에게 물었다.

"경성의 군사직이 비었는데 누가 이 직책에 적당하겠소?"

"기오(祁午)가 적당합니다."

"기오는 그대의 아들이 아닌가?"

"임금께서는 제게 누가 군사직에 적당한가를 물으셨지, 누가 내 아들인가를 물으신 것이 아니지 않습니까?"

평공은 이 말을 듣고 또 흔쾌히 기오를 군위(軍尉)의 직책에 임명하였다. 과연 기오는 그 직책을 잘 수행하여 많은 사람의 칭송을 들었다.

—『여씨춘추(呂氏春秋)』「거사(去私)」

ID	reply
 머슴	사사로운 정에 이끌리지 않고 적재적소에 인재를 배치하는 것… 그것이 정치의 정도가 아닐까요…
 sun	인재를 등용할 때, 왕의 측근으로부터 천거받는 방식에 의존한다는 것이 문제가 많은 듯합니다. 기황양이 비록 객관적으로 적임자를 추천했다 해도 결국 자기 주변 인물의 범주를 벗어날 순 없었네요. 더구나 대통령 아들들의 비리로 말도 많고 탈도 많은 요즈음에 비춰보면, 제 아들을 추천한 건 그리 좋아 보이지 않군요. 비록 결과가 좋았다고 해도.

comment

16. 화씨의 옥

초(楚)나라 사람 화씨(和氏)가 산에서 박옥(璞玉: 가공하지 않은 원석 상태의 옥) 덩어리를 얻자 그것을 초나라 여왕(厲王)에게 갖다 바쳤다. 왕이 옥장이에게 그것의 감정을 위뢰한 결과 평범한 돌에 불과하다고 했다. 여왕은 화씨가 자기를 속였다고 생각하고, 왼쪽 발꿈치를 베어버리는 월형(刖刑)에 처했다.

여왕이 죽고 무왕(武王)이 초나라 임금이 되었다. 화씨는 다시 그 박옥을 무왕에게 바쳤다. 무왕도 옥장이로 하여금 그 박옥을 감정하게 했다. 그랬더니 역시 돌이라고 하였다. 그러자 무왕은 이번에는 화씨의 오른쪽 발꿈치를 베어버렸다.

무왕이 죽고 문왕(文王)이 왕위를 계승했다. 화씨는 그 박옥을 껴안고 초산 자락에서 사흘 밤낮을 통곡하며 피눈물을 쏟았다. 문왕이 이 소문을 듣고 사람을 보내 그 까닭을 물어보게 했다.

"세상에서 월형을 당한 사람이 한 둘이 아닌데, 그대는 왜 이렇게 상심해서 통곡하고 있는가?"

그러자 화씨가 대답했다.

"제가 상심해 우는 것은 월형을 당했기 때문이 아니라, 보옥(寶玉)을 돌이라고 하고, 정직한 사람을 사기꾼 취급하는 것이 서러워서입니다."

　문왕은 이 말을 듣고 옥장이로 하여금 이 박옥 덩어리를 가공하게 해보았더니, 과연 희대의 보옥이었다. 그래서 그것을 '화씨의 옥(和氏之璧)'이라고 불렀다.

– 『한비자(韓非子)』「화씨(和氏)」

ID	reply
섭섭	평범한 돌처럼 보이는 투박한 박옥에서 보옥의 모습을 찾을 수 있는 능력… 그것이 교육자로서 갖추어야 할 능력이 아닐까요?
하상공	가치는 볼 수 있는 능력이 있는 사람에게만 보이는 것이죠. 우리들에게도 혜안이 필요합니다.
동락	박옥을 돌이라고 우기는 몽매한 신하들에 둘러싸인 여왕과 무왕이 딱하고 한심하군요. 그러니 무슨 정치를 제대로 할 수 있었겠습니까. 정확한 정보에 따른 올바른 판단이 위정자의 필수 조건이겠지요. 그런데 요즘 우리나라 언론과 정치가는 어떻습니까?
만무방	두 발목을 희생하고도 실체적 진실을 밝히기 어렵다니, 권위주의 사회에서 살기가 얼마나 힘든지 알겠습니다. 겉만 보고 판단하거나, 측근의 입김에 좌우되어 보옥과 인재를 가려 쓰지 못하는 풍토를 바꾸는 것이 이 시대가 요구하는 포스트 히딩크 전략이겠지요.
제비꽃	희대의 보옥을 얻고서도 그것을 굳이 왕에게 갖다 바쳐야 하는지 이유를 모르겠군요. 더구나 번번이 사기죄로 월형까지 당하면서 말이죠. 제가 산에서 박옥을 주웠다면 절대로 남에게 말하지 않고 감춰두고 남몰래 꺼내보면서 즐거워했을 것 같은데요.^^
숙경낭자	본질을 보는 혜안을 가진 사람은 극히 적은데, 화씨는 왕들을 과대평가했나 봅니다. 진작에 가공해서 보여주었다면 억울하게 두 차례나 월형을 당하는 일은 없었겠지요.

comment [　　　　　　　　　　　　　　　　]

17. 쥐 잡는 개

　제(齊)나라에 개의 관상을 잘 보는 사람이 있었다. 이웃 사람이 그에게 쥐를 잘 잡는 개를 한 마리 부탁하자, 일 년 뒤에 사주면서 말했다.

　"이 개는 참 좋은 개라오."

　이웃 사람은 이 개를 몇 년 동안 잘 길렀으나 쥐는 한 마리도 잡질 않았다. 그래서 개 관상을 보는 사람에게 가서 이런 사실을 알려주자 그 사람이 말했다.

　"이 개는 정말 좋은 개가 틀림 없소. 이 개는 늘 노루나 사슴, 돼지 같은 짐승을 잡을 것을 생각하고, 조그만 쥐 같은 것은 잡을 생각이 없는 것이오. 만약 선생께서 이런 개로 쥐를 잡기를 바란다면 개의 발을 묶어버리시오."

　이 말을 듣고 이웃 사람이 개의 뒷다리를 묶어버리자, 개는 집에서 쥐나 잡았다.

－『여씨춘추(呂氏春秋)』「사용론(士容論)」

ID	reply
자락	큰 그물로 잔챙이를 잡으려 하는 것이나, 목소리가 우렁차다고 역적이 될까 봐 다리를 부러뜨리는 것이나, 속 좁은 사람이 자유방달한 젊은이를 나무라는 것이나, 좋은 개로 쥐나 잡으려는 것이나, 어리석기는 다 마찬가지.
만무방	카이사르가 탁상공론하는 수구세력에 맞서 루비콘 강을 건넌지 이천 하고도 오십 년, 허균이 유재론을 설파한지 400년이 되었는데, 지금도 우리 사회는 '쥐나 잡는 좋은 개'들이 지천입니다. 언제나 '쥐도 못 잡으면서 큰소리치는 무능한 개'들을 제자리로 돌릴 수 있을까요?
염지	쥐를 잘 잡는 개를 부탁했는데, 노루나 사슴 잡는 개를 사주다니요. 그런 개는 사냥꾼에게 팔아야지요. 아무리 관상이 좋은 개라도 무용지물이라면 애물단지밖에 더 되나요.

comment

18. 사나운 개

　어떤 집의 개가 매우 사나워서 대문을 잘 지키자, 주인은 그 개를 매우 아꼈다. 그런데 이 개는 늘 우물가에서 오줌을 누었다. 어느 날 이웃 사람이 개가 우물가에서 오줌을 누는 것을 보고 그 주인에게 알려주려고 했다. 그러자 그 개는 이 이웃 사람을 몹시 경계하여, 대문 앞에서 사납게 짖어대었다. 이웃 사람은 매우 겁을 먹고, 결국 그 주인에게 알려줄 수가 없었다.

-『전국책(戰國策)』「초일(楚一)」

ID	reply
 만무방	지조 높은 개는 밤을 새워 어둠을 짖는다. 어둠을 짖는 개는 나를 쫓는 것일 게다. 권력의 앞잡이 주구(走狗)의 사나움을 이기고 가자, 가자...
 동락	지난 시절 군사정권 때에 중앙정보부나 보안사는 이 우언에 나오는 사나운 개처럼 권력을 지키는 역할을 너무나 잔혹하게 자행하였지요. 그래서 박종철 같은 대학생은 물고문을 당해 죽고, 바른말하는 지식인과 언론인은 학교나 신문사에서 쫓겨나고, 일반 민중들은 침묵을 강요당했더랬지요.
 숙경낭자	자기를 고발하려는 것을 눈치챈 영악한 개. 그 개가 두려워 고발을 포기한 인간. 사나운 개는 정말 싫습니다. 그 개의 주인은 더욱 싫습니다. 약한 인간한테 더욱 으르렁거리는 개와 그런 개를 사랑하는 개 주인의 공생관계...
 야수	대문이 없고, 낯선 사람이 찾아가면 몇 번 짖다가 꼬리를 감추는 개, 지금은 도시에서는 도저히 찾아볼 수 없는 그리운 광경입니다. 개 짖는 소리 하나에도 그 집의 인심을 느낄 수 있지요.
 여사모	개 주인은 알면서도 그 개를 그대로 놔두었다. 개 주인은 어느 날 그 개에게 물려죽었다. 끝-

comment

19. 피리 연주

　　제(齊)나라 선왕(宣王)이 피리 연주를 들을 때에는 반드시 삼백 명이 합주하도록 했다. 남곽(南郭) 선생이 선왕을 만나 뵙고 합주에 참가하게 해달라고 청했다. 선왕은 기쁘게 그의 청을 들어주었고, 관가에서는 그에게 후한 녹봉을 내려주었다. 선왕이 죽자 그의 아들 민(湣)이 왕위를 계승하였는데, 그는 합주보다는 독주를 좋아했다. 그러자 이 남곽 선생은 은둔해버렸다.

－『한비자(韓非子)』「내저설상(內儲說上)」

ID	reply
머슴	함께 있어 아름다운 것과 홀로 있어 아름다운 것이 있을 것인데, 왜 민왕과 남곽선생은 조화를 이루지 못했을까요?
하상공	무릇 나라에 도가 있으면 출(出)하고, 나라에 도가 없으면 은(隱)하는 것이니, 남곽 선생에게는 자신의 음악을 알아주는 것이 도였나 봅니다. 당연히 은둔할 수밖에요…
동락	『맹자』에도 여러 사람이 함께 음악을 즐기는 것과 혼자 음악을 즐기는 것 중에 어느것이 즐겁냐고 묻자, 제선왕이 여러 사람이 함께 즐기는 것만 같지 못하다고 대답하는 장면이 나오지요. 이런 걸 보면 여러 사람이 연주하는 것을 즐긴 선왕과 어울리던 남곽 선생이 독주를 즐기며 개인플레이를 하는 민왕과는 영 맞지 않았던 것 같습니다.
불초	취향이 다른 걸 탓할 수야 있겠습니까마는, 왕의 지위에서라면 선공후사는 고려해야 하겠지요. 299명이 졸지에…
혼자가는 면집	삼백 명이 합주하는 피리연주 참 근사하겠는데요. 왕의 귀만을 위해서가 아니라 수많은 이웃들의 귀도 매일 즐겁게 해줄 수 있었을 터인데, 남곽 선생은 왜 은둔해버렸을까요? 가진 재주가 아깝네요. 숲속에 사는 온갖 새들과의 합주는 어떻구요. 오르페우스처럼…

comment [   ]

20. 평생의 기회

옛날 주(周)나라 때에 벼슬을 하고 싶은 사람이 있었다. 그러나 그가 나이가 들도록 벼슬할 기회는 찾아오지 않고 백발만 성성해지자 길바닥에 앉아 통곡을 했다. 어떤 사람이 우는 까닭을 물으니, 그가 대답했다.

"나는 몇 번이나 벼슬을 하려 했지만 결국 기회를 얻지 못하였소. 이제 이렇게 늙어버렸으니 다시 벼슬할 기회는 영영 없을 것 같아 우는 것이오."

그 사람이 또 물었다.

"그대는 왜 평생 벼슬을 못한 것이오?"

그러자 주나라 사람이 대답했다.

"내가 어렸을 때에는 시문을 열심히 공부했소. 학문과 인격이 어느 정도 닦여 벼슬하려고 했더니, 임금이 나이 든 사람을 등용하기를 좋아했소. 노인을 중용하던 임금이 죽자 그 뒤를 이은 임금은 또 무인을 등용하기를 좋아했소. 그래서 나는 무예를 익혔다오. 무예와 절도를 배우는 공부가 어느 정도 이루어졌을 때는 그만 무인을 중용하던 임금이 죽어버렸소. 그리고 난 뒤 왕위에 오른 어린 임금은 또 젊은 사람 쓰기를 좋아하는 것 아니겠소. 그런데 이제 나는 이미 늙어버렸소. 이렇게 해서 나는 평생 벼슬할 기회가 없었던 거요."

—한(漢)나라 왕충(王充)의 『논형(論衡)』「봉우(逢遇)」

ID	reply

동락 — 집 없는 사람이 내 집 마련을 위해 청약저축예금을 부지런히 붓고 있는데, 어느 날 느닷없이 채권을 많이 산 사람에게 분양권을 준다고 주택정책을 변경한 적이 있었지요. 그때 집 없는 서민들이 느낀 좌절과 황당함이 이 우언에 나오는 주나라 사람의 심정과 같을까요?

숙경낭자 — 평생 벼슬만을 꿈꾸던 사람이니 통곡할 만도 한데, 기회를 기다리기만 할 게 아니라 만들기도 했어야지요. 지금에 와서 이왕 벼슬은 틀린 것 같으니 기왕의 공력을 저술로 쏟아 책을 낸다면 후대인들이 도움을 얻을 수 있지 않을까요? 살아서만 남들에게 영향을 끼치는 건 아닐 테니.

comment

21. 천산갑(穿山甲)

어떤 사람이 상릉군(商陵君)에게 천산갑 한 마리를 바치면서 용이라고
말했다. 상릉군은 매우 기뻐하면서 무엇을 먹여야 하는지를 물었다. 그
사람은 개미를 먹이면 된다고 말했다. 상릉군은 사람을 시켜 그 용을 먹
이고 길들이게 했다.

어떤 사람이 말했다.

"이것은 용이 아니고 천산갑입니다."

상릉군은 이 말을 듣고 몹시 성을 내며 그 말을 한 사람을 채찍으로 때
렸다. 그러자 주위의 사람들은 모두 두려워했다. 그 다음부터 누구도 다
시는 그것이 용이 아니라는 말을 못하게 되었고, 상릉군의 뜻에 따라 천
산갑을 신령으로 모셨다.

상릉군 앞에서 그 '용'이 구슬처럼 둥글게 말았다가 돌연히 몸을 펴
면, 좌우의 사람들이 거짓으로 놀란 척하며 신기한 재주라고 칭송을 했
다. 상릉군은 매우 기뻐하면서 그것을 궁 안에서 살도록 옮기게 하였는
데, 그 '용'은 저녁이 되자 궁중의 담을 뚫고 달아나버렸다.

주위의 사람이 가서 아뢰었다.

"그 '용'은 정말 능력이 대단해서 벽돌을 뚫고 날아가버렸습니다."

상릉군이 뚫린 구멍을 보고서 매우 애석해하며, 개미를 기르면서 그
'용'이 다시 오기를 기다렸다.

얼마 뒤 하늘에서 큰비가 내리고 번개가 치면서 진짜 용이 나타났다. 상릉군은 자기가 키운 용이 돌아온 줄 알고 개미를 가지고 맞으러 나갔더니, 용은 매우 화가 나 궁궐을 다 붕괴시키고, 상릉군도 죽여버렸다.

ー명(明)나라 유기(劉基)의 『욱리자(郁离子)』 「고귀(瞽瞶)」

ID	reply
 동락	자기의 권세를 이용해 사슴을 말이라고 억박지르며 침묵을 강요했던 조고의 고사가 생각납니다. 천산갑을 용이라고 바치는 신하도 나쁘지만, 올바른 충언을 받아들일 줄 모르는 상릉군은 더욱 어리석군요. 어리석은 사람이 대개 그렇듯이 상릉군도 결국 제 무덤을 자기가 팠군요.
 能破	어찌하여 어느 이의 말은 사실이라 믿고 어느 이의 말은 거짓이라 믿는가? 일상의 숱한 나의 판단 또한 관견에 머물고 마는 것은 아닌지 두렵다. 주관적 판단의 천박함과 오류가능성을 예방하려는 혜안은 획득 가능한 것인가 타고나는 것인가? 먼저 들은 말은 진실이고, 나중에 들은 이와 정반대의 이야기는 거짓인가? 진리 앞에는 모두가 처음인 것을... 나에게 달콤하게 들리는 말은 진실이고 씁쓸하게 들리는 말은 거짓인가? 진실을 사랑하는 권력이란 플라톤의 철인왕에게서나 가능한 영원한 이데아의 춘몽이로다.
 여사모	진실을 싫어하는 아집이 깨어지는 날이 제삿밥을 얻어먹는 날이 아닐까 하는 생각이 문득 난다. 아니다. 죽어서도 깨지도 못할지도 모른다는 생각이 겹쳐진다.
 야수	될성부른 나무는 떡잎부터 알아본다고 했는데, 잘못된 아집과 선입견으로 분별력을 잃고 만 결과가 참담하군요.
 머슴	어떤 사람이 나에게 한 여인을 소개시켜주며 꼭 내 스타일이라고 했다. 나는 기뻐하며 여인들에게 좋아하는 것이 무엇이냐고 물었더니 돈과 선물이라고 하였다. 꾸준히 선물 공세를 했으나 경제력에 바닥이 날 때쯤 그 여인이 고무신을 거꾸로 신고 떠나버렸다. 그 여인이 돌아오길 기다리며 돈을 모으던 어느 날 정말 운명 같은 여인을 만났다. 그래서 돈과 선물을 갖다 바치며 사랑을 고백했으나 너무 헤프게 돈 쓰는 남자는 싫다며 나를 떠나가버렸다. ...... ㅋㅋ 패러디.
 만무방	천덕꾸러기 자식을 금지옥엽으로 애지중지하면, 결국 그 화를 면하기 어렵죠. 이모 씨의 아들 이모 씨는 별로 천덕꾸러기도 아닌 것 같은데, 부모가 애지중지하다 평생 그 멍에를 벗지 못하는가 보죠.

comment [   ]

22. 좋은 말[馬]

천리마는 끼니마다 양식을 한 섬씩 먹는다. 그러나 마부는 그 말이 하루에 천 리를 가기 위해서는 그렇게 많이 먹어야 된다는 것을 모른다. 이렇게 하루에 천 리를 갈 수 있는 능력을 가진 말이라 하더라도 충분히 먹지 못하면 힘이 달려 그 능력을 발휘하지 못한다. 심지어는 보통 말보다 못할 수도 있게 되니, 어찌 하루에 천 리 가기를 바라겠는가. 말을 채찍질할 때 그 말에 알맞게 하지 않고, 말을 먹일 때 그 능력에 맞게 하지 않으며, 말이 울어도 그 뜻을 모른 채 채찍만 휘두르며, "세상에 좋은 말이 없다!"고 하는데, 정말 좋은 말이 없는 것일까?

－당(唐)나라 한유(韓愈)의 『창려선생집(昌黎先生集)』

ID	reply
 하상공	세상에 좋은 말은 항상 있지만, 좋은 말을 볼 줄 아는 사람은 항상 있는 것이 아니죠. 유능한 인재는 항상 있지만 그 인재를 알아보는 사람은 항상 있는 것이 아니죠. 공자님의 말씀을 생각해봅니다. "다른 사람이 나를 알아주지 못함을 근심하지 말고 내가 다른 사람을 알지 못함을 근심하라!"
 만무방	사람들에게는 각자에 맞는 자극제가 따로 있는 듯합니다. 얼마나 맞는 말인지는 모르겠으나, A형은 치밀하니 꼼꼼함을 칭찬하고, B형은 경쟁심이 많으니 은근히 라이벌을 붙여주고, O형은 칭찬을 좋아하니 잘한다, 잘한다 하면 더 잘한다더군요. 아이들도 약점을 보완하고 강점을 살리게 하려면 개별적인 심성파악이 중요하겠습니다.
 동락	천리마는 천리마에 걸맞은 대접을 해야 하고, 조랑말은 조랑말로 대접해야 만족스럽고 편하겠지요. 어린이에게 어른의 기준을 요구하는 것도 문제이지만, 어른에게 어린이 정도의 책임감과 도덕성을 요구해서는 안되겠지요.
 能破	사람은 제각기 능력의 차이가 있게 마련. 어찌 사람을 쓸 것인가? 타인의 능력을 헤아릴 수만 있다면 무엇이 걱정인가? 말 못 하는 천리마의 평가가 주인의 일방적인 판단에 달린 문제일지언정 어찌 사람에 대한 평가가 이러하겠는가? 사람을 부리는데 말 못하는 짐승처럼이야 하겠는가? 사람의 입은 한 섬의 양식만 먹는 것이 아니고 열 섬의 말 타래를 쏟아내기도 하지 않던가?

comment

23. 아궁이 꿈

위(衛)나라 영공(靈公) 때에 미자가(彌子瑕)가 왕의 총애를 받아 위나라 조정의 실권을 쥐고 있었다. 어떤 난쟁이가 영공을 만나 말했다.

"신이 꿈 하나를 꾸었습니다."

"무슨 꿈인가?"

"꿈에 아궁이를 보았는데, 이것이 바로 임금님을 만나려는 징조였던 것 같습니다."

이 말을 들은 영공은 화가 나서 말했다.

"내가 듣기에 임금을 만나는 사람은 태양 꿈을 꾼다고 하는데, 그대는 과인을 만나면서 어찌 아궁이 꿈을 꿨단 말인가?"

그러자 그 난쟁이는 대답했다.

"태양은 천하를 두루 비추어 어떤 것도 그 빛을 막지 못합니다. 그렇듯이 임금께서 온 나라를 두루 보살핀다면 누구도 그것을 막을 수가 없습니다. 그럴 때 임금을 만나게 되는 사람은 태양 꿈을 꿉니다. 그런데 한 사람이 아궁이 앞에서 불을 지피고 있으면 뒤에 있는 사람들은 그 빛을 볼 수 없습니다. 지금 임금 주변에는 누군가 한 사람만이 불을 지피고 있습니다. 그러니 제가 아궁이 꿈을 꾸는 것이 당연하지 않겠습니까?"

— 『한비자(韓非子)』「내저설상(內儲說上)」

ID	reply
 동락	만약 난쟁이가 직접적인 표현으로 미자가를 공격했다가는 미움을 사서 살아남기 어려웠을 겁니다. 이렇게 아궁이 꿈 이야기를 통하여 왕을 부끄럽게 만들어 결국 잘못을 깨우쳐주는 난쟁이의 지혜가 돋보입니다. 이게 바로 우언의 힘이겠지요.
 범생	아궁이 꿈 얘기를 통하여 임금을 부끄럽게 했다는 난쟁이의 말은 용감할 뿐만 아니라 임금의 잘못을 깨우쳐준 것이야말로 백성들을 구하는 가장 빛나는 행위입니다.

comment

■ 옮겨쓴이

김영(金泳)

연세대학교 및 동 대학원 국문학과 졸업(문학박사)
강원대학교 인문대학 국문학과 조교수, 부교수 역임
북경대학 객원교수 역임
현재 인하대학교 사범대학 국어교육과 교수
　　　한국한문학회 평의원 및 편집위원
주요 저서: 『조선후기 한문학의 사회적 의미』(1993)
　　　　　 『민족문학사강좌』(공저, 1995)
　　　　　 『논어를 읽는 즐거움』(1998)
　　　　　 『인터넷 세대를 위한 한문강의』(2001)
　　　　　 『망양록연구』(2003)

네티즌과 함께가는 우언산책

ⓒ 김영, 2003

옮겨쓴이 | 김영
펴낸이 | 김종수
펴낸곳 | 도서출판 한울

편집책임 | 곽종구
편집 | 장우봉

초판 1쇄 인쇄 | 2003년 4월 15일
초판 1쇄 발행 | 2003년 4월 30일

주소 | 121-801 서울시 마포구 공덕1동 105-90 서울빌딩 3층
전화 | 영업 326-0095(대표) 편집 336-6183(대표)
팩스 | 333-7543
전자우편 | newhanul@nuri.net
등록 | 1980년 3월 13일, 제14-19호

Printed in Korea.
ISBN 89-460-3103-4　03710

* 책값은 겉표지에 표시되어 있습니다.